KB114528

누구나 한번쯤 읽어야 할 고사성어

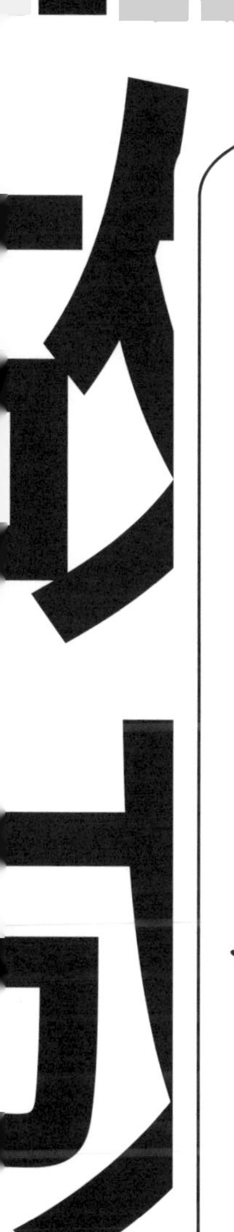

삶을 일깨우는 고전산책 시리즈 03

누구나 한번쯤 읽어야 할 고사성어

미리내공방 편저

읽으면 힘을 얻고
깨달음을 주는 지혜의 고전

역사는 수많은 이야기를 만들어 낸다. 우리에게 잘 알려진《삼국지》나《초한지》를 보더라도 거기에는 수많은 영웅호걸의 무용담과 그들에 얽힌 이야기들이 등장한다. 그들은 단 한 번의 실수로 전쟁의 패배자가 되는가 하면, 지혜로운 부하 덕에 천하를 손에 쥐기도 한다. 이렇게 역사 속에 펼쳐져 있는 이야기들을 통해 우리는 온갖 지혜와 인간 세상에서 필요한 여러 가지를 배운다. 그 정점에 바로 고사성어가 놓여 있다.

머리말

역사는 수많은 이야기를 만들어 낸다. 우리에게 잘 알려진《삼국지三國志》나《초한지楚漢志》를 보더라도 거기에는 수많은 영웅호걸의 무용담과 그들에 얽힌 이야기들이 등장한다. 그들은 단 한 번의 실수로 전쟁의 패배자가 되는가 하면, 지혜로운 부하 덕분에 천하를 손에 쥐기도 한다.

이렇게 역사 속에 펼쳐져 있는 이야기들을 통해 우리는 그 당시의 정치적, 사회적 분위기뿐만 아니라 지혜와 전략 그리고 인간 세상에서 필요한 여러 가지 것들을 배우고 습득한다. 그 정점에 바로 고사성어故事成語가 놓여 있다.

고사성어의 사전적 의미는 옛날에 있었던 일이나 예로부터 내려오는 유서 깊은 일이 성어成語로 정착되어 전해져 옴을 말한다. 그 때문인지 이 고사성어는 그 말이 생긴 시대의 역사적 상황과 아울러 그 말을 만든 인간의 체험과 그로 인해서 얻어진 삶의 지혜가 농축되어 있다. 우리는 제갈량諸葛亮의 이야기를 통해 '삼고초려三顧草廬'와 '읍참마속泣斬馬謖'을 머릿속에 그리며, 맹자孟子의 이야기를 통해 '맹모단기孟母斷機'와 '맹모삼천孟母三遷'의 교훈을 가슴속에 새긴다.

이 책 속에 등장하는 고사성어를 차근차근 되씹으면서 읽어 보도록 하자. 그러면 어느새 선인들의 지혜와 처세술이 고스란히 머릿속으로 들어오는 것을 느낄 수 있을 것이다. 시대는 바뀌어도 역시 인간들이 모여 사는 이치는 같은 법인지라 이러한 특장特長들을 현대의 정서에 맞게 해석하고 응용한다면 많은 도움이 될 것이다.

특히나 지금은 그 어느 때보다 나라 안팎이 어지럽게 돌아가고 있는 실정이다. 이럴 때일수록 혼란을 슬기롭게 타개할 수 있도록 선현들의 지혜로운 이야기를 거울삼아 올바른 방향을 모색하는 움직임이 필요할 것이라 생각한다.

이렇듯 고사성어는 단지 예전 시대의 이야기로만 머무르는 것이 아니라, 우리가 살고 있는 현재에도 얼마든지 응용 가능한 이야기라는 것을 알 수 있다. 이 책 속의 수많은 고사성어도 오늘을 살아가고 미래를 준비하는 모든 사람에게 좋은 길잡이가 되었으면 한다. 아울러 사회뿐 아니라 개개인의 삶에 있어서도 큰 감명을 남길 기회가 된다면 더없이 좋을 것이다.

마지막으로, 책의 말미에 고사성어 일람과 잘못 읽기 쉬운 한자들을 실어놓았다. 이 책이 한 번 덮으면 끝나는 책이 아닌, 두고두고 펼쳐 볼 때마다 당신에게 도움을 줄 수 있는 양서가 되길 바란다.

미리내공방

차 례

一

二

四

故事成語

一

가정맹어호

苛 政 猛 於 虎

가혹할 가 정사 정 사나울 맹 어조사 어 범 호

가혹한 정치는 호랑이에게
잡혀 먹히는 고통보다 더 무섭다

《禮記》〈檀弓篇〉

제자들과 함께 수레를 타고 가던 공자孔子가 무덤 앞에서 서럽게 울고 있는 한 부인을 발견했다. 공자는 제자 자로子路를 시켜 무슨 사연인지 알아보라고 일렀다.

"이곳은 아주 무서운 곳이랍니다. 몇 년 전에 저희 시아버님이 호랑이에게 해를 당했지요. 그런데 작년에는 제 남편이, 그리고 이번에는 하나밖에 없는 제 자식 놈까지 호랑이한테 그만……."

부인의 말을 들은 자로가 의아하다는 듯이 물었다.

"그럼 왜 이런 험악한 곳을 떠나지 않는 것입니까?"

"저도 몇 번이나 떠날 생각을 했었지요. 하지만 여기서 살면 세금을 혹독하게 징수당하거나 관리들이 재물을 함부로 빼앗는 일이 없기 때문입니다."

이 말을 전해 들은 공자는 제자들에게 이렇게 말했다.

"오늘 이 일을 잘 기억해 두거라. '가혹한 정치는 호랑이보다 더 무섭다苛政猛於虎'라는 것을 말이다."

각주구검

刻舟求劍

새길 각 배 주 구할 구 칼 검

칼을 강물에 떨어뜨리자 뱃전에 표시를 했다가
나중에 그 칼을 찾으려 한다는 뜻으로 어리석고 융통성이 없다

《呂氏春秋》〈祭令篇〉

전국시대戰國時代, 초楚나라의 젊은이가 배를 타고 양자강을 건너가다가 깜박 조는 바람에 손에 들고 있던 보검을 강물에 빠뜨렸다.
당황한 그는 강물에 손을 넣어 보검을 주우려고 했지만 보검은 벌써 강물 깊은 곳까지 가라앉은 상태였다. 보검을 잃은 그는 허리춤에 차고 있던 단검을 빼어 뱃전에다 'X' 표시를 해 두었다. 그 광경을 보고 있던 다른 승객이 궁금해서 그 이유를 묻자 젊은이가 대답했다.
"내 보검이 이곳에 떨어졌지만 이제 이렇게 표시를 해 두었으니 곧 찾을 수 있을 것이오."
잠시 후에 배가 나루터에 닿자 젊은이는 기다렸다는 듯이 표시를 해 둔 뱃전 밑의 강물 속으로 뛰어 들어갔다. 하지만 그곳에 보검이 있을 리가 없었다. 그는 오랜 시간 동안 뱃전 이곳저곳을 뒤졌고, 그의 뒤에서는 구경꾼들이 손가락질을 하며 조소를 보내고 있었다.

간담상조

肝膽相照

간 간 쓸개 담 서로 상 비칠 조

서로 간과 쓸개를 꺼내 보인다는 뜻으로 서로 간에 진심을 터놓고 격의 없이 대화를 나눌 수 있는 친한 사이를 말함

한유韓愈의 〈柳子厚墓誌銘〉

한유韓愈와 유종원柳宗元은 당송 팔대가唐宋八大家에 드는 명문名文이었다. 둘은 매우 절친한 사이였는데 어느 날 한유의 귀에 유종원이 죽었다는 소식이 전해졌다. 그는 유종원의 죽음을 몹시 애달파하며 생전의 그와의 우정을 기리는 동시에 경박한 사람의 사귐을 개탄했다. 그러고는 묘비墓碑에 다음과 같은 글을 썼다.

"…… 무릇 인간이란 곤경에 처했을 때 비로소 그 절의節義가 나타나는 법이다. 평소 평온하게 살아갈 때는 서로를 그리워하고 기뻐하며 때로는 놀이나 술자리를 마련하여 서로를 초대하고는 한다. 어디 그뿐인가. '서로 간과 쓸개를 꺼내 보이고肝膽相照' 해를 가리키며 서로 배신하지 말자고 다짐한다. 하지만 이렇게 말은 그럴듯하게 하지만 일단 조금이라도 이해관계가 생기는 날에는 눈을 부릅뜨고 언제 봤냐는 듯이 안면몰수를 한다. 더욱이 곤경에 처하거나 모략에 빠졌을 때도 도와주기는커녕 오히려 더 깊은 수렁 속으로 몰아가고, 돌까지 던지는 인간이 이 세상에는 얼마든지 있다."

건곤일척

乾 坤 一 擲

하늘 건 땅 곤 한 일 던질 척

하늘과 땅을 걸고 한 번 주사위를 던진다는 뜻으로
흥하든 망하든 운명을 하늘에 맡기고 결행함을 말한다

한유韓愈의 시 〈過鴻溝〉

항우項羽와 유방劉邦이 천하의 패권을 놓고 한창 싸우고 있을 때의 일이다. 그전의 싸움에서 유방은 항우의 군사들에게 패해 간신히 목숨만 유지한 채 도망치게 되었다.

그 후 전열을 재정비한 유방이 한신韓信과 팽월彭越의 도움으로 다시 항우를 쳤다. 이제 전세는 역전되어 승리는 유방에게 오는 듯했다. 하지만 둘은 이 싸움이 서로에게 이익이 없다고 판단하여 협약을 맺게 되었다. 협약이 성립되어 먼저 항우가 그의 군사들을 퇴각시켰다.

이때 유방도 자신의 군사를 퇴각시키려고 하자 참모인 장량張良과 진평陳平이 극구 말리며 말했다.

"초나라는 지금 오랜 원정길에 지쳐 있는 데다 군량마저 바닥난 상태입니다. 지금이야말로 절호의 기회이오니 호랑이를 길러 후환을 남기지 마소서. 이는 하늘이 우리에게 주는 마지막 기회이옵니다. 부디 건곤일척乾坤一擲하소서."

이 말을 들은 유방은 즉시 말머리를 돌려 항우를 추격했고 해하垓下성에서 항우의 군대를 크게 무찔러 천하를 얻게 되었다.

견토지쟁

犬兔之爭

개견 토끼토 갈지 다툴쟁

개와 토끼의 다툼이라는 뜻으로 양자의 싸움에서
제삼자가 힘들이지 않고 이득을 보는 것

《戰國策》〈齊策〉

전국시대, 제齊나라 왕이 위魏나라를 공격하려고 하자 순우곤淳于髡이 엎드려 진언했다.

"한자로漢子盧라는 매우 발 빠른 개가 동곽준東郭逡이라는 재빠른 토끼를 뒤쫓았습니다. 그들은 수십 리에 이르는 산기슭을 세 바퀴 돈 다음 가파른 산꼭대기까지 다섯 번이나 올라갔다 내려오는 바람에 둘 다 지쳐 쓰러져 죽고 말았습니다. 이때 그것을 발견한 농부는 힘들이지 않고 그 둘을 한꺼번에 얻는 횡재를 하게 되었습니다.

지금 제나라와 위나라는 오랫동안 서로 대치하는 바람에 군사와 백성이 지친 상태입니다. 이런 상태에서 위나라를 공격하면 이를 계기로 서쪽의 진秦이나 남쪽의 초楚가 농부처럼 횡재를 하지 않을까 심히 걱정되옵니다."

이 말을 들은 왕은 고개를 끄덕였다. 그리고 위나라를 공격하려는 생각을 접고 부국강병에 힘썼다.

경원

敬 遠
공경할 경 멀리할 원

존경하는 대상에게 의지하거나
무엇을 해 주기를 바라지 말라

《論語》〈雍也篇〉

어느 날, 공자의 제자 가운데 조금 어리석은 번지樊遲가 물었다.

"선생님, 지知란 무엇입니까?"

공자가 대답했다.

"자신이 해야 할 도리는 자신의 힘으로 이루고자 힘쓰고, '혼령魂靈이나 신神은 존경은 하되 멀리한다면敬 神而遠之' 이것을 지知라고 할 수 있을 것이다."

계구우후

鷄口牛後

닭계 입구 소우 뒤후

닭의 부리가 될지언정 소의 꼬리는 되지 말라는 뜻으로
큰 집단의 말단보다는 작은 집단의 우두머리가 낫다

《史記》〈蘇秦列傳〉

전국시대 소진蘇秦이라는 사람이 있었다. 그는 진秦나라의 동진東進정책이 두려워 어찌할 바를 몰라 하는 한韓, 위魏, 조趙, 연燕, 제齊, 초楚 여섯 나라를 돌며, 서로 힘을 합치자며 왕들을 설득하고 다녔다.
진나라와 조나라에서 환영받지 못한 소진은 한나라 선혜왕宣惠王을 만나 이렇게 말했다.
"전하, 한나라는 토지가 비옥하고, 성곽은 견고한 데다 군사도 용맹하고 훌륭한 무기도 갖추고 있습니다. 그리고 현명한 대왕까지 계십니다. 그런데 싸우지도 않고 진나라를 섬긴다면 천하의 웃음거리가 될 것입니다. 만일 진나라가 요구하는 땅을 주면 그들이 계속해서 더 많은 것을 요구할 것은 불을 보듯 뻔한 일입니다. 이 기회에 이웃의 여섯 나라가 힘을 합쳐 진나라의 침략을 막고 국토를 보전하십시오. 옛말에 '차라리 닭의 부리가 될지언정寧爲鷄口 쇠꼬리는 되지 말라勿爲牛後'고 하였습니다."
선혜왕은 소진의 말에 전적으로 동의했다.
여섯 나라의 군왕을 설득하는 데 성공한 소진은 마침내 여섯 나라의 재상을 겸임하는 대정치가가 되었다.

계륵

鷄 肋

닭 계　갈빗대 륵

먹자니 먹을 것이 별로 없고 버리자니 아까운 닭갈비라는 뜻으로 쓸모는 없으나 버리기는 아까운 사물

《後漢書》〈楊修傳〉

후한後漢 말 위나라 왕인 조조曹操는 대군을 이끌고 한중漢中으로 원정을 떠났다. 한중으로 진출하기 위해 유비劉備의 군대와 사생결단을 벌이려는 것이었다.

싸움은 장기간 계속되었다.

그런데 유비의 군사는 제갈량諸葛亮의 지혜로 보급에 어려움을 겪지 않았으나, 조조의 군대는 내부 질서도 문란한 데다 배가 고파 도망치는 군사가 속출해서 공격과 수비 모두 불가능한 상태였다.

어느 날, 신하 한 사람이 후퇴 여부를 묻기 위해 조조를 찾았는데, 마침 닭고기를 뜯고 있던 조조는 닭갈비鷄肋만 들었다 놨다 할 뿐이었다.

이 말을 전해 들은 양수楊修는 서둘러 후퇴 준비를 시키기 시작했다.

당황하여 어쩔 줄 몰라 하는 참모들이 그 이유를 묻자 양수는 이렇게 대답했다.

"닭갈비는 먹자니 먹을 게 별로 없고 버리자니 아까운 것이지요. 지금 전하께서는 한중漢中을 그런 닭갈비 같은 땅으로 여기신 듯합니다. 철군撤軍을 결심하신 것이 분명하오."

과연 조조는 양수의 예상대로 며칠 후 한중에서 전군을 철수시켰다.

계명구도

鷄鳴狗盜

닭 계 울 명 개 구 도둑 도

선비가 배워서는 안 될 천한 기능을 가진 사람,
혹은 천한 기능을 가진 사람도 때로는 쓸모가 있다

《史記》〈孟嘗君列傳〉

전국시대 중엽, 제齊나라 맹상군孟嘗君은 왕족으로서 재상을 지낸 정곽군靖郭君의 서자로 태어났으나 자질이 뛰어나 정곽군의 후계자가 되었다. 설薛 땅의 영주가 된 맹상군은 선정을 베푸는 한편, 널리 인재를 모음으로써 천하에 명성을 떨쳤다.

이를 전해 들은 진秦나라 소양왕昭襄王은 맹상군을 자기 나라 재상으로 삼고자 그를 초대했다. 맹상군은 식객 몇 사람만 데리고 소양왕을 만나 값비싼 호백구狐白裘 : 흰 여우의 겨드랑이 흰털 가죽으로 만든 옷를 예물로 바쳤다.

그러나 소양왕이 맹상군을 재상으로 기용하려 하자, 맹상군이 제나라 편만 들 것이라며 신하들이 반대하고 나섰다.

결국 약속이 깨지자, 소양왕은 맹상군이 앙심을 품고 복수를 할까 두려워 그냥 돌려보낼 수가 없어 그를 은밀히 죽이기로 했다. 이를 눈치 챈 맹상군은 궁리 끝에 소양왕의 애첩에게 자신이 무사히 돌아갈 수 있도록 도움을 청했다. 그러자 그녀는 엉뚱한 요구를 했다.

"내게도 왕께 바친 것과 똑같은 호백구를 주시면 힘써 보지요."

그러나 호백구는 너무 귀한 물건이라 쉽게 구할 수도 없었다.

맹상군이 어찌할 바를 몰라 가슴만 태우고 있을 때, 이 사실을 안 식객 중 한 사람이 궁중에 숨어 들어가 소양왕께 바친 호백구를 감쪽같이 훔쳐 애첩에게 주었다. 소양왕은 애첩의 간청에 못 이겨 맹상군의 귀국을 허락했다.

맹상군은 일행을 거느리고 서둘러 국경인 함곡관函谷關으로 향했다.

맹상군을 돌려보낸 것을 크게 후회하고 있던 소양왕은 곧 군사를 보내 그를 죽이도록 명했다.

한밤중에 함곡관에 닿은 맹상군 일행은 첫닭이 울 때까지 관문을 열지 않는다는 것을 알고 안절부절못하고 있었다. 이때 닭의 울음소리를 잘 내는 사람이 있어 그가 소리를 내자, 근방의 모든 닭이 일제히 울기 시작했다.

잠이 덜 깬 병졸들이 눈을 비비며 관문을 열자 일행은 쏜살같이 말을 달려 그곳에서 탈출했다. 송양왕이 보낸 군사가 함곡관에 도착한 것은 맹상군 일행이 떠난 지 얼마 지나지 않아서였다.

고복격양

鼓腹擊壤

북고 배복 칠격 땅양

배를 두드리고 발을 구르며
흥겨운 놀이를 한다는 뜻으로 태평성대를 말한다

《十八史略》〈帝堯篇〉,《樂府詩集》〈擊壤歌〉

천하의 성군으로 이름난 요堯 임금이 통치한 지 50년이 지난 어느 날이었다.
요 임금은 세상이 정말 잘 다스려지고 있는지 궁금하여 평복 차림으로 거리로 나갔다.
어느 마을에 이르자, 아이들이 손을 맞잡고 노래를 부르고 있었다.

"우리가 이처럼 잘 살아가는 것은
임금의 덕이 아닌 것이 없네.
우리는 알지 못하고 느끼지 못하는 사이에
임금을 따르며 살고 있네."

마음이 흐뭇해진 요 임금은 어느새 마을 끝까지 걸어갔다. 그곳에는 한 노인이 손으로 '배를 두드리고鼓腹' 발로 '땅을 구르며擊壤' 흥겹게 노래하고 있었다.

"해가 뜨면 일하고 해가 지면 쉬네

밭을 갈아먹고 우물을 파서 마시니
임금의 힘이 내게 무슨 소용인가."

이 노랫소리를 들은 요 임금은 매우 기뻤다.
"백성들이 통치의 힘을 느끼지 않으면서 아무 불평 없이 흥겨워하고 있으니 나 또한 어깨춤이 절로 나는구나."
요 임금은 즐거운 마음으로 궁궐로 돌아갔다.

고침안면

高 枕 安 眠

높을 고 베개 침 편안할 안 잘 면

베개를 높이 하여 편히 잘 잔다는 뜻으로
안심할 수 있는 상태

《戰國策》〈魏策 哀王〉,《史記》〈張儀列傳〉

전국시대, 소진蘇秦과 장의張儀는 종횡가縱橫家로서 유명했다. 소진은 합종合從, 장의는 연형連衡을 주장했다. 합종이란 진秦나라 이외의 여섯 나라, 즉 한韓, 위魏, 조趙, 연燕, 제齊, 초楚가 동맹하여 진나라에 대항하는 것이며, 연횡이란 여섯 나라가 각각 진나라와 손잡는 것이지만 실은 진나라에 복종하는 것이었다.

소진은 합종이 이뤄져서 여섯 나라의 재상을 겸하게 되었으나, 좀 더 악랄했던 장의는 진나라의 무력을 배경으로 이웃 나라를 압박했다.

장의는 자신이 손수 진나라 군사를 이끌고 위나라를 침략했다. 그 후 위나라의 재상이 된 장의는 진나라를 위해 위나라 애왕哀王에게 합종을 탈퇴하고 연횡에 따를 것을 권했으나 받아들여지지 않았다. 그러자 진나라는 본보기로 한나라를 공격해 8만 명의 군사를 죽였다. 불안으로 잠 못 이루는 애왕에게 장의는 때를 놓치지 않고 말했다.

"전하. 위나라는 국토도 좁고 군사도 30만밖에 안 됩니다. 사방의 어떤 나라와 연합한다 해도 또 다른 나라의 원한을 살 수 있습니다. 아무리 동맹을 맺었다고 해도 이익 면에서 실이 없습니다. 도리어 나라 안이 전쟁터가 되고 말 것입니다. 만약 나라를 섬긴다면 초나라나 한

나라가 쳐들어오는 일은 없을 것입니다. 초나라와 한나라가 쳐들어오지 않는다면 전하께서는 '베개를 높이 하여 편히 잘 주무실 수 있사옵고高枕安眠' 나라도 평안할 것입니다."

애왕은 결국 합종을 탈퇴하였다. 이후 진나라는 장의의 활약으로 합종을 와해시키고, 위나라를 포함한 여섯 나라를 멸망시켰다.

곡학아세

曲學阿世

굽을 곡 학문 학 아첨할 아 세대 세

학문을 굽혀 세속世俗에 아첨한다는 뜻으로
진리에 어긋난 학문으로 세상 사람에게 아첨한다

《史記》〈儒林傳〉

한漢나라 6대 황제인 경제景帝가 어진 선비를 찾던 중, 원고생轅固生이라는 시인을 등용하기로 했다. 원고생은 90세의 고령임에도 직언을 잘하는 대쪽 같은 선비로 소문이 자자했다. 이에 사이비 학자들은 원고생을 모략하는 상소를 올려 그의 등용을 강력히 반대했으나 경제는 원고생을 청렴결백하다고 여겨 청하왕淸河王의 태부太傅로 임명하였다. 당시 원고생과 함께 등용된 공손홍公孫弘 역시 원고생을 늙은이라고 깔보고 무시했다. 그러나 원고생은 전혀 개의치 않고 공손홍에게 말했다.
"지금, 학문의 정도正道는 어지러워지고 속설俗說이 유행하고 있네. 이대로 놔두면 유서 깊은 학문의 전통은 결국 사설邪說로 인해 그 본연의 모습을 잃고 말 것일세. 자네는 다행히 젊은 데다가 학문을 좋아하는 선비라는 말을 들었네. 그러니 부디 올바른 학문을 열심히 닦아서 세상에 널리 전파하길 바라네. 결코 자신이 믿는 '학설을 굽히어曲學' '세상 속물들에게 아첨하는 일阿世'이 있어서는 안 되네."
그 말을 들은 공손홍은 절조를 굽히지 않는 원고생의 고매한 인격과 높은 학식에 감탄하고, 자신의 무례함을 부끄러워했다.
이후 공손홍은 모든 일을 사과하고 원고생의 제자가 되었다.

과유불급

過猶不及

지날 과 같을 유 아니 불 미칠 급

정도를 지나침은 모자라는 것과 같다

《論語》〈先進篇〉

공자의 제자 자공子貢이 물었다.

"선생님, 자장子張과 자하子夏 중 어느 쪽이 더 현명합니까?

"자장은 아무래도 매사에 지나친 면이 있고, 자하는 부족한 점이 많은 것 같다."

"그러면 자장이 나은 건가요?"

자공이 다시 묻자, 공자는 이렇게 대답했다.

"그렇지 않다. 지나침은 모자람과 같으니라過猶不及."

과전이하

瓜 田 李 下

오이 과 밭 전 오얏 리 아래 하

오이밭에서 신을 고쳐 신지 말고, 오얏나무 아래서 갓을
고쳐 쓰지 말라는 뜻으로 의심받을 짓은 처음부터 안 하는 게 좋다

《列女傳》

전국시대 제齊나라 위왕威王이 즉위한 지 9년이 되던 해였다.

간신 주파호周破湖가 국정을 제멋대로 휘둘러, 나라 꼴은 말할 수 없을 정도로 어지러웠다. 이를 보다 못한 후궁 우희虞姬가 위왕에게 아뢰었다.

"전하, 주파호는 속이 검은 사람이오니 그를 내치시고, 북곽北郭 선생과 같은 어진 선비를 등용하시옵소서."

이 소식을 들은 주파호는 우희와 북곽 선생이 서로 좋아하는 사이라고 모함했다. 위왕은 우희를 옥에 가두고 관원에게 철저히 조사하라고 명했다. 이미 주파호에게 매수된 관원은 억지로 죄를 꾸며내려고 했지만, 조사 방법이 이상하다고 여긴 위왕은 우희를 불러 직접 물었다. 그러자, 그녀는 이렇게 대답했다.

"전하, 저는 지난 10년 동안 한마음으로 전하를 모셨습니다. 그러나 불행히도 간신들의 모함에 빠지게 되었습니다. 저의 결백은 푸른 하늘의 해와 같이 너무나 명백합니다. 만약 저에게 죄가 있다면 '오이밭에서 신을 고쳐 신지 말고瓜田不納履, 오얏나무 아래서 갓을 고쳐 쓰지 말라李下不整冠'는 교훈을 잊고, 의심받을 일을 피하지 못했다는 것입니다. 그리고 제가 옥에 갇혔는데도 변명해 주는 사람이 하나도 없는 것

은 제가 부덕한 탓입니다.

이제 저에게 죽음의 형벌을 내리신다 해도 더 이상 변명하지 않겠습니다. 다만 주파호와 같은 간신만은 부디 내쳐 주십시오."

우희의 충심 어린 호소에 자신의 잘못된 판단을 깨달은 위왕은 주파호 일당을 죽이고 어지러운 나라를 바로잡았다.

관포지교

管 鮑 之 交

대롱 관 절인 고기 포 갈 지 사귈 교

관중과 포숙아와 같은 사귐이라는 뜻으로
세상사를 떠나 친구를 위하는 두터운 우정

《史記》〈管仲列傳〉

춘추시대, 제濟나라에 관중管仲과 포숙아鮑叔牙라는 두 관리가 있었다. 이들은 죽마고우竹馬故友로 둘도 없는 친구 사이였다.

관중과 포숙아는 서로 군위를 다투고 있던 규糾와 소백小白의 측근으로 있어서, 본의 아니게 정적관계가 되었다.

후에 소백이 정권을 잡고 환공桓公이라 일컬으면서, 규의 처형과 아울러 관중을 잡아 왔다. 환공이 잡혀 온 관중을 죽이려 하자 포숙아는 이렇게 진언했다.

"전하, 한 나라만 다스리는 것으로 만족하신다면 저만으로도 충분할 것입니다. 하지만 천하를 다스리는 군주가 되고자 하신다면 관중을 기용하십시오."

도량이 넓고 식견이 높았던 환공은 신뢰하는 포숙아의 진언을 받아들여 관중을 대부大夫로 기용하고 나랏일을 맡겼다.

관중은 재상이 된 후 대정치가다운 수완을 유감없이 발휘하여 경제를 안정시키고 선정을 베풀어, 마침내 환공을 춘추春秋의 첫 군주로 군림할 수 있게 하였다.

관중의 정치적인 성공은 환공의 관용과 재능이 한데 어우러진 결과

였지만 그 출발은 역시 관중에 대한 포숙아의 돈독한 우정에 있었다. 그래서 관중은 훗날 포숙아에 대한 감사의 마음을 이렇게 드러냈다.

"나는 젊어서 포숙아와 장사를 한 적이 있다. 이익금은 늘 내가 더 많이 차지했다. 그러나 포숙아는 내게 욕심쟁이라고 말하지 않았다. 내가 가난하다는 걸 알고 있었기 때문이다. 또 사업이 실패하여 그를 궁지에 빠뜨린 일이 있었지만 그는 나를 어리석고 변변치 못하다고 여기지 않았다. 일에는 성패成敗가 있다는 걸 알고 있었던 것이다. 나는 또 몇 번이나 벼슬길에 나갔지만 그때마다 물러나곤 했다. 그럴 때도 그는 나를 무능하다고 하지 않았다. 내게 운이 따르고 있지 않았다고만 생각했다. 어디 그뿐인가. 나는 전쟁터에서도 여러 번 도망쳤지만 그는 나를 겁쟁이라고 말하지 않았다. 내게는 모셔야 할 늙은 어머니가 계신다는 걸 알고 있었기 때문이다. 아무튼 '나를 낳아준 분은 부모지만 나를 알아준 사람은 포숙아이다生我者父母 知我者鮑叔牙'."

광일미구

曠日彌久

빌 광 날 일 많을 미 오랠 구

오랫동안 쓸데없이 세월만 보낸다

《戰國策》〈趙策〉

전국시대 말엽, 조趙나라 혜문왕惠文王 때의 일이다.

조나라가 연燕나라의 공격을 받자, 혜문왕은 제齊나라에 사신을 보내 3개 성읍城邑을 떼어줄 테니 제나라의 장수 전단田單을 보내줄 것을 청했다.

전단은 일찍이 연나라의 침략군을 물리친 명장인데, 조나라의 요청에 따라 총사령관이 된 인물이었다.

혜문왕이 전단을 보내달라고 했다는 말을 들은 조나라의 명장 조사趙奢는 재상 평원군平原君에게 항의하고 나섰다.

"아니, 조나라엔 사람이 없습니까? 제게 맡겨 주신다면 당장 적을 격파하겠습니다."

평원군이 그럴 수 없다고 했으나 조사는 물러서지 않았다.

"제나라와 연나라는 원수 간이긴 합니다만 전단은 우리 조나라를 위해서 싸우지는 않을 것입니다. 조나라가 강해지면 천하를 다스리려는 야망을 가진 제나라에 방해가 되기 때문이죠. 그래서 전단은 싸움을 빨리 끝내지 않고 '오랫동안 쓸데없이 세월만 보낼 것입니다曠日彌久.' 그리하여 두 나라가 병력을 소모하여 피폐해지는 것을 기다릴 것

입니다."

평원군은 조사의 의견을 묵살한 채, 전단에게 조나라 군사를 맡겨 연나라 침공군과 싸우게 했다. 결과는 조사가 예언한 대로였다. 장기전이 되면서 두 나라의 병력만 소모했던 것이다.

괄목상대

刮 目 相 對

비빌 괄 눈 목 서로 상 대할 대

눈을 비비고 본다는 뜻으로 학식이나 재주가
이전에 비해 몰라볼 정도로 향상됨

《三國志》〈吳志 呂蒙傳注〉

삼국시대三國時代 초엽, 오나라 왕 손권孫權의 부하 중에 여몽呂蒙이라는 장수가 있었다. 그는 전쟁에서 많은 공을 쌓아 장군이 되었다.

어느 날 손권이 여몽을 불러 말했다.

"자네가 좀 더 훌륭한 장군이 되기 위해서는 공부를 게을리하면 안 될 것이네."

이 말을 들은 여몽은 전쟁터에서도 책을 놓지 않고 학문에 힘썼다.

몇 년 후 재상 노숙魯肅이 여몽을 찾아왔다. 여몽과는 막역한 사이였던 노숙은 대화를 나누면서 여몽이 너무나 박식해졌음에 매우 놀랐다.

노숙이 여몽의 학문적 깊이를 칭찬하자, 여몽은 이렇게 대꾸했다.

"무릇 선비란 헤어진 지 사흘이 지나 다시 만나면 '눈을 비비고 다시 대할刮目相對' 정도로 달라져야 하는 게 아니겠나?"

구밀복검

口 蜜 腹 劍

입구 꿀밀 배복 칼검

입에는 꿀을 담고 가슴에는 칼을 품는다는 뜻으로
말로는 친한 척하지만 속으로는 해칠 생각을 품고 있다

《新唐書》

당唐나라 현종玄宗 때 이림보李林甫라는 재상이 있었다. 그는 뇌물로 환관과 후궁들의 환심을 샀고, 현종에게 아첨하여 재상이 되었다. 또한 양귀비楊貴妃에게 빠져 정사政事를 멀리하는 현종을 부추기며 조정을 자기 마음대로 휘둘렀다.

이림보에 의해 바른말을 하는 충신과 그의 권위에 위협적인 신하는 가차 없이 제거되었다.

그런데 그는 정적을 제거할 때 먼저 상대방을 한껏 칭찬하여 우쭐하게 만든 다음 뒤통수를 치는 수법을 썼다. 그 때문에 많은 벼슬아치가 그를 두려워하며 이렇게 말했다.

"이림보는 '입으로 꿀 같은 말을 하지만 가슴에는 칼을 품고 있다口蜜腹劍.'"

구우일모

九 牛 一 毛

아홉구 소우 한일 털모

아홉 마리의 소 가운데서 뽑은 한 개의 털이라는 뜻으로
많은 것 중에 가장 적은 것을 말한다

《漢書》〈報任安書〉, 《文選》〈司馬遷 報任少卿書〉

한漢나라 7대 황제인 무제武帝 때 이릉 장군은 5천 명의 보병을 이끌고 흉노匈奴를 정벌하러 나갔다. 그는 열 배가 넘는 적의 기병을 맞아 처음 10여 일간은 잘 싸웠으나 결국 수적인 열세로 패하고 말았다.

그런데 이듬해 전사한 줄 알았던 이릉이 흉노에게 투항하여 후대를 받고 있다는 사실이 알려졌다. 이를 안 무제는 크게 노하여 이릉의 일족一族을 참형에 처하라고 엄명했다. 그러나 중신을 비롯한 이릉의 동료들은 침묵하며 무제의 안색만 살필 뿐 이릉을 위해 변호하는 사람이 없었다.

이에 분개한 사마천司馬遷이 그를 변호하고 나섰다. 사마천은 이릉을 평소에 '목숨을 바쳐서라도 나라를 위해 싸울 용감한 장군'이라고 굳게 믿고 있었다. 그는 무제에게 아뢰었다.

"황공하오나 이릉은 적은 보병으로 수만 명의 오랑캐 기병과 싸워 그들을 놀라게 하였습니다. 하지만 지원군은 없고 아군 속에도 배반자가 생기는 바람에 어쩔 수 없이 패전한 것으로 생각됩니다. 그는 또한 최후까지 병졸들과 고통을 같이하였습니다. 흉노에게 투항한 것도 필시 훗날 황제의 은혜에 보답할 기회를 얻기 위한 고육책苦肉策일 것입니다. 이 기회에 이릉의 공을 온 세상에 널리 알리시는 게 옳을 듯 합니다."

이 말을 들은 무제는 크게 노하여 사마천을 옥에 가두고 남성의 생식기를 잘라 없애는 궁형宮刑에 처했다. 사람들은 이 일을 가리켜 '이릉의 화李陵之禍'라 일컬었다.

사마천은 이를 친구 '임안任安에게 알리는 글報任安書'에서 '최하급의 치욕'이라고 적고, 씁쓸한 심정을 이렇게 썼다.

"내가 사형을 받는다고 해도 그것은 한낱 '아홉 마리의 소 중에서 터럭 하나 없어지는 것'과 같을 뿐이니 나와 같은 존재는 땅강아지나 개미 같은 미물과 무엇이 다르겠나? 그리고 세상 사람들 또한 내가 죽는다 해도 절개를 위해 죽는다고 생각하기는커녕 나쁜 말을 하다가 큰 죄를 지어 어리석게 죽었다고 여길 것이네."

국사무쌍

國 士 無 雙

나라 국 선비 사 없을 무 쌍 쌍

나라 안에 견줄만한 자가 없는 인재라는 뜻으로
가장 뛰어난 인물을 가리킨다

《史記》〈淮陰侯列傳〉

항우와 유방에 의해 진나라가 멸망한 한왕 원년元年의 일이다. 당시 한군漢軍에는 한신韓信이라는 장수가 있었다. 처음에 그는 초나라 군대에 있었으나 많은 군략軍略을 항우에게 제안해도 받아주지 않자, 낙담하여 초군에서 나와 한군으로 갔다.

그 후 한신은 승상丞相인 소하蕭何의 인정을 받게 되었고, 소하도 한신이 비범한 인물임을 알고 큰 기대를 걸고 있었다.

그 무렵, 관동 각 지방에서 유방을 따라 고향을 떠나온 한군 중에는 향수에 젖어 도망치는 장병이 날로 늘어났다. 그 가운데는 한신도 끼어 있었다. 한신이 도망갔다는 보고를 받은 소하는 급히 그 뒤를 쫓았다. 이를 본 장수가 소하도 도망쳤다고 유방에게 알리자, 유방은 크게 낙담했고 노여움 또한 컸다.

그런데 이틀 후 소하가 돌아왔다. 유방은 속으로는 기뻤지만 노한 얼굴로 도망친 이유를 물었다.

"승상인 자네가 도망을 치다니, 대체 어찌 된 일인가?"

"도망친 것이 아니오라, 도망친 자를 잡으러 갔던 것입니다."

"그래? 누구를?"

"한신입니다."

"뭐, 한신? 그동안 수십 명의 장수들이 도망쳤지만 뒤쫓은 적이 없잖은가?"

"이제까지 도망친 장수들은 얼마든지 구할 수 있으나, 한신은 실로 '국사무쌍國士無雙'이라고 할 만한 인물입니다. 만약 전하께서 지금의 땅만으로 만족하시겠다면 한신은 필요 없습니다. 하오나 동방으로 진출해서 천하를 손에 넣는 것이 소망이시라면 한신 이외에는 함께 군략을 도모할 사람이 없습니다."

군계일학

群 鷄 一 鶴

무리 군 닭 계 한 일 학 학

닭의 무리 속에 한 마리의 학이라는 뜻으로
여러 평범한 사람들 속에 뛰어난 한 사람이 섞여 있다

《晉書》〈嵇紹傳〉

위진魏晉 시대, 죽림칠현竹林七賢이라 불리는 일곱 명의 선비가 있었다. 완적阮籍, 완함阮咸, 혜강嵇康, 산도山濤, 왕융王戎, 유령劉伶, 향수向秀가 그들이었다. 그들은 종종 죽림에 모여 노장老莊의 허무 사상을 바탕으로 한 청담淸淡을 즐겼다.

그런데 죽림칠현 가운데 혜강이 억울한 죄를 뒤집어쓰고 처형당한 사건이 발생했다.

혜강에게는 혜소嵇紹라는 아들이 있었는데, 혜소가 성장하자 산도가 그에게 벼슬을 하사하라고 무제에게 요청하며 말했다.

"폐하. 《서경書經》에는 아버지의 죄는 아들에 미치지 아니하고 아들의 죄는 아버지에게 미치지 않는다고 적혀 있습니다. 혜소가 비록 혜강의 자식이긴 하오나 매우 총명하고 지혜로우니 비서랑秘書郎 벼슬을 내려주십시오."

"자네가 추천하는 사람이라면 승丞을 시켜도 능히 감당할 것이라 믿네."

무제는 혜소를 비서랑보다 한 계급 위인 비서승에 등용하였다.

혜소가 등용된 다음 날, 어떤 사람이 감격에 겨운 목소리로 왕융에게 말했다.

"어제 구름처럼 많이 모인 사람들 틈에 끼어서 혜소를 보았습니다. 그 늠름한 모습은 마치 '닭의 무리 속에 우뚝 선 한 마리의 학群鷄一鶴' 같았습니다."

권토중래

捲土重來

거둘 권　흙 토　무거울 중　올 래

흙먼지를 일으키며 다시 쳐들어온다는 뜻으로 한 번
실패한 사람이 세력을 회복해서 다시 일어나 세력을 되찾는다

두목杜牧의 시 〈題烏江亭〉

초패왕楚霸王 항우項羽는 8천 명의 군사를 이끌고 한왕인 유방劉邦과 싸워 승승장구한 전과를 올렸다. 하지만 마지막 싸움에서 패하여 도망 다니는 신세가 되었다.
유방군의 포위망을 벗어나 고향 땅에 들어가려는 순간 8천 명의 군사를 다 잃고 혼자서 돌아갈 생각을 하니 항우는 면목이 없었다. 평소에 자존심이 강했던 항우는 결국 오강烏江이라는 곳에서 스스로 목을 쳐 자살을 하였다.

승패는 병가도 기약할 수 없으니

勝敗兵家不可期

수치를 접어두고 부끄럼을 참음이 남아로다

包羞忍恥是男兒

강동의 자제 중에는 준재가 많으니

江東子弟多才俊

흙먼지를 일으키며 다시 쳐들어오는 것을 아직 알 수 없네

捲土重來未可知

항우가 죽은 지 천여 년이 지난 어느 날 당대唐代 시인 두목杜牧이 오강의 나루터에서 항우를 그리워하며 위의 시를 썼다.

'강동에 있는 아버지와 형에 대한 부끄러움을 참았다면 좋았을 텐데. 강동은 호걸이 많은 곳이므로 권토중래할 기회가 충분히 있었지 않았는가? 31세라는 젊은 나이로 자결을 하다니, 심히 안타까운 일이다.'

두목은 젊은 나이에 자결을 한 항우의 죽음을 몹시 애석해했다.

금의야행

錦衣夜行

비단 금 옷 의 밤 야 다닐 행

비단옷을 입고 밤길을 간다는 뜻으로
출세를 하고도 고향에 돌아가지 않는다

《漢書》〈項籍傳〉, 《史記》〈項羽本紀〉

유방劉邦을 죽이려다 시기를 놓친 항우項羽는 유방이 거쳐 간 진秦나라의 도읍 함양咸陽에 입성했다.

항우는 유방과는 달리 유방이 살려둔 진왕의 자영子嬰을 죽였고, 아방궁阿房宮에 불을 질렀다. 이 불은 3개월 동안이나 계속되었다. 또한 미녀들과 어울려 승리를 자축했으며, 시황제始皇帝의 무덤도 파헤쳤다. 유방이 창고에 봉인해 놓은 엄청난 금은보화金銀寶貨까지도 몽땅 차지했다.

제왕帝王이 된 항우가 이렇듯 무모하게 행동하자, 한생韓生이라는 사람이 항우를 설득했다.

"함양은 산과 강이 사방으로 둘러싸고 있어 천혜의 요충지인 데다 땅도 비옥합니다. 이곳에 도읍을 정하신다면 천하를 제패할 수 있습니다."

그러나 항우의 눈에는 함양이 황량한 폐허처럼 보일 뿐이었다. 그는 하루빨리 고향으로 돌아가 자신의 성공을 자랑하고 싶었다.

항우는 고향이 있는 동쪽 하늘을 바라보며 말했다.

"부귀를 이루고도 고향으로 돌아가지 않는다면 '비단옷을 입고 밤길

을 가는 것錦衣夜行'과 같으니 알아줄 사람이 누가 있겠는가."

항우의 굳은 결심을 알게 된 한생은 항우 앞을 물러나며 이렇게 말했다.

"초楚나라 사람은 '원숭이에게 옷을 입히고 갓을 씌워놓은 것처럼 지혜가 없다'고 하더니 과연 그 말이 사실이군!"

이 말을 전해 들은 항우는 한생을 삶아 죽였다.

하지만 결국 항우는 오래가지 못하고 한생의 염려대로 유방에게 천하를 내주게 되었다.

군맹무상

群盲撫象

무리 군 소경 맹 어루만질 무 코끼리 상

범인凡人은 모든 사물을 자기 주관대로
잘못 판단하거나 그 일부밖에 파악하지 못한다

《涅槃經》

인도의 경면왕鏡面王이 어느 날 맹인들에게 코끼리를 알려주려고 그들을 궁중으로 불러 모았다. 그리고 신하를 시켜 코끼리를 끌어오게 한 다음 맹인들에게 만져보게 하였다.

그런데 맹인들은 자기가 만져본 부위에 따라, 상아를 만진 맹인은 "무 같습니다.", 귀를 만진 맹인은 "키와 같습니다.", 머리를 만진 맹인은 "돌과 같습니다.", 코를 만진 맹인은 "절굿공이 같습니다.", 다리를 만진 맹인은 "널빤지와 같습니다.", 배를 만진 맹인은 "독과 같습니다.", 꼬리를 만진 맹인은 "새끼줄과 같습니다." 등으로 코끼리에 대해 각기 다른 평가를 했다.

여기서 코끼리는 석가모니釋迦牟尼를 비유한 것이고, 맹인들은 중생衆生을 비유한 것이었다. 즉, 중생들은 석가모니를 부분적으로밖에 이해할 수 없다는 것이다. 결국 중생에게는 석가모니가 각각 따로 존재한다는 것을 말한다.

기인지우

杞 人 之 憂

나라 이름 기 사람 인 갈 지 근심 우

기나라 사람의 쓸데없는 걱정

《列子》〈天瑞篇〉

주왕조周王朝시대 때의 일이다. 기나라에는 쓸데없는 걱정으로 잠도 자지 못하고 음식도 제대로 먹지 못하는 사람이 있었다.

보다 못한 친구가 찾아와 그에게 물었다.

"어찌하여 잠도 못 자고 음식도 못 먹는 겐가?"

"만약 하늘이 무너지거나 땅이 꺼진다면 몸 둘 곳이 없어서 그러하다네."

이 말을 들은 친구가 차분한 어조로 말했다.

"하늘은 본래 기가 없는 곳이네. 단지 기가 쌓여 뭉쳐 있는 것뿐이지. 우리가 종일 하늘 가운데 있어 몸을 굽히고 숨을 쉬는 것도 다 기가 있어서 그런 것이라네. 그러니 하늘은 무너지지 않을 것이네."

"그렇다면 해와 달과 별은 떨어져 내릴 게 아닌가?"

"해와 달과 별도 역시 쌓인 기 속에서 빛나고 있는 것이네. 혹시 떨어져 내린다 해도 다칠 염려는 없을 것이네."

"그럼, 땅이 꺼지지는 않겠는가?"

"땅은 단지 흙덩어리일 뿐이네. 사방을 꽉 메우고 있어서 꺼질 염려는 없네."

이 말을 들은 그는 비로소 안심하였다.

기호지세

騎虎之勢

말탈기 범호 갈지 기세세

호랑이를 타고 달리는 기세라는 뜻으로 어떤 일을
계획하고 시작한 이상 도중에 중단해서는 안 된다

《隋書》〈獨孤皇后傳〉

남북조南北朝시대 말엽 때의 일이다. 북조 마지막 왕조인 북주北周의 선제宣帝가 죽은 후, 외척 양견楊堅이 재상의 자리에 올랐다. 그는 한족漢族이 오랑캐인 선비족鮮卑族에게 점령당한 것을 비통히 여겨 다시 한족의 천하를 회복하겠다는 야망을 품고 있었다. 하지만 기회를 기다리던 중에 선제가 죽은 것이다.

양견이 북주의 왕권을 차지하기 위해 여러 일을 계획하고 있을 때, 그의 뜻을 알고 있던 아내 독고獨孤부인이 전간傳簡을 보내왔다.

"'호랑이를 타고 달리는 기세이므로 도중에 내릴 수 없는 일입니다騎虎之勢 不得下.' 만약 도중에 내리면 호랑이에게 잡혀 먹힐 것입니다. 그러니 끝까지 가야 합니다. 부디 목적을 달성하십시오."

이에 용기를 얻은 양견은 선제의 뒤를 이은 어린 정제靜帝를 폐하고 스스로 제위帝位에 올라 문제文帝라 일컫고 국호를 수隋라고 했다. 그로부터 8년 후에 문제는 남조南朝 최후의 왕조인 진陳나라마저 멸하고 마침내 천하를 통일했다.

기화가거

奇貨可居

기이할 기 재물 화 허락할 가 살 거

진귀한 물건을 사서 잘 보관해 두면
훗날 큰 이익을 얻는다

《史記》〈呂不韋列傳〉

전국시대 말, 한韓나라에 여불위呂不韋라는 큰 장사꾼이 살고 있었다. 그는 조趙나라 도읍 한단邯鄲에 볼모로 잡혀 와 있던 진秦나라 소양왕昭襄王의 손자 자초子楚를 찾아갔다. 여불위는 자초를 투자할 만한 가치奇貨가 있다고 여긴 것이다.

"머지않아 안국군安國君께서 왕위에 오르실 것입니다. 하지만 화양부인華陽夫人에게는 소생이 없습니다. 그러면 당신을 포함한 스무 명의 서출庶出 왕자 중에서 누가 대를 이을지는 솔직히 알 수 없습니다. 볼모로 잡혀 있는 당신까지 차례가 오기란 어려울 것입니다. 하지만 제가 힘을 써서 태자가 되도록 해 드리겠습니다."

자초와 굳은 약속을 한 여불위는 진나라로 가서 많은 돈을 써서 화양부인의 환심을 샀고, 자식이 없었던 화양부인을 설득해 자초를 아들로 입적시켜 태자가 되도록 했다. 그러고는 자기 자식을 임신하고 있던 애첩 조희趙姬까지 자초의 아내로 주어 자초를 완전히 손아귀에 넣었다. 이윽고 자초가 왕위에 오르자, 여불위는 재상이 되어 부귀영화를 누렸다. 그리고 조희가 낳은 아들은 훗날 시황제始皇帝가 되었다.

求相一之 牛 狗擊安阿不李之彌相腹一無一重夜撫之
舟膽坤兔遠口肋鳴腹枕學猶田鮑日目蜜牛士鷄土衣盲人
刻肝乾犬敬鷄鷄鷄鼓高曲過瓜管曠刮口九國群捲錦群

故事成語

낙양지귀

洛 陽 紙 貴

물 이름 락 볕 양 종이 지 귀할 귀

'낙양의 종이값을 올렸다'는 뜻으로
책이 베스트셀러가 되었다

《晉書》〈文苑傳〉

진晉나라 때, 좌사左思라는 시인이 있었다. 그는 젊어서 글을 배웠으나, 처음부터 시를 잘 지은 것은 아니었다.

그는 임치의 모습을 엮은 《제도부齊都賦》라는 서사시를 탈고했다. 또한 삼국시대 촉한蜀漢의 도읍 성도成都, 오吳나라의 도읍 건업建業, 위魏나라의 도읍 업鄴의 풍물을 읊은 《삼도부三都賦》를 많은 서적을 참고하여 집필했다.

이렇게 시상이 떠오를 때마다 쓰고 또 써서 그는 10년 만에 서적을 완성했다. 하지만 그의 이러한 노력은 알아주는 사람이 별로 없었다.

그러던 어느 날, 당시의 유명한 시인 장화張華가 《삼도부》를 읽어 보고, "이것은 반고班固 장형張衡의 작품과 같다."고 격찬하자, 사람들의 관심을 끌기 시작했다.

《삼도부》는 낙양에서 최고의 화제작이 되었다. 그러자, 지위가 높고 훌륭한 벼슬에 있던 사람들이 앞다투어 베껴 쓰기 시작했다. 그 바람에 '낙양의 종잇값이 올랐다洛陽紙價貴'고 한다.

남상

濫觴

넘칠 람 술잔 상

겨우 술잔에 넘칠 정도로 적은 양의 물

《荀自》〈子道篇〉, 《孔子家語》〈三恕篇〉

공자의 제자 자로子路가 어느 날 화려한 옷을 입고 나타나자 공자가 말했다.

"양자강揚子江은 민산岷山에서 흘러내리는 큰 강이다. 그러나 그 처음은 '겨우 술잔에 넘칠 정도濫觴'로 적은 양의 물이었다. 그것이 하류로 흘러오면서 물의 양도 많아지고 흐름도 빨라져서 배를 타야만 강을 건널 수 있고, 바람 부는 날에는 배를 띄울 수 없다. 이는 모두 물의 양이 많아졌기 때문이다."

무슨 일이든지 처음이 중요하며 처음이 나쁘면 갈수록 더 나빠진다는 것을 알려준 것이다. 공자의 말을 들은 자로는 당장 집으로 가서 옷을 갈아입었다.

남가일몽

南柯一夢

남녘 남 가지 가 한 일 꿈 몽

권세는 꿈과 같고 인생은 덧없다

《南柯記》

당唐나라 9대 덕종德宗 때 광릉廣陵에 순우분淳于棼이라는 사람이 있었다. 어느 날, 친구들과 어울리다가 술에 취한 순우분이 그의 집 남쪽에 있는 느티나무 아래서 잠이 들었다. 그때 자줏빛 관복을 입은 두 남자가 나타났다.

"저희는 괴안국왕槐安國王의 명으로 대인大人을 모시러 왔습니다."

그들을 따라 나무 밑 구멍 속으로 들어간 순우분은 국왕의 사위가 되어 궁궐에서 영화를 누리다가 남가군南柯郡의 태수가 되었다. 남가군을 다스려 태평성대를 이룬 그는 국왕에게 그 재능을 인정받아 재상이 되었다. 그러나 때마침 쳐들어온 단라국檀羅國의 군대에 무참히 패했고, 아내마저 병으로 세상을 떠나자 낙담하여 관직을 버리고 상경했다.

그러나 그의 명성을 듣고 모여든 사람들로 인해 그의 세력이 다시 커지는 것을 두려워한 괴안국 왕은 '천도遷都하지 않으면 이변이 닥칠 것 같다'며 순우분을 고향으로 돌려보냈다.

순간 순우분은 잠에서 깨어났다. 그가 꿈속에서 들어갔던 느티나무 아래를 살펴보니 과연 구멍이 있었다. 그 구멍을 살펴보니 그 속에 개

미 떼가 두 마리의 왕개미를 둘러싸고 있었다. 그곳이 괴안국이었고, 왕개미는 국왕 내외였던 것이다. 또 거기서 '남쪽으로 뻗은 가지南柯' 쪽으로도 구멍이 있었는데, 그곳이 바로 남가군이었다.

그러나 그날 밤에 큰비가 내려 개미는 흔적도 없이 사라졌다. '천도해야 할 이변'이 일어난 것이었다.

그 후, 순우분은 인생살이와 부귀영화의 덧없음을 깨닫고 도술에만 전념하다 세상을 떠났다.

낭중지추

囊中之錐

주머니 낭 가운데 중 갈 지 송곳 추

주머니 속의 송곳이라는 뜻으로 유능한 사람은
숨어 있어도 자연히 그 존재가 드러난다

《史記》〈平原君列傳〉

전국시대 말, 조趙나라는 진秦나라의 공격을 받게 되었다. 다급해진 조나라는 재상인 평원군平原君을 초楚나라에 보내 구원군을 요청하기로 했다.

평원군은 문무의 덕을 겸비한 스무 명의 수행원이 필요하여 자신의 3천여 명의 식객 중에서 이들을 추려내려고 했다. 그런데 열아홉 명은 쉽게 뽑았으나 나머지 한 명의 인재를 찾지 못하고 있었다.

평원군이 고민에 빠져 있을 때 한 사내가 앞으로 나서며 말했다.

"저는 모수毛遂라는 자이옵니다. 평원군의 집에 머문 지 3년이 되는데 이번에 그 은혜를 갚을 기회를 제게 주시옵소서."

평원군은 그를 탐탁지 않게 여기며 이렇게 물었다.

"본디 유능한 사람은 숨어 있어도 마치 '주머니 속의 송곳囊中之錐' 끝이 밖으로 나오듯이 자연스럽게 그 존재가 드러나는 법이다. 그런데 3년이 지나도록 그대는 단 한 번도 이름이 드러난 적이 없지 않은가?"

"그건 제가 비로소 주머니 속에 넣어주시기를 청했기 때문입니다. 하지만 이번에 군의 주머니 속에 저를 넣어주시기만 한다면 송곳의 끝뿐 아니라 자루까지 보여드리겠습니다."

평원군은 그 말을 듣고서야 모수를 구원군에 합류시켰다. 후에 평원군은 모수의 활약 덕분에 초나라 왕을 설득하는 데 성공했을뿐더러 구원군도 쉽게 얻을 수 있었다.

노마지지

老馬之智

늙을로 말마 갈지 지혜지

늙은 말의 지혜라는 뜻으로
비록 하찮은 사람이라도 나름대로 장점이 있다

《韓非子》〈說林篇〉

춘추시대, 제齊나라의 환공桓公이 관중管仲과 습붕隰朋을 데리고 고죽국孤竹國을 정벌하러 나섰다.
그런데 전쟁이 길어지는 바람에 봄에 시작한 전쟁이 그해 겨울이 되어서야 끝이 났다.
혹한 추위를 이기며 귀국하던 환공의 군대는 산중에서 그만 길을 잃고 말았다.
서로 우왕좌왕하고 있을 때 관중이 나서며 말했다.
"이럴 때는 '늙은 말의 지혜老馬之智'가 필요합니다."
관중은 늙은 말 한 마리를 풀어놓았다.
군사들이 그 말 뒤를 따라가자 얼마 지나지 않아 큰길을 만날 수가 있었다.
또 한번은 산길을 가다가 식수가 떨어지는 바람에 모든 군사가 갈증에 시달리게 되었다.
이번에는 습붕이 나서며 말했다.
"개미란 여름에는 산의 북쪽 음지에 집을 짓고, 겨울에는 남쪽 양지바른 곳에 집을 짓습니다. 개미집에 한 치쯤 흙이 쌓여 있으면 그 땅

속에는 반드시 물이 있습니다."

이 말을 들은 군사들이 개미집을 찾아 그곳을 파 내려가자 과연 샘물이 솟아났다.

환공은 관중과 습붕을 데려온 것을 기뻐하며 즐거운 마음으로 귀국할 수 있었다.

농단

壟斷

언덕 롱 끊을 단

높이 솟아 있는 언덕이라는 뜻으로
재물을 독차지함

《孟子》〈公孫丑篇〉

전국시대, 제齊나라 선왕宣王 때의 일이다. 맹자는 그곳에서 왕도정치王道政治의 실현이라는 뜻을 이루고자 수년간 머물렀으나 그 뜻을 이루지 못했다.

"이제 저는 제 고향으로 돌아가려고 합니다."

맹자의 말에 선왕은 깜짝 놀라며 말했다.

"아니, 무슨 불편한 일이라도 있는 것입니까? 부디 떠나지 마시고 제 곁에 오랫동안 머물러 주십시오. 그러하면 높은 봉록을 공에게 주겠소이다."

"제가 주장한 왕도정치가 받아들여지지 않는데도 봉록 때문에 '농단壟斷'을 할 생각은 없습니다."

"아니, 농단이라뇨?"

맹자는 선왕에게 농단에 얽힌 이야기를 들려주었다.

"옛날의 시장은 단순히 물건과 물건을 교환하는 곳이었습니다. 그런데 한 교활한 사내가 나타나 시장이 잘 보이는 '높은 언덕壟斷'에 올라가 좌우를 살피면서 시장의 이익을 독점하였습니다. 그러자 사람들은 모두 그 사내의 비열한 수법을 천하게 여겼습니다. 이 소식을 들은

관리들은 그에게 세금을 거두기로 했습니다. 이때부터 장사꾼에게 세금을 거두는 제도가 생겨났습니다. 신 또한 그리될까 두렵습니다."

이 말을 들은 선왕은 고개를 끄덕이며 맹자를 그의 고향으로 돌려보냈다.

누란지위

累卵之危

포갤 루 알 란 갈 지 위태할 위

계란을 쌓아놓은 것처럼
위태로운 형세를 비유

《史記》〈范雎列傳〉

전국시대, 위魏나라의 집 아들로 태어난 범저范雎는 제齊나라에 사신으로 가는 수가須賈를 따라갔다. 그런데 어찌 된 일인지 제나라에서 수가보다 범저의 인기가 더 좋았다. 이에 시기심을 느낀 수가가 귀국 후에 재상에게 범저를 모함했다.

"범저가 제나라와 내통하고 있습니다."

범저는 곧 붙잡혀서 모진 고문을 당했다. 그러고는 옥에 갇혔다.

'이대로 있다가는 내 목숨이 온전치 못할 것이다.'

이렇게 생각한 범저는 옥졸을 설득해 탈옥했다. 범저는 정안평鄭安平의 집에서 숨어 지내며 이름을 장록張祿으로 바꾸고 정안평의 도움을 받아 진나라로 망명했다.

장록이 진나라로 망명하자 왕계王稽라는 관리가 그를 반갑게 맞이했다. 그러고는 소양왕昭襄王에게 장록을 소개했다.

"위나라의 장록은 천하의 외교가입니다. 그는 진나라의 정치를 평하여 '알을 쌓아놓은 것처럼 위태롭다累卵之危'며 자신을 기용하면 평안을 누릴 수 있다고 하였습니다. 부디 장록을 중용하여 주시옵소서."

이 말을 들은 소양왕은 자신의 나라를 낮게 평가하는 장록을 당장 죽

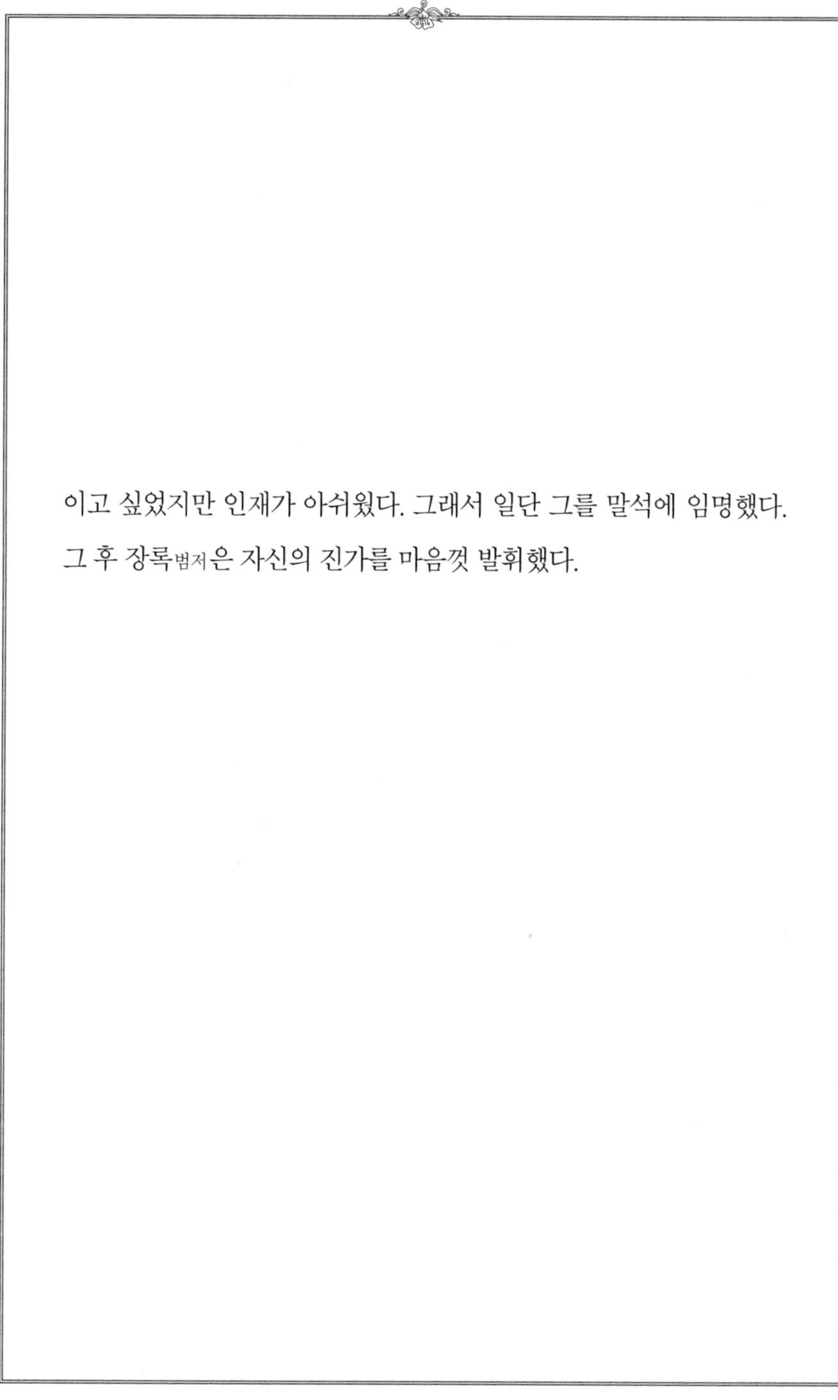

이고 싶었지만 인재가 아쉬웠다. 그래서 일단 그를 말석에 임명했다. 그 후 장록범저은 자신의 진가를 마음껏 발휘했다.

능서불택필

能書不擇筆

능할 능 글 서 아니 불 가릴 택 붓 필

글씨를 잘 쓰는 사람은 붓을 가리지 않는다는 뜻으로
재료 또는 도구를 가리는 사람은 그 분야의 달인이라 할 수 없다는 말

《唐書》〈歐陽詢傳〉

당나라 때 서예의 달인으로 당초사대가唐初四大家로 꼽혔던 우세남虞世南, 저수량褚遂良, 유공권柳公權, 구양순歐陽詢 등이 있었다.

그중에서도 왕희지王羲之의 서체를 배워 자신만의 독특하고 힘찬 서체를 쓴 구양순이 유명했다. 구양순은 특히 글씨를 쓸 때 붓이나 종이를 가리지 않는 것으로 유명했다. 하지만 저수량은 붓이나 먹이 좋지 않으면 글씨를 쓰지 않았다.

어느 날 저수량이 우세남에게 물었다.

"내 글씨와 구양순의 글씨를 비교하면 어느 쪽이 더 괜찮소?"

우세남이 엷은 미소를 보이며 대답했다.

"구양순은 '붓이나 종이를 가리지 않으면서도不擇筆紙 마음대로 글씨를 쓸 수 있다能書.'고 하네. 자네는 아무래도 그를 따르지 못할 것이네."

단장

斷 腸

끊을 단 창자 장

창자가 끊어질 만큼 아픈 상처

《世說新語》〈黜免〉

진晉나라의 환온桓溫이 촉蜀나라를 정벌하기 위해 군사를 이끌고 삼협三峽을 통과하던 중이었다.

부하 중 한 사람이 원숭이 새끼를 붙잡아 배에 실었다. 새끼가 붙잡힌 것을 본 어미 원숭이가 뒤따라왔으나 물에는 뛰어들지 못하고 강가에서 슬피 울부짖었다. 배가 출발하자 어미 원숭이는 강가를 따라 필사적으로 100여 리나 되는 길을 달려 배를 쫓아왔다.

마침내 배가 강기슭에 닿았다. 배가 멈추자마자 어미 원숭이가 재빠르게 배로 뛰어올랐으나 그대로 죽어 버렸다.

이상하게 여긴 군사들이 어미 원숭이의 배를 갈라보니 창자가 마디마디 끊어져 있었다. 이 사실을 안 환온은 크게 노했다.

"이놈들. 네놈들도 낳아주신 어머니가 있을 텐데 이리도 무정할 수 있느냐?"

환온은 원숭이 새끼를 붙잡은 부하를 매질하여 내쫓아 버렸다.

다다익선

多多益善
많을 다 많을 다 더할 익 착할 선

많으면 많을수록 좋다는 뜻

《史記》〈淮陰侯列傳〉

한漢나라 고조 유방劉邦은 천하를 통일했으나, 항우와 싸웠던 장수들이 언젠가는 한나라를 위협하는 존재가 되지 않을까 고민하고 있었다. 특히, 일등 공신인 초왕楚王 한신韓信을 가장 경계했다. 그래서 계략을 써 한신을 잡아 회음후淮陰侯로 좌천시키고, 장안長安에서 벗어나지 못하게 했다.

어느 날, 유방이 한신과 여러 장군의 능력에 대해 이야기를 나누면서 이렇게 물었다.

"나는 몇만의 군사를 거느릴 수 있는 장수라고 생각하는가?"

"폐하께서는 한 10만 군사 정도는 거느릴 수 있을 것입니다."

"그렇다면 자네는?"

"저는 '다다익선多多益善'입니다."

이 말을 들은 고조는 한바탕 웃고 나서 물었다.

"다다익선이라고? 그렇다면 어찌하여 그대는 10만의 장수감에 불과한 과인의 포로가 되었느냐?"

그러자 한신은 이렇게 대답했다.

"그것은 별개의 문제입니다. 폐하는 군사를 거느리는 데 능하신 게

아니라 장수를 거느리는 데 능하십니다. 제가 폐하의 포로가 된 이유는 그것뿐입니다."

당랑거철

螳 螂 拒 轍

버마재비 당 버마재비 랑 막을 거 수레바퀴 자국 철

사마귀가 앞발을 들어 수레바퀴를 가로막는 것처럼
분수도 모르고 강적에게 덤벼드는 무모한 행동

《韓語外傳》〈卷八〉

춘추시대, 제齊나라 장공莊公 때의 일이다.

어느 날 장공이 수레를 타고 사냥터로 가던 도중 처음 보는 벌레 한 마리가 수레바퀴를 칠 듯이 덤벼드는 것을 보았다.

"허, 맹랑한 벌레군. 도대체 저 벌레 이름이 뭔가?"

장공이 묻자, 마부가 대답했다.

"저것은 사마귀라는 벌레입니다. 앞으로 나아갈 줄만 알지 물러설 줄은 모릅니다. 제힘도 생각지 않고 강적에게 마구 덤비는 꼴이지요."

그러자, 장공은 고개를 끄덕이며 말했다.

"저 벌레가 만일 사람이라면 틀림없이 천하무적의 용사가 되었을 것이다. 미물이긴 하지만 그 용기가 가상하니, 수레를 돌려 피해 가도록 하라."

대기만성

大 器 晩 成

클 대　그릇 기　늦을 만　이룰 성

큰 그릇은 늦게 만들어진다는 뜻으로
크게 될 사람은 쉽게 만들어지지 않는다

《三國志》〈魏志 崔琰傳〉

삼국시대, 위魏나라에 최염崔琰이라는 유명한 장군이 있었다. 그런데 용맹한 최염에 비해 그의 사촌 동생 최림崔林은 별다른 재능을 보이지 않았다. 이에 최림은 친척들에게 멸시를 당하고 살았다. 하지만 최림이 훌륭한 인물이 될 것을 간파한 최염은 이렇게 말했다.

"큰 종鍾이나 솥은 쉽게 만들어지지 않는다. 큰 인물도 마찬가지다. 너도 그처럼 '대기만성' 형이다. 단언하건대, 너는 틀림없이 큰 인물이 될 것이다."

훗날 최림은 천자天子를 보좌하는 인물이 되었다.

대의멸친

大義滅親

큰대 옳을의 멸할멸 친할친

대의를 위해서는 친족도 멸한다는 뜻으로, 국가나 사회의 대의를 위해서는 부모 형제의 정도 돌보지 않는다

《春秋左氏傳》〈隱公三 四年條〉

춘추시대 위魏나라에서는 주우州吁가 환공桓公을 죽이고 스스로 왕이 되었다. 본래 환공과 주우는 이복형제 간으로 둘 다 후궁의 자식이었다.

선군先君 장공莊公 때부터 충신인 석작石碏은 일찍이 주우가 반역의 음모를 꾸미고 있다는 것을 알고, 그와 절친하게 지내는 자신의 아들 석후石厚에게 주우를 멀리하라고 했다. 그러나 석후는 듣지 않았고, 환공을 죽이는 일을 거들기까지 했다. 석작은 환공이 왕위에 오르자 은퇴했다. 그 후 얼마 안 되어 석작의 우려대로 주우가 반역을 일으켰고 왕위에 올랐다.

일단 주우의 반역은 성공했으나 백성들은 그를 따르지 않았다. 무력으로 이웃 나라를 침공하는 등 여러 가지 방법을 써보았으나 소용없었다. 민심 수습 방안을 모색하던 석후는 결국 아버지 석작에게 조언을 구했다.

석작은 이렇게 대답했다.

"무엇보다 천하의 종실宗室인 주나라 왕실을 찾아가서 천자天子를 뵙고 승인을 받는 게 좋을 것이다."

"어떻게 해야 천자를 만날 수 있을까요?"

"먼저 주왕실과 각별한 사이인 진陳나라 진공陳公에게 부탁하거라."
주우와 석후가 진나라로 떠난 후, 석작은 진공에게 밀사를 보내 이렇게 고하도록 했다.
"주우와 석후는 임금을 죽인 반역자이니 그들을 잡아 죽여 대의를 바로잡아 주십시오."
석작은 이것도 모자랐는지 혹시 자신의 입장을 고려한 진나라가 아들 석후를 살려 보낼까 염려되어 심복을 보내 처형을 지켜보도록 했다.

도외시

度外視

법도 도 바깥 외 볼 시

안중에 두지 않고 무시함

《後漢書》〈光武記〉

광무제 유수劉秀는 한漢나라를 빼앗아 신新나라를 세운 왕망王莽을 멸하고 한나라를 재건했다.

한나라를 재건한 이후에도 유수는 반란군들을 차례로 진압하며 천하 통일을 향한 싸움을 계속했다. 마침내 제齊나라와 강회江淮 땅이 평정되자, 중원中原은 거의 광무제의 세력권이 되었다. 그러나 벽지와 산간오지인 진秦 땅의 외효隗囂와 촉蜀 땅 성도成都의 공손술公孫述만은 항복하지 않았다.

이에 신하들은 광무제에게 아뢰었다.

"전하, 부디 외효와 공손술의 반란군을 처벌하시옵소서."

그러자 광무제가 엷은 미소를 띠며 말했다.

"이미 중원을 평정했으니 이제 그들은 '문제시할 것 없소度外視.'"

그동안 계속된 싸움에 지친 병사들을 하루빨리 고향으로 돌려보내 쉬게 해 주고 싶었던 게 광무제의 마음이었다.

독안룡

獨 眼 龍

홀로독 눈안 용룡

애꾸눈의 용이라는 뜻으로
애꾸눈이면서 영웅이거나 용맹한 장수

《唐書》〈李克用傳〉

당나라 18대 황제인 희종僖宗 때의 일이다. 대홍수와 큰 가뭄이 계속되고 막대한 세금까지 징수되자 농민들은 반감을 갖기 시작했다.

이때 황소黃巢가 반란을 일으켜 10여 만의 농민군을 이끌고 도읍인 장안을 점령했다. 그리고 스스로를 제제齊帝라 하고, 대제국大齊國을 세웠다.

한편 성도成都로 피신한 희종은 이극용李克用에게 황소 토벌을 명했다. 4만여 명에 이르는 이극용의 군사는 모두 검은 옷을 입고 공격을 했기 때문에 반란군은 "갈까마귀의 군사鴉軍 가 왔다!" 하며 매우 두려워했다.

마침내 반란군은 진압되었고 이극용은 문헌에 다음과 같이 묘사되었다.

"당시 이극용의 나이는 28세였다. 여러 장군 가운데 가장 젊었지만 황소를 진압하고 세운 공은 가장 컸다. 그의 군대는 세력이 강하여 적장들이 모두 두려워할 정도였다. 그의 눈은 한쪽이 아주 작아 감긴 듯하여 애꾸눈 같았다. 그래서 사람들은 그를 '독안룡獨眼龍'이라 했다."

동병상련

同 病 相 憐

한 가지 동　앓을 병　서로 상　불쌍히 여길 련

같은 병을 앓는 사람끼리 서로 불쌍히 여긴다는 뜻으로
어려운 처지에 있는 사람끼리 서로 동정하고 돕는다

《吳越春秋》〈闔閭內傳〉

전국시대, 오吳나라의 광光은 사촌 동생인 오왕 요僚를 죽인 뒤, 오왕 합려闔閭라 일컫고, 반란에 적극 협조한 오자서伍子胥를 중용했다.

오자서는 초나라에서 아버지와 형이 모함으로 죽임을 당하자 오나라로 망명한 사람이었다. 그가 반란에 적극 협조한 것도 광이 왕위에 오르면 아버지와 형의 원수를 갚을 수 있다고 믿었기 때문이다.

얼마 후 초나라에서 백비伯嚭라는 자가 오나라로 망명해 왔다. 그 또한 모함으로 아버지를 잃은 사람이었다. 오자서는 그를 오왕에게 추천하여 대부大夫 벼슬에 오르게 했는데 이 사실이 알려지자 신하들은 오자서를 비난했다.

"내가 보기에 백비는 눈이 매와 같고 걸음걸이는 호랑이와 같은데鷹視虎步, 이는 필시 사람을 죽일 얼굴이오. 그런데 당신은 무엇 때문에 그를 추천하였소?"

오자서는 이렇게 대답했다.

"별다른 까닭은 없습니다. 옛말에도 '동병상련同病相憐', '동우상구同憂相救'라는 말이 있듯이 나와 같은 처지에 있는 백비를 돕는 것은 당연한 일이라 생각한 것입니다."

그로부터 9년 후 합려가 초나라와 싸워 대승하자 자서와 백비는 마침내 가족의 원수를 갚을 수 있었다. 그러나 그 후 백비는 적국인 월나라에 매수되어 오자서를 모함에 빠뜨렸고, 오자서는 분함을 참지 못하고 죽고 말았다.

동호지필

董 狐 之 筆

감독할 동 여우 호 갈 지 붓 필

권세를 두려워하지 않고
사실을 그대로 적어 역사에 남기는 일

《春秋左氏傳》〈宣公二年條〉

춘추시대, 진晉나라 영공靈公은 제후로서 덕이 없는 사람이었다. 그는 성격이 매우 잔인했고, 세금을 과하게 부과했으며, 사치스러운 생활을 했다. 또한 하찮은 일로 사람을 죽이는 일이 비일비재했다.

보다 못한 재상 조순趙盾이 영공에게 자주 충언을 하자, 이를 귀찮게 여긴 영공은 조순을 죽이려고 했다. 조순은 이를 피해 망명하려고 국경까지 갔으나, 국경을 넘기 직전에 조천趙穿이 영공을 죽였다는 소식을 듣고 되돌아왔다.

그러자 사관史官인 동호董狐가 공식 기록에 이렇게 적었다.

'조순이 군주를 죽였다.'

조순이 이 기록을 보고 항의하자 동호는 이렇게 말했다.

"물론, 재상이 죽인 것은 아닙니다. 그러나 재상은 국내에 있었고, 또 돌아와서도 범인을 처벌하려 하지 않았습니다. 그래서 공식적으로는 재상이 살인자가 되는 것입니다."

조순은 그것이 올바른 도리라 생각하고 죄를 그대로 뒤집어썼다.

훗날 공자는 이 일을 이렇게 말했다.

"동호는 훌륭한 사관이었다. 법을 지켜 바르게 적었다. 조순도 훌륭

한 대신이었다. 법을 위해 죄를 뒤집어썼다. 참으로 안타깝다. 국경을 넘어 외국으로 갔었더라면 책임은 면했을 텐데……."

득롱망촉

得 隴 望 蜀

얻을 득 땅 이름 롱 바랄 망 나라 이름 촉

한 가지 소원을 이루면
또다시 다른 소원을 이루고자 한다

《後漢書》〈光武記〉, 《三國志》〈魏志〉

후한을 세운 광무제 유수劉秀는 낙양을 도읍으로 삼아 모든 지역과 세력을 정복하고 농서 지방까지 평정했다. 그러고는 군사를 불러 이제는 남쪽의 촉나라까지 정복하자고 명령했다. 더불어 이렇게 말했다.

"인간은 만족할 줄 몰라 고통스럽다더니 역시 그러하구나. 내 이미 '농서 지방을 얻었는데도 다시 촉을 바라는구나得隴望蜀.'"

그로부터 4년 후, 광무제는 대군을 이끌고 촉을 쳐 격파하고 천하 평정의 꿈을 이루었다.

등용문

登龍門

오를 등 용 룡 문 문

입신출세로 연결되는 어려운 관문을 말함

《後漢書》〈李應傳〉

용문龍門은 황하黃河 상류에 있는 협곡의 이름인데, 이곳을 흐르는 물살은 너무나 세차고 빨라 웬만한 큰 물고기도 여간해서 거슬러 올라가지 못했다. 그러나 일단 오르기만 하면 그 물고기는 용이 된다는 전설이 있었다. 따라서 '용문에 오른다'는 것은 매우 어려운 관문을 통과하여 약진의 기회를 얻는다는 말이다.

'등용문'의 반대말은 '점액點額'이다. '이마額'에 '상처를 입는다點'는 뜻인데, 용문에 오르려고 급류에 뛰어들었다가 바위에 이마를 부딪쳐 상처를 입고 하류로 떠내려가는 것을 말한다. 즉 출세를 위한 경쟁에서 패배한 사람, 시험에서 낙방한 사람을 일컫는다.

후한後漢 말, 환제桓帝 때 정의파 관료들의 지도적 인물에 이응李應이라는 사람이 있었다. 그런 그가 환관의 미움을 사서 투옥당한 일이 있었다. 그러나 그 후 유력자의 추천으로 다시 벼슬을 얻어 악랄한 환관 세력과 맞서 싸움으로 해서 그의 명성은 더욱 높아졌다.

태학太學의 학생들은 그를 존경하여 '천하의 본보기는 이응'이라 했으며 신진 관료들도 그와 친분을 갖거나 그의 추천을 받는 것을 최고의 명예로 삼았다. 이를 '등용문登龍門'이라 일컬었다.

마부작침

磨斧作針

갈마 도끼부 만들작 바늘침

도끼를 갈아서 바늘을 만든다는 뜻으로 아무리 어려운 일이라도
참고 계속하면 언젠가는 반드시 이룰 수 있다

《唐書》〈文藝傳〉

시선詩仙으로 불리는 당나라의 시인 이백李白은 어릴 적 훌륭한 스승을 찾아 상의산象宜山에 들어가 공부하고 있었다. 공부에 싫증이 난 어느 날, 그는 스승에게는 말도 없이 산을 내려오고 말았다.

이백이 냇가에 이르렀을 때 한 노파가 도끼를 바위에 대고 열심히 갈고 있는 것을 보았다. 이상히 여긴 이백이 물었다.

"할머니, 지금 뭐 하시는 겁니까?"

"바늘을 만들려고 도끼를 갈고 있는 중이네磨斧作針."

"아무리 열심히 간다 해도 그 큰 도끼가 어느 세월에 바늘이 되겠습니까?"

"반드시 될 것이네. 중도에 그만두지만 않는다면……."

이 말을 들은 이백은 생각을 바꾸어 산으로 되돌아갔다. 그 후 해이해질 때마다 바늘을 만들기 위해 도끼를 갈던 노파를 생각하며 더욱더 공부에 정진했다.

만사휴의

萬事休矣

일만 만　일 사　쉴 휴　어조사 의

모든 것이 가망 없을 정도로
달리해 볼 도리가 없는 체념의 상태

《宋史》〈荊南高氏世家〉

당나라가 망하고 송宋나라가 되기까지 53년 동안 중원에는 다섯 왕조가 생겼다가 없어졌는데, 이 시대를 오대五代라 했다. 그리고 다른 지방에는 열 나라가 있었는데, 이를 십국十國이라 불렀다.

이 열 나라 가운데 형남은 보잘것없이 작은 나라였는데, 이 나라 왕인 고종회高從誨는 아들 고보욱高保勗을 맹목적으로 아꼈다. 그런데 고보욱은 허약하고 음란한 데다 방탕한 생활을 했다. 사람들은 이를 성난 눈으로 바라보았다. 그럼에도 고보욱은 그저 싱글벙글 웃어버리곤 했다. 이를 두고 백성들은 이렇게 말하며 한숨 쉬었다.

'모든 것이 끝장났다萬事休矣.'

결국 고보욱이 황제에 오르자마자 형남은 멸망했다.

망국지음

亡國之音

망할 망 나라 국 갈 지 소리 음

나라를 망하게 하는 음악

《韓非子》〈十過篇〉, 《禮記》〈樂記〉

춘추시대 위魏나라 영공靈公이 진晉나라로 가던 도중 복수濮水 강변에 이르자, 생전 처음 들어보는 멋진 음악 소리가 들려왔다. 음악에 잠시 넋을 잃을 정도로 반한 영공은 함께 있던 악사 사연師涓에게 그 음악을 잘 기억해 두라고 했다.

진나라에 도착한 영공은 진나라 평공平公 앞에서 사연에게 그 음악을 연주하게 하고는 '이곳으로 오는 도중에 들은 새로운 음악'이라고 소개했다. 당시 진나라의 사광師曠이라는 유명한 악사가 그 음악을 듣고 깜짝 놀라며, 황급히 중지시키고 이렇게 말했다.

"그것은 새로운 음악이 아니라 '망국의 음악亡國之音'입니다."

그리고 사광은 그 내력을 말해 주었다.

"그 옛날 은殷나라에 사연師延이라는 악사가 있었습니다. 당시 폭군 주왕은 사연이 만든 음탕한 음악에 빠져 정사를 소홀히 하다가 주周나라 무왕武王에게 멸망하고 말았습니다. 그러자 왕과 나라를 잃은 사연은 악기를 안고 복수에 빠져 죽었는데, 그 후 복수 근처에는 혼령이 떠돌며 이 곡을 들려주고 있다고 합니다. 그래서 사람들은 '망국의 음악'이라고 무서워하며 귀를 막고 복수를 지나갑니다."

평공은 사광의 말에도 불구하고, 그 음악을 계속 연주하게 했다. 연주가 다시 시작되자 그곳은 갑자기 폭풍우가 몰아치고 사람들은 두려움에 떨며 도망쳤다. 그 후 진나라에는 오랜 가뭄이 계속되었고 급히 피난한 영공은 오랫동안 병을 앓다가 죽었다.

망양지탄

望洋之歎

바랄 망 바다 양 갈 지 탄식할 탄

남의 원대함에 감탄하고
나의 미흡함을 부끄러워하다

《莊子》〈秋水篇〉

옛날 황하 중류 맹진孟津에 하백河伯이라는 하천의 신河神이 있었다. 어느 날 아침, 그는 금빛처럼 찬란하게 빛나는 강물을 보고 감탄하며 말했다.

"이렇게 큰 강은 또 없을 거야!"

"그렇지 않습니다."

등 뒤에 있던 늙은 자라가 말했다.

"그럼, 황하보다 더 큰 강이 있다는 건가?"

"제가 듣기로는 해 뜨는 쪽에 북해北海라는 곳이 있는데, 이 세상의 모든 강이 그곳으로 흘러들기 때문에 황하의 몇 곱절이나 된다고 합니다."

"정말 그렇게 큰 강이 있다고? 내 눈으로 보기 전엔 믿을 수 없네."

하백은 늙은 자라의 말을 믿지 않았다.

하백은 일단 강 하류로 내려가 북해를 한번 보기로 했다. 하백이 북해에 이르자, 그곳의 해신海神인 약若이 반겼다.

약이 손을 들어 허공을 가르자 눈앞에 한없이 넓은 바다가 펼쳐졌다.

'황하 말고도 이처럼 큰 강이 있었다니…….'

하백은 세상모르고 살아온 자신이 매우 부끄러웠다.

하백이 감탄하자, 약이 웃으며 말했다.

“당신은 그동안 ‘우물 안 개구리井中之蛙’였군요. 이제 대해大海를 알게 됐으니 비로소 거기서 벗어난 것이오.”

맥수지탄

麥秀之歎

보리 맥 빼어날 수 갈 지 탄식할 탄

조국의 멸망을 탄식함

《史記》〈宋微子世家〉, 《詩經》〈王風篇〉

중국 고대 왕조의 하나인 은殷나라 주왕은 음락에 빠져 폭정을 일삼았다. 이때 충언한 신하가 세 사람 있었다. 미자微子, 기자箕子, 비간比干이 그들이다. 미자는 주왕의 형으로 주왕이 충고를 듣지 않자, 국외로 망명했다. 기자 또한 망명했는데, 그는 신분을 감추기 위해 거짓 미치광이가 되고 또 노예로까지 전락하기도 했다. 그러나 비간은 끝까지 충언을 하다가 가슴이 찢기는 극형을 당했다.

이윽고 주왕은 발發에게 죽임을 당하고 천하는 주왕조周王朝로 바뀌었다. 주나라의 시조가 된 무왕武王 발은 미자와 기자를 불러 자신을 보좌하게 했다. 이에 앞서 기자가 망명지에서 무왕의 부름을 받고 가던 중 은나라의 옛 도읍지를 지나게 되었다. 번화하던 옛 모습은 온데간데없고 궁궐터엔 보리와 기장만이 무성함을 보고 조국의 멸망을 탄식했다.

맹모단기

孟 母 斷 機
맏 맹　어미 모　끊을 단　베틀 기

학문을 중도에 그만두는 것은 짜고 있던
베의 날실을 끊어 버리는 것과 같다

《列女傳》〈母儀傳〉

집을 떠나 멀리 타향에서 공부하던 어린 맹자가 어느 날 갑자기 집으로 돌아왔다. 어머니가 보고 싶었기 때문이다.

마침 베틀에 앉아 있던 맹자의 어머니가 물었다.

"그래, 글을 많이 배웠느냐?"

"아닙니다. 아직 별로 배우지 못했습니다."

맹자의 이 말에 어머니는 짜고 있던 베의 날실을 끊어버렸다. 그리고 이렇게 타일렀다.

"네가 공부를 마치지 않고 중도에 돌아온 것은 지금 내가 짜고 있던 이 베의 날실을 끊어 버린 것과 조금도 다를 게 없다."

크게 깨달은 맹자는 다시 스승에게로 돌아갔고, 이전보다 더욱 열심히 공부하여 마침내 공자孔子에 버금가는 이름난 학자가 되었다.

맹모삼천

孟母三遷

맏맹 어미모 석삼 옮길천

자식 교육을 위해
어떤 어려운 일도 행하는 부모의 마음

《列女傳》〈母儀傳〉

어릴 때 아버지를 여읜 맹자는 홀어머니 밑에서 자랐다.

맹자와 어머니는 처음 묘지 근처에 살았는데 어린 맹자는 상여를 메는 상여꾼의 흉내를 내고, 묘지를 파서 봉분을 만드는 흉내를 내며 놀았다.

교육상 좋지 않다고 생각한 맹자의 어머니는 시장 근처로 이사했다.

그런데 이번에는 맹자가 장사꾼 흉내만 내는 것이었다.

이곳 역시 아이를 가르치기에 좋지 않은 곳이라 생각한 맹자의 어머니는 다시 서당 근처로 이사를 했다.

그러자 맹자는 학생들이 공부하는 모습과 제사 지내는 법, 예의를 갖춰 인사하는 법 등을 흉내 내며 놀기 시작했다. 맹자의 어머니는 이런 곳이야말로 자식을 위해 더없이 좋은 곳이라며 기뻐했다.

명경지수

明 鏡 止 水

밝을 명 거울 경 그칠 지 물 수

맑고 깨끗한 마음

《莊子》〈德充符篇〉

춘추시대, 노魯나라에 왕태王駘라는 덕망 높은 사람이 있었는데, 그의 주위에는 항상 많은 제자가 몰려들었다.

어느 날, 공자의 제자인 상계常季가 알 수 없다는 표정으로 공자에게 물었다.

"선생님, 왕태는 형벌로 발목이 잘린 불구자인데도, 어째서 많은 사람이 그를 따르는 것입니까?"

공자가 대답했다.

"그분이 비록 발목은 잘렸으나 자연의 섭리를 깨달아 마음이 고요하기 때문이다. 사람들은 흐르는 물에 자신을 비춰보지 않고, 고요한 물을 거울로 삼아 자신을 비춰본다. 그분의 마음은 고요한 물과 같기 때문에 사람들이 그를 따르는 것이다."

刻舟求
肝膽相
乾坤一
犬兔之
敬遠
鷄口牛
鷄肋
鷄鳴狗
鼓腹擊
高枕安
曲學阿
過猶不
瓜田李
管鮑之
曠日彌
刮目相
口蜜腹
九牛一
國士無
群鷄一
捲土重
錦衣夜
群盲撫
杞人之

故事成語

모순

矛盾

창 모　방패 순

말이나 행동이 앞뒤가 맞지 않음

《韓非子》〈難勢篇〉

어느 날 초나라 장사꾼이 시장에서 창矛과 방패盾를 팔고 있었다.

"자, 여기 이 방패를 보십시오. 이 방패는 어찌나 견고한지 아무리 날카로운 창이라도 막아낼 수 있습니다."

이번에는 창을 집어 들고 외쳐댔다.

"자, 이 창을 보십시오. 이 창은 어찌나 날카로운지 꿰뚫지 못하는 것이 없습니다."

그러자 구경꾼들 틈에 있던 어떤 사람이 이렇게 물었다.

"그럼, 그 창으로 그 방패를 찌르면 어떻게 됩니까?"

장사꾼은 한 마디 대답도 하지 못하고 서둘러 그 자리를 떠났다.

무산지몽

巫山之夢

무당무 메산 갈지 꿈몽

무산巫山에서의 꿈이라는 뜻으로
남녀 간의 밀회密會나 정사情事를 말한다

《文選》〈宋玉 高唐賦〉

전국시대, 초나라 양왕襄王의 선왕先王이 어느 날, 고당관高唐館에 갔다가 잠시 잠이 들었다. 꿈속에 아름다운 여인이 나타나 말했다.

"저는 무산에 살고 있습니다. 전하께서 고당에 오셨다는 말을 듣고 왔습니다."

왕은 기꺼이 그 여인과 동침하였다. 그 여인은 떠나면서 이렇게 말했다.

"저는 앞으로도 무산 남쪽에 살며, 아침에는 구름이 되고 저녁에는 비가 되어 머물러 있을 것입니다."

이튿날 아침, 무산을 바라보니 과연 여인의 말대로 높은 봉우리에 아름다운 구름이 걸려 있었다. 왕은 그곳에 사당을 세우고 조운묘朝雲廟라고 이름 지었다.

묵자지수

墨子之守

먹 묵　아들 자　갈 지　지킬 수

자기 의견이나 주장을 굽히지 않고 끝까지 지킴

《墨子》〈公輸般篇〉

춘추시대의 사상가 묵자墨子의 이야기이다.

초楚나라 도읍 영郢에 간 묵자는 공수반公輸般을 찾아갔다.

공수반은 본디 송나라 사람으로 기계를 만드는 데 비상한 재주를 가지고 있었다. 그런데 그는 송에서 푸대접을 받자, 초나라로 가서 초왕을 위해 성을 공격하는 전차와 구름사다리를 만들고, 송宋나라를 치려는 계획을 세우고 있었다. 묵자가 이를 알고 공수반을 찾아간 것이었다.

"북방에 나를 모욕하는 사람이 있는데, 당신이 나를 위해 그 사람을 죽여주겠소?"

공수반은 불쾌한 표정을 지으며 대답했다.

"나는 사람을 죽이는 일은 의義에 어긋난다고 생각하고 있소."

"한 사람 죽이는 것도 '의'에 어긋난다고 하면서, 왜 죄 없는 송나라 백성을 죽이려 하시오?"

답변이 궁해진 공수반은 왕 핑계를 대며, 묵자를 초왕에게 데려갔다.

초왕 앞에서도 묵자는 자신의 소신을 굽히지 않고 말했다.

"전하, 새 수레를 가진 사람이 헌 수레를 훔치려 하고, 비단옷을 입은 사람이 누더기를 훔치려 한다면 이를 어떻게 생각하십니까?"

"그건 도벽일 것이오."

"그러면 넓은 국토에 온갖 짐승과 초목까지 풍성한 초나라가 좁은 국토에 가난한 송나라를 치려 하는 것은 대체 무엇 때문입니까?"

"나는 단지 공수반이 만든 기계를 실험해 보고 싶었을 뿐이네."

"제가 여기서 그 기계의 공격을 막아보겠습니다."

결국 초왕 앞에서 묘한 승부가 벌어졌다.

묵자는 허리띠를 풀어 성 모양을 만들고 나뭇조각으로 방패를 만들었다. 공수반은 자신이 만든 모형 기계로 아홉 번 공격했다. 그러나 묵자는 아홉 번 다 굳게 지켜냈다. 이것을 지켜본 초왕은 송나라를 치려던 계획을 그만두었다.

문경지교

刎頸之交

목찌를 문 목 경 갈 지 사귈 교

목을 베어 줄 수 있을 정도로 절친한 친구

《史記》〈廉頗藺相如列傳〉

전국시대, 조趙나라 혜문왕惠文王 때, 신하 목현繆賢의 식객에 불과했던 인상여藺相如라는 사람이 있었다. 그는 진秦나라 소양왕昭襄王에게 빼앗길 뻔했던 보물을 원상태로 가지고 돌아온 공으로 일약 상대부上大夫라는 벼슬에 올랐다.

또한 소양왕이 혜문왕을 욕보이려 하자, 소양왕을 가로막고 나서서 오히려 그에게 망신을 주었다. 그 공으로 인상여는 종일품從一品의 상경上卿이 되었다.

결국 인상여의 지위가 명장인 염파廉頗보다 더 높아지자 염파는 분한 마음을 참지 못하고 이렇게 말했다.

"나는 싸움터를 누비며 성城을 빼앗고 적을 무찔러 공을 세웠다. 그런데 입밖에 놀린 것이 없는 미천한 신분의 인상여가 나보다 높은 자리에 앉다니, 너무나 억울하다. 내 어찌 그런 자 밑에 있을 수 있겠는가. 언제든 그자를 만나면 단단히 망신을 줄 테다."

이 말을 전해 들은 인상여는 염파를 피해 다녔다. 병을 핑계로 조정에도 나가지 않고, 길에서도 멀리 염파가 보이면 옆길로 돌아갔다. 인상여의 비겁한 행동에 실망한 부하가 떠나겠다고 하자, 인상여는 그를 만류하며 이렇게 말했다.

“자네는 염파 장군과 진나라 소양왕 중 어느 쪽이 더 무서운가?”

“물론 소양왕입니다.”

“나는 소양왕도 두려워하지 않고 망신을 준 사람이네. 그런 내가 염파 장군을 두려워한다고 생각하는가? 잘 생각해 보게. 강대국인 진나라가 쳐들어오지 못하는 것은 염파 장군과 내가 있기 때문이네. 그런데 만일 우리 둘이 싸우면 진나라는 기회를 놓치지 않고 우리나라로 쳐들어올 것이네. 결국 모두 죽게 되지. 나는 나라의 위기를 먼저 생각하여 염파 장군을 피하는 것이네.”

이 말을 전해 들은 염파는 매우 부끄러워하며, 웃통을 벗은 다음 태형笞刑에 쓰이는 형장荊杖을 짊어지고 인상여를 찾아가 무릎을 꿇었다. 염파는 진심으로 사죄했고, 그날부터 두 사람은 ‘문경지교刎頸之交’를 맺었다.

미봉

彌 縫

더할 미 꿰맬 봉

빈구석이나 잘못된 것을 임시변통으로
순간의 위기를 모면함

《春秋左氏傳》〈桓公五年條〉

춘추시대 주周나라 환왕桓王은 이름뿐인 천자국天子國으로 전락한 주나라의 체면을 세우기 위해 정鄭나라를 치기로 했다. 당시 정나라 장공莊公은 날로 강성해지는 국력을 배경으로 환왕을 무시하는 경향이 있었다. 이에 환왕은 우선 장공의 정치상 실권을 박탈했다. 이 조치에 분개한 장공이 왕실에 대한 예의를 중단하자, 환왕은 이를 구실로 징벌군을 소집했다.

왕명을 받고 군사가 모이자, 환왕은 자신이 총사령관이 되어 정나라를 징벌하러 나섰다. 천자天子가 직접 장수로 나선 것은 240여 년의 춘추시대 동안 전무후무한 일이었다. 정나라에 도착한 왕군王軍은 장공의 군사와 대치했다.

이때 장공의 참모인 원元이 진언했다.

"지금 진나라 군사는 국내 정세가 어지럽기 때문에 싸울 기력이 없습니다. 먼저 진나라 군사부터 공격하면 반드시 도망갈 것입니다. 그러면 환왕이 지휘하는 군사들도 혼란에 빠질 것이며, 채나라, 위나라의 군사들도 버티지 못하고 달아날 것입니다. 이때 환왕의 군대를 치면 틀림없이 승리할 것입니다."

장공은 원의 진언에 따라 수레를 앞세우고 보병步兵을 뒤따르게 하는 형태를 만들었다. 수레와 수레 사이에는 보병으로 '미봉彌縫'했다. 전략은 적중하여 왕군은 대패하고 환왕은 어깨에 화살을 맞은 채 물러갔다.

문전성시

門前成市

문문 앞전 이룰성 시가시

문 앞이 시장을 이룬다는 뜻으로, 권세가나
부잣집 문 앞이 방문객으로 시장처럼 붐빈다는 말

《漢書》〈孫寶傳〉〈鄭崇傳〉

전한前漢 말, 11대 황제인 애제哀帝가 즉위하자 조정의 실권은 외척에게 넘어갔다. 당시 20세였던 애제는 동성연애에 빠져 국정을 돌보지 않았다. 그래서 충신들이 나섰으나 들은 척도 하지 않았다. 그 가운데 정숭鄭崇은 거듭 대책을 건의했으나, 애제에게 미움만 사고 말았다. 당시 조창趙昌이라는 아첨배가 있었는데, 왕실과 인척간인 정숭을 시기하여 모함했다.

"정숭의 집 '문 앞이 시장처럼 붐비는데門前成市' 이는 무슨 음모가 있는 듯 생각됩니다."

정숭을 부른 애제가 물었다.

"듣자니, 자네의 '문 앞이 시장처럼 붐빈다는데君門如市', 그게 사실인가?"

"저의 집 '문 앞은 시장과 같지만臣門如市' 제 마음은 물처럼 깨끗합니다. 다시 조사해 주십시오."

그러나 애제는 정숭의 청을 묵살하고 옥에 가뒀다. 손보가 상소하고 정숭을 변호했으나 애제는 손보의 벼슬을 빼앗고 서민의 신분으로 깎아내렸다. 정숭은 그 후 옥에서 죽었다.

미생지신

尾生之信

꼬리 미 날 생 갈 지 믿을 신

우직하게 지키는 약속

《史記》〈蘇秦列傳〉

춘추시대, 노魯나라에 미생尾生이라는 사람이 있었다. 그는 어떤 약속이든 꼭 지키는 사람이었다.

어느 날 미생은 애인과 다리 밑에서 만나기로 약속했다. 그녀는 나타나지 않았지만 미생은 계속 그녀를 기다렸다. 그런데 갑자기 장대비가 쏟아져 개울물이 불어나기 시작했다. 그러나 미생은 그곳을 떠나지 않고 기다리다가 결국 다리를 끌어안은 채 물에 빠져 죽고 말았다.

전국시대, 소진蘇秦은 연燕나라 소왕昭王을 설득할 때 신의 있는 사나이의 본보기로 미생을 들었다.

그러나 장자莊子의 견해는 부정적이었다.

"미생과 같은 사람은 물에 떠내려간 돼지나 쪽박을 들고 빌어먹는 거지와 다를 게 없다. 쓸데없는 명목 때문에 소중한 목숨을 소홀히 함은 진정한 삶의 길을 모르는 것이다."

반근착절

盤根錯節

서릴 반 뿌리 근 섞일 착 마디 절

엉킨 뿌리와 뒤틀린 마디라는 뜻으로
해결하기 매우 어려운 일을 비유

《後漢書》〈虞詡傳〉

후한後漢 6대 황제인 안제安帝는 13세의 어린 나이로 즉위했다. 그러자 그의 어머니인 태후太后가 정사를 돌보고, 태후의 오빠인 등즐鄧騭이 대장군이 되어 병권을 장악했다.

그 무렵, 서북 변경은 강족羌族이 자주 침입해 왔다. 그러나 등즐은 국비 부족을 이유로 양주涼州를 포기하려고 했다.

이에 우후虞詡가 반대하고 나섰다.

"함곡관函谷關의 서쪽은 장군이 나오고, 동쪽은 재상이 나온다고 합니다. 예로부터 양주는 많은 열사와 무인을 배출한 곳인데, 그런 땅을 강족들에게 내준다는 것은 당치도 않은 일입니다."

중신들도 모두 우후의 의견에 찬성했다.

이 일이 있고 난 뒤부터 등즐은 우후를 미워했는데, 때마침 조가현朝歌縣에서 폭도들이 현령을 죽이고 고을을 장악하자, 우후를 후임으로 보내 폭도들을 토벌하도록 명했다.

이 소식을 들은 우후의 친구들이 한결같이 걱정하자, 우후는 웃으며 이렇게 말했다.

"'엉킨 뿌리와 뒤틀린 마디盤根錯節'에 부딪쳐 보지 않는다면 어찌 칼날

의 예리함을 알 수 있겠는가."

당당한 기세로 현지에 도착한 우후는 지혜와 용맹으로 마침내 폭도들을 평정했다.

반식재상

伴食宰相

짝 반 먹을 식 재상 재 서로 상

자리만 차지하고 있는 무능한 재상을
비꼬아 이르는 말

《舊唐書》〈盧懷愼傳〉

당나라 현종玄宗을 도와 당대 최고 번성기를 만든 재상은 요숭姚崇이었다. 현종이 사치를 근절하기 위해 관리들의 비단 관복을 불사른 일이나 조세와 부역을 줄여 백성들의 부담을 줄인 일, 형벌 제도를 바로잡고, 군사 모집 제도를 바꾼 것도 모두 요숭의 진언에 따른 개혁이었다.

이처럼 요숭은 백성들의 안녕이 곧 국가 번영의 지름길이라 믿고 이 원칙을 지키려고 노력했다. 특히 나랏일을 처리할 때는 언제나 신속하고 정확해, 그 어느 재상宰相도 이에 미치지 못했다.

같은 재상인 노회신盧懷愼도 예외는 아니었다.

노회신은 청렴결백하고 근면했지만 휴가 중인 요숭의 직무를 10여 일간 대행할 때 신속히 처리하지 못해 일이 산더미처럼 쌓이게 되었다. 요숭이 돌아와 쌓여 있던 문제들을 신속히 처리하자, 노회신은 자신이 요숭에게 크게 미치지 못한다는 것을 깨달았다. 이후 노회신은 매사를 요숭을 앞세워 처리하곤 했다. 그래서 사람들은 노회신을 가리켜 '자리만 차지하고 있는 무능한 재상伴食宰相'이라 평했다.

방약무인

傍若無人

의지할 방 같을 약 없을 무 사람 인

다른 사람은 아랑곳하지 않은 채
제멋대로 행동함

《史記》〈刺客列傳〉

전국시대가 거의 끝나갈 무렵, 즉 진시황이 천하를 통일하기 직전의 일이다. 당시 진왕을 암살하려다 실패한 자객 중에 형가荊軻라는 사람이 있었다.

그는 위衛나라 사람으로 여러 나라를 전전하며 많은 현인, 호걸들과 교류하곤 했다.

그들 중에 연나라에 축筑 : 대나무로 만든 악기의 명수 고점리高漸離가 있었는데, 그 둘은 자주 어울렸다. 둘이 만나 술에 취하기 시작하면 고점리는 축을 연주하고 형가는 노래를 불렀다. 그러다가 감회가 복받치면 함께 웃기도 하고 엉엉 울기도 했다.

마치 곁에 아무도 없는 것처럼傍若無人.

배반낭자

杯盤狼藉

잔 배 쟁반 반 이리 낭 어지러울 자

술자리가 파할 무렵이나 파한 뒤
술잔과 접시가 어지럽게 흩어져 있는 모양

《史記》〈滑稽列傳〉

전국시대 초의 일이다. 초楚나라의 침략을 받은 제齊나라 위왕威王은 순우곤淳于髡을 조趙나라에 보내 구원병을 요청했다. 순우곤이 10만의 구원병을 이끌고 돌아오자 초나라 군사는 즉시 철수했다.

위왕은 크게 기뻐하며, 순우곤을 위해 주연을 베풀고 치하하며 물었다.

"자네는 술을 얼마나 마시면 취하는가?"

"저는 한 되升를 마셔도 취하고, 한 말斗을 마셔도 취합니다."

"그래? 한 되를 마셔도 취하는 사람이 어찌 한 말을 마실 수 있단 말이냐?"

"예, 경우에 따라 다르다는 말씀입니다. 높은 벼슬에 계신 분들이나 근엄한 친척 어른들과 마시면 어려운 자리인지라 두 되도 못 마시고 취합니다. 그러나 친한 친구들과 마시면 그땐 대여섯 되쯤 마실 수 있습니다. 또한 동네 사람들과 편하게 어울리면서 마시면 그땐 여덟 되쯤 마셔야 취기가 돌 것입니다. 그리고 해가 진 후 취흥이 일고 '술잔과 접시가 어지럽게 흩어지고杯盤狼藉' 집 안의 등불이 꺼질 무렵 아내가 제 곁에서 엷은 속적삼의 옷깃을 헤칠 때 색정적色情的인 향내를 풍기면 그땐 한 말이라도 마실 수 있습니다."

이어 주색을 좋아하는 위왕에게 이렇게 말했다.

“그러나 술을 너무 많이 마시면 어지러워지고 ‘즐거움이 극에 달하면 슬픈 일이 생긴다樂極哀生’고 하였습니다.”

위왕은 그 후 술을 마실 때는 반드시 순우곤을 곁에 앉게 했다.

배수지진

背水之陣

등배 물수 갈지 진칠진

물을 등지고 친 진지라는 뜻으로
어떤 일에 대처하는 비장한 각오를 비유

《史記》〈淮陰候列傳〉, 《十八史略》〈漢太祖高皇帝〉

한신韓信은 유방의 명에 따라 위魏나라를 쳐부순 다음 조趙나라로 쳐들어갔다.

그러나 조나라 군사는 20만의 대군이었고, 한신의 군사는 2만 명에 불과했다. 군사 수로는 도저히 감당할 수 없음을 안 한신은 색다른 전술을 세웠다.

우선 2천여 기병을 조나라의 성 바로 뒷산에 매복시키고 이렇게 명했다.

"내일 싸움에서는 거짓으로 밀리는 척한다. 그러면 적군은 우리를 추격하려고 성을 비울 것이다. 그때 뒷산에 매복했던 군사들은 성을 점령하고 한나라 깃발을 세우도록 하라."

그리고 1만여 군사는 강을 등지고 진을 치게 한 다음 자신은 나머지 군사를 이끌고 성으로 향했다.

날이 밝고, 한나라 군사가 북을 울리며 공격을 시작하자, 조나라 군사는 성을 나와 싸움에 임했다. 몇 번의 접전 끝에 한나라 군사는 뒤로 물러나며 강가에 진을 친 군사들과 합류했고, 조나라 군사는 맹렬히 추격해 왔다. 그 틈에 2천여 기병은 성을 점령하고 한나라 깃발을 꽂았다. 한나라 군사는 필사적으로 싸웠다. 결국 조나라 군사는 성으로 되돌아갔다. 그러나 이미 성에는 한나라 깃발이 나부끼고 있었다. 전투는 한신의 대승리였다.

승리를 축하하는 자리에서 부하 장수들이 배수진을 친 이유를 물었다.

"병법에 따르면 산을 등지고 물을 앞에 두고 싸우라 하였는데, 우리는 물을 등지고 싸웠는데도 이겼으니 어찌 된 일입니까?

그러자 한신이 대답했다.

"우리 군사는 이번에 급히 끌어모은 군사들이 아닌가? 이런 군사는 도망갈 곳이 없어야 필사적으로 싸우게 되네. 그래서 '강을 등지고 진을 친 것背水之陣'이네."

배중사영

杯 中 蛇 影

술잔 배 가운데 중 뱀 사 그림자 영

술잔 속에 비친 뱀의 그림자라는 뜻으로
쓸데없는 일로 의심하여 근심함을 비유

《晉書》〈樂廣傳〉

진晉나라 하남에 악광樂廣이라는 사람이 있었다. 그에게는 자주 놀러 오던 친구가 있었는데 어느 날부터인가 발을 딱 끊고 찾아오지 않았다. 이상하게 여긴 악광이 그 이유를 묻자, 친구는 이렇게 대답했다.

"지난번에 자네 집에서 술을 마실 때 일이네. 술을 막 마시려는데 잔 속에 뱀이 보였네. 그냥 내려놓기도 어색해서 그냥 마셨지. 그런데 그 후로 몸이 안 좋아 누워 지내고 있네."

악광은 깜짝 놀라며 곰곰이 생각했다.

'지난번 술자리가 있었던 방 벽에는 활이 걸려 있는데……. 맞아! 그 활에는 옻칠로 뱀이 그려져 있었지.'

악광은 그 친구를 다시 불러 지난번과 같은 자리에 앉히고 술잔에 술을 따르며 물었다.

"어떤가? 또 뱀이 보이나?"

"전과 같은 뱀이네."

"사실 그건 저 활에 그려져 있는 뱀의 그림자일세."

그러고는 벽에 걸린 활을 보여주었다. 그제야 그 친구는 자신의 어리석음을 깨달았고, 몸도 좋아졌다.

백년하청

百 年 河 清

일백 백 해 년 물 하 맑을 청

백 년을 기다린다 해도 황하黃河의 물은
맑아지지 않는다는 뜻으로 지금은 일어나기 어려운 일

《春秋左氏傳》〈襄公八年條〉

춘추시대의 일이다.

정鄭나라는 초楚나라의 속국 채蔡나라를 공격했던 것이 화가 되어 초나라의 보복 공격을 받게 되었다. 이에 신하들이 모여 대책을 논의했다.

그런데 회의에서는 초나라에 항복하자는 쪽과 진晉나라에 구원군을 요청하자는 쪽이 팽팽히 맞섰다. 이때 자사子駟가 말했다.

"주나라의 시 중에 '황하의 물이 맑아지기를 기다리는 것은 사람의 짧은 수명으로는 어렵다'라는 말이 있듯, 진나라의 구원군을 기다린다는 것은 '백년하청百年河清'일 뿐입니다. 그러니 일단 초나라에 복종하는 것이 백성들을 위험에서 구하는 것이라 생각합니다."

결국 정나라는 초나라와 화친을 맺고 위기를 모면했다.

백면서생

白 面 書 生

흰백 얼굴면 글서 날생

오직 글만 읽고 세상일에 경험이 없는 사람

《宋書》〈沈慶之傳〉

남북조南北朝시대, 남조인 송宋나라 문제文帝 때 심경지沈慶之라는 사람이 있었다. 그는 어려서부터 무예를 닦아 기량이 매우 뛰어났다. 10세의 어린 나이에도 사병私兵을 이끌고 반란군과 싸워 승리할 정도로 유명한 장수였다.

40세 때 그는 이민족의 반란을 진압한 공로로 장군이 되었다. 이후 효무제孝武帝 때는 도읍을 지키는 방위 책임자로 승진했고 그 후에도 많은 공을 세워 변경 수비군의 총수總帥로 부임했다.

어느 날 효무제는 숙적인 북위北魏를 공격하기 위해 문신들과 회의를 열었다. 그리고 이 자리에 심경지를 불렀다.

심경지는 북벌北伐 실패의 전례를 들며, 무리한 공격은 좋지 않다고 반대했다. 이어 효무제에게 이렇게 말했다.

"폐하, 밭일은 농부에게, 바느질은 아낙에게 맡겨야 합니다. 그런데 지금 폐하께서는 적국과 싸우는 일을 '백면서생白面書生'과 논의하십니까?"

그러나 효무제는 심경지의 의견을 듣지 않고 군대를 보냈고, 크게 패했다.

백문불여일견

百聞不如一見

일백 백 들을 문 아니 불 같을 여 한 일 볼 견

백 번 듣는 것이 한 번 보는 것만 못하다는 뜻으로
무엇이든지 경험해야 확실히 알 수 있다

《漢書》〈趙充國傳〉

전한前漢 선제宣帝 때, 서북 변방의 강족羌族이 쳐들어왔다. 한나라 군사는 필사적으로 응전했으나 크게 패했다.

그래서 선제는 조충국趙充國을 불러 토벌대장으로 임명했다.

당시 조충국은 70세가 넘은 노장老將이었지만, 흉노 토벌에 많은 공을 세운 장수답게 원기가 왕성했다.

"강족을 토벌할 특별한 계책과 병력은 얼마나 필요한지 얘기해 보시오."

선제의 물음에 조충국은 이렇게 대답했다.

"폐하, '백 번 듣는 것이 한 번 보는 것만 못합니다百聞不如一見.' 무릇 군사軍事는 눈으로 보지 않고는 알 수 없는 법이니 부디 저를 적진의 근처로 보내주십시오. 계책은 현지를 살펴본 다음에 말씀드리겠습니다."

선제의 승낙을 받고 현지 조사를 마친 조충국은 다음과 같이 아뢰었다.

"폐하, 제가 직접 가서 보니 기병보다는 보병을 보내는 것이 좋을 듯합니다. 그래서 평상시에는 농사일을 하게 하면서 적진에 상주시키는 것이 좋을 듯합니다."

선제의 허락을 받아낸 조충국은 자신은 그곳에 머무르면서 강족의 침략을 막아냈다.

백미

白眉

흰 백　눈썹 미

여럿 중에서 가장 뛰어난 사람이나 물건

《三國志》〈蜀志 馬良傳〉

위魏, 오吳, 촉蜀의 세 나라가 서로 패권을 다투던 삼국시대의 일이다. 촉나라에는 문무文武를 겸비한 마량馬良이라는 사람이 있었다. 그는 제갈량諸葛亮과도 절친한 사이였으며 뛰어난 언변으로 남쪽 변방의 오랑캐 무리를 모두 부하로 삼았을 정도로 지혜가 뛰어난 인물이었다.

오 형제 중 맏이인 마량은 태어날 때부터 눈썹 가운데 흰 털이 나 있었다. 그래서 고향 사람들은 그를 '백미白眉'라고 불렀다. 그들 오 형제는 모두 재주가 매우 뛰어났는데, 그중에서도 마량이 가장 돋보였다. 그래서 사람들은 마 씨馬氏네 오 형제 가운데 '백미'가 가장 뛰어나다고 했다. 이때부터 '백미'란 여럿 중에서 가장 뛰어난 사람이나 물건을 가리키게 되었다.

백아절현

伯 牙 絶 絃

맏 백 어금니 아 끊을 절 악기 줄 현

서로 마음이 통하는 친한 친구의 죽음을 슬퍼함

《列子》〈湯問篇〉

춘추시대, 거문고의 명인이었던 백아伯牙에게는 그 소리를 누구보다 잘 들어 주는 종자기鍾子期라는 친구가 있었다.

백아가 거문고를 타며 높은 산과 큰 강의 분위기를 그려내려고 하면 종자기는 이렇게 말했다.

"하늘 높이 우뚝 솟은 태산泰山 같은 느낌이 드는군. 또한 강물의 흐름이 마치 황하黃河 같군."

그만큼 두 사람은 서로를 깊이 이해하는 사이였다.

그런데 어느 날 갑자기 종자기가 병으로 세상을 떠났다. 그러자 백아는 친구를 잃은 슬픔에 아끼던 거문고의 줄을 끊어 버리고 다시는 거문고를 연주하지 않았다.

백안시

白 眼 視

흰백 눈안 볼시

흰 눈동자로 흘겨봄,
즉 남을 업신여기거나 냉대함을 이름

《晉書》〈阮籍傳〉

위진 시대魏晉時代 때의 일이다.

노자와 장자의 철학에 심취하여 대나무 숲속에 은거하던 죽림칠현竹林七賢 중에 완적阮籍이라는 사람이 있었다. 그는 예의에 얽매인 속세의 선비를 보면 속물이라 여겨 눈을 흘겨 흰자로 쳐다보았다. 사람들은 이를 '백안시白眼視'라 했다.

어느 날 죽림칠현의 한 사람인 혜강嵇康의 형 혜희嵇喜가 완적이 좋아하는 술과 거문고를 가지고 찾아왔다. 그러나 완적은 그를 흘겨보며 상대해 주지 않았다. 혜희는 당황하여 도망가듯 돌아갔고, 이 소식을 들은 혜강이 다시 술과 거문고를 들고 찾아갔다. 완적은 기쁘게 그를 맞이했다.

이처럼 완적은 비록 상대가 친구의 형제라 할지라도 속세에 얽매인 선비라면 '백안시'했던 것이다. 그래서 당시 지식인들은 완적을 마치 원수같이 여기며 미워했다.

백전백승

百戰百勝

일백 백 싸울 전 일백 백 이길 승

백 번 싸워 백 번 이긴다는 뜻으로
싸울 때마다 반드시 이긴다는 말

《孫子》〈謨攻篇〉

춘추시대, 제齊나라의 병법가 손자孫子가 쓴《손자》에 다음과 같은 글이 실려 있다.

"승리에는 두 가지가 있다. 적을 공격하지 않고 얻는 승리와 적을 공격해서 얻는 승리가 그것이다. 공격하지 않고 이기는 것이 최상책最上策이고, 공격해서 이기는 것은 차선책次善策이다. '백 번 싸워 백 번 이겼다百戰百勝' 할지라도 그것은 최상의 승리가 아니다. 싸우지 않고 상대방을 굴복시키는 것이야말로 최상의 승리이다.

곧, 최상책은 적이 취할 행동을 미리 알아내고 이를 막는 것이다. 그 다음은 적이 다른 나라와 협공하지 않도록 고립시키는 것이고, 세 번째가 적과 싸우는 것이다. 최하책은 모든 수단을 다 쓰고 나서 공격하는 것이다."

부마

駙 馬

결말 부　말 마

공주의 남편이자 임금의 사위

《搜神記》

중국 농서隴西 땅에 스승을 찾아 옹주雍州로 가던 신도탁辛道度이라는 젊은이가 있었다.

하루는 날이 저물자 큰 기와집의 대문을 두드렸다. 하녀가 나와 대문을 열었다.

"나그네인데 하룻밤만 재워 주시겠습니까?"

하녀는 그를 안방으로 안내했다. 그리고 잘 차린 밥상으로 그를 후하게 대접하였다. 식사가 끝나자 안주인이 들어왔다.

"저는 진秦나라 민왕閔王의 딸인데, 조曹나라로 시집을 갔다가 남편과 사별을 하고 23년 동안 혼자 살고 있습니다. 오늘 저와 부부의 인연을 맺어 주십시오."

신도탁은 신분의 차이가 너무 크다며 극구 사양했다. 그러나 여인의 청이 워낙 끈질기고 간절하여 신도탁은 그 청을 받아들였고, 사흘 낮 사흘 밤을 부부의 연을 맺어 함께 지냈다. 나흘째 되던 날, 여인은 슬픈 얼굴로 말했다.

"좀 더 함께 지내고 싶지만 어제가 마지막이었습니다. 더 시간을 보내면 화를 당하게 됩니다. 이제 헤어져야 합니다. 대신 제 마음의 정표로 이걸 드리겠습니다."

여인은 신도탁에게 금베개金枕를 건네주었다. 대문을 나선 신도탁이 뒤돌아보니 그 집은 온데간데없고 잡초만 무성한 벌판에 무덤이 하나 있을 뿐이었다. 그러나 금베개는 그대로 있었다.

신도탁은 금베개를 팔아 여비로 썼다. 그 후 시장으로 민정을 살피러 나갔던 왕비가 금베개를 발견하고 그 연유를 조사하도록 시켰다.

이윽고 왕비는 신도탁을 잡아들였다. 신도탁은 그간의 경위를 설명했다.

과연 공주의 무덤을 파고 관을 열어보니 함께 묻었던 다른 물건들은 그대로 있었으나 금베개만 없었다. 그리고 시체를 조사해 보니 정교情交한 흔적이 역력했다.

신도탁의 이야기가 거짓이 아니라는 사실이 밝혀지자, 왕비는 신도탁를 자신의 사위로 인정하고, 그에게 '부마도위駙馬都尉'라는 벼슬을 내리고 후대했다고 한다.

분서갱유

焚書坑儒

불사를 분 글 서 묻을 갱 선비 유

책을 불사르고 선비를 산 채로 구덩이에 파묻어 죽인다는 뜻으로 시황제始皇帝의 가혹한 법과 혹독한 정치

《史記》〈秦始皇記〉, 《十八史略》〈秦篇〉

진나라 시황제 때의 일이다. 시황제는 천하를 통일하자 봉건 제도를 폐지하고 중앙집권中央集權의 군현 제도郡縣制度를 채택했다.

어느 날, 시황제가 베푼 잔치에서 박사博士 순우월淳于越이 다시 봉건 제도를 실시해야 왕실의 안녕을 기할 수 있다고 말했다. 이에 시황제가 신하들에게 순우월의 의견에 대해 가부를 묻자, 군현제의 입안자立案者인 승상 이사李斯가 말했다.

"봉건 시대에는 제후들 간에 싸움이 끊이지 않아 천하가 어지러웠습니다. 그러나 이제 통일되어 안정을 찾았으며, 나라의 법도 모두 한 곳에서 다스릴 수 있게 되었습니다. 그러나 옛날 책으로 공부한 선비들은 옛것만이 옳은 것이라 여겨 새로운 법이나 정책에 대해 비난하는 자들이 있습니다. 이 기회에 그러한 선비들을 엄단하시고 백성들에게 꼭 필요한 의약醫藥, 복서卜筮 : 점술, 종수種樹 : 농업에 관한 책과 진나라 역사서 외에는 모두 수거하여 불태워 없애 버리십시오."

시황제는 그의 의견을 받아들여 전국에 명을 내려 온갖 책들을 수거했다. 그래서 수많은 희귀한 책들이 속속 불태워졌다. 이 일을 가리켜 '분서焚書'라고 한다. 당시는 종이가 발명되기 이전이라 책은 모두 글자를 적은 대나무 조각을 엮어 만든 죽간竹簡이었는데, 대부분 다시 복원할 수 없는 것들이었다.

이듬해 아방궁阿房宮이 완성되자 시황제는 불로장수의 신선술법神仙術法을 닦는 방사方士들을 불러들여 후대했는데, 그들 중에서도 노생盧生과 후생侯生을 신임했다. 그런데 그 두 사람이 많은 재물을 빼돌린 뒤, 시황제를 비난하며 도망쳐 버렸다. 화가 극에 달한 시황제는 자신을 비방하는 선비들을 잡아 가두라고 명했다.

그들을 심문하자 이들은 서로에게 책임을 전가하여 연루자가 460명이나 되었다. 시황제는 그들을 모두 산 채로 구덩이에 파묻어 죽였는데 이 일을 '갱유坑儒'라고 한다.

복수불반분

覆水不返盆

엎을 복 물 수 아니 불 돌이킬 반 동이 분

일단 저지른 일은 다시 되돌리기 어렵다

《拾遺記》

태공은 주周나라 시조인 무왕武王의 아버지 서백西伯의 스승이 되었다가 재상을 하고, 제齊나라의 제후까지 된 인물이었다. 하지만 서백을 만나기 전까지는 공부만 하고 살림은 전혀 돌보지 못해 굶기를 밥 먹듯이 한 가난한 서생이었다. 그래서 아내 마馬씨는 태공을 버리고 친정으로 돌아갔다.

그 후 태공이 제나라 제후가 되자, 부인 마씨가 태공을 찾아왔다.

"이젠 끼니 걱정을 안 해도 되니 돌아왔어요. 당신과 다시 살고 싶어요."

그러자 태공은 물 한 통을 땅에 쏟은 후 마씨에게 말했다.

"저 물을 다시 물동이에 담으시오. 그러면 당신을 다시 아내로 맞으리다."

마씨는 열심히 물을 담으려 했으나 손에 잡히는 것은 진흙뿐이었다.

그것을 본 태공이 조용히 말했다.

"'한 번 쏟아진 물은 다시 담을 수 없고覆水不返盆', 한 번 떠난 아내는 돌아올 수 없는 법이오."

불수진

拂鬚塵

떨칠 불 수염 수 티끌 진

남의 수염에 붙은 티끌을 털어 준다는 뜻으로
곧 윗사람이나 권력자에게 아부하거나 비굴한 태도

《宋史》〈寇準傳〉

송宋나라 인종仁宗 때 구준寇準이라는 강직한 재상이 있었다. 그는 여러 유능한 인재를 발탁, 추천했는데 정위丁謂도 그중의 한 사람이었다.

어느 날 구준이 중신들과 회식會食을 하는데, 음식 찌꺼기가 수염에 붙었다. 이것을 본 정위가 자리에서 일어나 자기 소맷자락으로 수염에 붙은 찌꺼기를 털어냈다.

그러자 구준이 웃으며 말했다.

"어허, 참. 자네도 나라의 중신인데, 어찌 남의 '수염에 붙은 티끌을 털어 주는拂鬚塵' 하찮은 일을 하는가?"

정위는 부끄러워 몸 둘 바를 몰라 하며 그 자리를 나갔다고한다.

불입호혈부득호자

不入虎穴不得虎子

아니 불 들 입 범 호 구멍 혈 아니 부 얻을 득 범 호 아들 자

호랑이 굴에 들어가지 않고는 호랑이 새끼를 못 잡는다는 뜻으로
모험을 하지 않고는 큰일을 할 수 없다

《後漢書》〈班超傳〉

후한後漢 초기의 장군 반초班超가 선선국鄯善國에 사신으로 떠났다. 선선국 왕은 반초의 일행 서른여섯 명을 극진히 대접했다.

그런데 어느 날부터 갑자기 태도를 바꿔 냉대하기 시작했다.

반초가 즉시 부하 장수를 시켜 알아보니 선선국에 다름 아닌 흉노국匈奴國의 사신이 와 있었다. 게다가 사신들과 함께 온 군사만 해도 100명이 넘었다. 선선국 왕은 흉노족을 두려워한 것이었다.

반초는 즉시 일행을 불러 다음과 같이 말했다.

"지금 흉노국의 사신이 100여 명의 군사와 이곳에 와 있다. 선선국 왕은 우리를 죽이거나 흉노국의 사신에게 넘길 것이다. 개죽음을 당할지도 모른다. 자, 이제 어찌할 테냐?"

"싸우겠습니다!"

일행의 각오가 비장함을 본 반초는 단호하게 말했다.

"좋다. '호랑이 굴에 들어가지 않고는 호랑이 새끼를 못 잡는다不入虎穴不得虎子'는 말이 있다. 오늘 밤 흉노들의 숙소를 공격하자."

그날 밤 흉노의 숙소에 불을 지른 반초 일행은 허둥대는 그들을 모조리 죽였다.

이후 선선국은 한나라에 굴복했고, 이 일을 계기로 주변의 50여 오랑캐의 나라들도 한나라를 상국上國으로 섬기게 되었다.

사면초가

四 面 楚 歌

넷 사　낯 면　초나라 초 노래 가

사면에서 들려오는 초나라 노래라는 뜻으로
사방에 적이 많아 이럴 수도 저럴 수도 없는 상태

《史記》〈項羽本記〉

진秦나라를 무너뜨린 초楚나라의 항우項羽와 한漢나라의 유방劉邦은 7년간이나 기나긴 전투를 계속하고 있었다. 힘과 기氣에서 밀리기 시작한 항우는 휴전을 제의하고, 퇴각하기 시작했다. 유방도 철수하려는데, 참모인 장량張良과 진평陳平이 퇴각하는 항우의 군사를 치면 승리를 얻을 수 있다는 말에 유방의 군사는 말머리를 돌려 항우를 추격했다. 마침내 항우의 군대는 한나라 대군에 겹겹이 포위되었고, 이미 군사가 격감한 데다 군량마저 떨어져 사기가 말이 아니었다.

그러던 어느 날 밤 갑자기 '사면에서 초나라 노래四面楚歌' 소리가 들려왔다. 초나라 군사들은 고향 노랫소리에 슬픔에 젖어 전의를 상실하고 도망치기 시작했다. 항복한 초나라 군사들에게 고향 노래를 부르게 한 한나라의 심리 작전이었다. 항우는 깜짝 놀랐다.

'아니, 한나라 군사는 벌써 초나라 땅을 다 차지했단 말인가? 초나라 사람이 저렇게 많다니…….'

이미 모든 것이 끝났다고 생각한 항우는 결별의 술자리를 베풀었다. 항우에게는 애인 우희虞姬와 추騅라는 준마가 있었다. 항우는 우희가 너무도 불쌍하고 슬프고 분한 마음이 넘치고 넘쳐 이런 시를 지었다.

힘은 산을 뽑고 기는 세상을 덮지만力拔山兮氣蓋世
때는 불리하고 추도 움직이지 않는구나時不利兮騅不逝
추가 가지 않으니 어찌하면 좋을까騅不逝兮可奈何
우야 우야 너를 어찌하면 좋을까虞兮虞兮奈若何

함께 있던 장수들이 오열嗚咽할 때 이별의 슬픔에 목이 멘 우희는 항우의 칼을 뽑아 자결하고 말았다.
그날 밤, 겨우 탈출한 항우는 이튿날, 혼자 적군 속으로 뛰어들어 수백 명을 죽인 뒤 강동江東으로 가는 오강烏江까지 달려갔다. 그러고는 군사를 다 잃고 혼자 고향으로 돌아가는 자신이 부끄러워 스스로 목을 쳐 자결했다. 그때 그의 나이는 31세였다.

사이비

似 而 非

같을 사 어조사 이 아닐 비

겉은 제법 비슷하나 속은 전혀 다르다

《孟子》〈盡心篇〉, 《論語》〈陽貨篇〉

맹자에게 어느 날 만장萬章이라는 제자가 물었다.

"한 마을 사람들이 모두 어떤 사람을 훌륭한 사람이라고 칭찬한다면 그런 사람은 어디를 가더라도 훌륭한 사람일 것입니다. 그런데 공자께서는 어찌하여 그들을 가리켜 '향원鄕愿 : 지방의 토호은 덕德을 해치는 도둑'이라고 하셨습니까?"

이에 맹자가 대답했다.

"비난하려 해도 특별히 비난할 것이 없고, 공격하려 해도 구실이 없으나 단지 세속에 아첨하고 더러운 세상에 합류한다. 또 집 안에서는 충심忠心과 신의가 있는 척하고, 밖에 나가 행동할 땐 청렴결백한 척한다. 그래서 스스로도 옳다고 생각하고 사람들도 다 좋아하지만 그들과 함께 요순堯舜의 올바른 도道에 들어가기는 어렵기 때문이다. 또 공자께서는 이런 말씀을 하셨다. '사이비한 것似而非者'을 미워한다. 말 잘하는 것을 미워함은 그가 정의를 혼란시킬까 두려워서이고, 정鄭나라 음악을 미워하는 것은 아악雅樂을 혼란시킬까 두려워서이다. 향원을 미워하는 것은 그들이 덕을 혼란시킬까 두려워서이다."

刻舟求
肝膽相
乾坤一
犬兎之
敬遠
鷄口牛
鷄肋
鷄鳴狗
鼓腹擊
高枕安
曲學阿
過猶不
瓜田李
管鮑之
曠日彌
刮目相
口蜜腹
九牛一
國士無
群鷄一
捲土重
錦衣夜
群盲撫
杞人之

四

사족

蛇 足

뱀사 발족

뱀의 발이라는 뜻으로
하지 않아도 될 일을 하다가 일을 그르치는 행동

《戰國策》〈齊策〉, 《史記》〈楚世家〉

초楚나라 회왕懷王 때의 일이다.

어떤 사람이 제사를 지낸 뒤 하인들에게 술 한 잔을 내놓으면서 나누어 마시라고 했다. 그러자 한 하인이 제안했다.

"여러 사람이 나누어 마시면 턱없이 부족하지만, 한 사람이 마시기에는 적당하다. 그러니 땅바닥에 뱀을 제일 먼저 그리는 사람이 혼자 마시는 게 어떻겠나?"

하인들이 모두 찬성하고 제각기 뱀을 그리기 시작했다. 잠시 후 가장 먼저 뱀을 그린 한 하인이 술잔을 집어 들면서 말했다.

"하하하. 내가 제일 먼저 그렸으니 이 술은 내가 마시겠네. 어떤가, 멋지지? 발도 있고."

그때 막 뱀을 다 그린 다른 하인이 재빨리 그 술잔을 빼앗아 단숨에 마셔 버리며 말했다.

"세상에 발 달린 뱀이 어디 있나!"

가장 먼저 뱀을 그렸던 하인은 공연한 짓을 했다고 후회했지만 이미 늦은 일이었다.

삼고초려

三顧草廬

석삼 돌아볼고 풀초 풀집려

초가집을 세 번 찾아간다는 뜻으로
인재를 등용함에 있어 진심으로 예를 다함

《三國志》〈蜀志 諸葛亮傳〉

후한 말, 유비劉備는 관우關羽, 장비張飛와 의형제를 맺고 한漢나라 왕실의 부흥을 위해 군사를 일으켰다. 그러나 늘 조조군曹操軍에게 고전을 면치 못했다. 어느 날 유비가 은사隱士인 사마휘司馬徽에게 군사軍師를 추천해 달라고 하자 그는 제갈량을 추천했다.

유비는 즉시 수레에 예물을 싣고 제갈량의 초가집을 찾아갔다. 그러나 제갈량은 외출하고 집에 없었다. 며칠 후 또 찾아갔으나 역시 없었다.

"형님, 그만 돌아갑시다. 이런 무례한 놈을 만나 무엇을 하려고 하오?"

동행했던 관우와 장비의 불평이 이만저만이 아니었다.

하지만 관우와 장비가 극구 만류하는데도 유비는 단념하지 않고 세 번째로 그를 찾아갔다. 마침 제갈공명은 낮잠을 자고 있었으나 유비는 한참을 문밖에서 기다려 그를 만났다.

유비의 정성에 감동한 제갈량은 마침내 유비의 군사가 되어 조조의 100만 대군을 격파하는 등 많은 전공을 세웠다.

삼년불비우불명

三年不飛又不鳴

석삼 해년 아니불 날비 또우 아니불 울명

3년 동안 날지도 않고 울지도 않는다는 뜻으로
훗날 크게 활동할 기회를 기다리고 있음

《呂氏春秋》〈審應覽〉, 《史記》〈滑稽列傳〉

춘추시대 초엽, 초楚나라 장왕莊王이 즉위한 지 얼마 안 되었을 때, 어느 날 장왕은 신하들을 모아 놓고 이렇게 선언했다.

"앞으로, 나에게 간하는 자는 사형死刑에 처할 것이다."

그 후 장왕은 3년 동안 나랏일을 전혀 돌보지 않고 주색酒色에만 빠져 지냈다. 이를 보다 못한 충신 오거伍擧가 죽음을 각오하고 간언諫言하기로 했다. 그러나 차마 직접 얘기할 수가 없어 수수께끼를 내 장왕이 깨우치기를 바랐다.

"전하, 언덕 위에 큰 새가 한 마리 있습니다. 그런데 그 새는 '3년 동안 날지도 않고 울지도 않습니다三年不飛又不鳴.' 대체 이 새는 무슨 새이겠습니까?"

장왕은 서슴없이 대답했다.

"3년 동안 날지 않았지만 한 번 날면 하늘에 오를 것이고, 3년 동안 울지 않았지만 한 번 울면 세상 사람들을 놀라게 할 것이오. 그대의 뜻을 알았으니 그만 물러가시오."

그로부터 몇 달이 지났으나 장왕은 별로 달라지지 않았다. 그러자 이번에는 대부 소종蘇從이 죽음을 각오하고 직접 간했다. 그러자 장왕은 화를 내며 말했다.

“자네는 포고문도 못 보았는가?”

“예, 보았습니다. 하지만 전하께서 다시 나랏일에 전념해 주신다면 죽어도 여한이 없습니다.”

“알았다. 물러가거라.”

장왕은 그날부터 주색을 멀리하고 나랏일에 전념했다. 3년 동안 장왕이 주색에 빠져 지낸 것은 충신과 간신을 선별하기 위한 것이었다. 장왕은 바로 간신과 부정부패 관리 등을 내치고, 수백 명의 충신을 등용했다. 그리고 오거와 소종에게 정치를 맡겼다. 그제야 어지러웠던 나라가 바로잡혔고, 백성들은 장왕의 멋진 재기를 크게 기뻐했다.

삼십육계주위상계

三十六計走爲上計

석삼 열십 여섯륙 꾀할계 달아날주 할위 위상 꾀할계

서른여섯 가지 계책 중에서 도망가는 것이 제일 좋은 계책이라는 뜻으로
일의 형편이 불리할 때는 피하는 것이 상책이다

《資治通鑑》〈卷百四一〉, 《齊書》〈王敬則傳〉

남북조시대, 제齊나라 5대 황제인 명제明帝는 3, 4대 황제를 차례로 시해하고 제위를 빼앗았다. 그리고 즉위 후에도 왕족들은 물론 자기를 반대하는 사람은 가차 없이 잡아 죽였다.

이처럼 피의 숙청이 계속되자 옛 신하들은 불안을 느꼈다. 그중에서도 왕경측王敬則의 불안은 날로 심해졌다. 불안하기는 명제도 마찬가지라 왕경측을 제거하려고 했다. 이를 안 왕경측은 1만여 군사를 이끌고 도읍을 향해 진군하여 불과 10여 일 만에 도읍과 가까운 흥성성興盛城을 점령했다. 농민들이 가세하여 병력도 10여 만으로 늘어났다.

이때 명제는 병을 얻어 누워 있어 태자 소보권蕭寶卷이 대신 국정을 돌보고 있었다. 그는 패전 보고를 받자 피난을 준비했다. 이 소식을 들은 왕경측이 말했다.

"단장군檀將軍의 '서른여섯 가지 계책 중 도망가는 것이 제일 좋은 계책三十六計走爲上計'이었다고 한다. 이제 남은 건 도망가는 길밖에 없을 것이다."

그러나 충분한 준비가 없었던 왕경측의 군대는 관군에게 포위당한 채 패했고, 왕경측은 목이 잘려 죽었다.

새옹지마

塞翁之馬

변방 새 늙은이 옹 갈 지 말 마

세상만사가 변화무쌍하여
인간의 길흉화복을 미리 예측할 수 없다

《淮南子》〈人間訓〉

옛날 중국 북방의 요새要塞 근처에 점을 잘 치는 한 노인이 살고 있었다. 어느 날, 노인의 말馬이 오랑캐 땅으로 달아났다. 마을 사람들이 위로하자 노인은 태연하게 말했다.

"누가 알겠소? 혹시 이 일이 복이 될지."

몇 달이 지난 어느 날, 그 말이 오랑캐의 준마駿馬와 함께 돌아왔다. 마을 사람들이 이를 부러워하자, 노인은 조금도 기뻐하는 기색 없이 말했다.

"누가 알겠소? 이 일이 화가 될지."

그런데 어느 날, 노인의 아들이 오랑캐의 준마를 타다가 떨어져 다리가 부러졌다. 마을 사람들이 이를 위로하자 노인은 조금도 슬퍼하지 않으며 말했다.

"누가 알겠소? 이 일이 복이 될지."

그로부터 1년이 지난 어느 날, 오랑캐가 쳐들어오자 마을 장정들은 이를 맞아 싸우다가 모두 죽었다. 그러나 노인의 아들은 절름발이었기 때문에 살아남았다.

삼인성호

三人成虎

석삼 사람인 이룰성 범호

세 사람이 입을 모으면 호랑이도 만들 수 있다는 뜻으로
거짓말이라도 여러 사람이 하면 사실처럼 들린다

《韓非子》〈內儲說〉, 《戰國策》〈魏策 惠王〉

전국시대, 위魏나라 혜왕惠王 때, 태자와 중신 방총이 인질이 되어 조趙나라로 가게 되었다. 출발을 며칠 앞둔 어느 날, 방총이 혜왕에게 물었다.

"전하, 지금 어떤 사람이 와서 시장에 호랑이가 나타났다고 하면 믿으시겠습니까?"

"누가 그런 말을 믿겠나?"

"그러면, 또 다른 사람이 와서 시장에 호랑이가 나타났다고 한다면 어찌하시겠습니까?"

"역시 믿지 않을 것이네."

"그럼, 세 번째 사람이 와서 똑같이 아뢴다면 그땐 믿으시겠습니까?"

"그땐 믿을 것이네."

"전하, 시장에 호랑이가 나타날 수 없습니다. 그러나 세 사람이 똑같이 아뢴다면 시장에 호랑이가 나타난 것이 됩니다. 저는 이제 조나라로 갑니다. 그곳은 시장보다 열 배나 멀리 떨어져 있습니다. 제가 떠난 뒤 저에 대해 모략하는 자가 세 사람만은 아닐 것입니다. 부디 그들의 헛된 말을 귀담아듣지 마십시오."

"걱정하지 말게. 누가 무슨 말을 하든 두 눈으로 본 것이 아니면 믿지 않겠네."

그런데 방총이 떠나자마자 방총을 모략하는 자가 많았다. 몇 년이 지난 후 태자는 볼모에서 풀려나 귀국했으나 의심을 받은 방총은 끝내 돌아올 수 없었다.

서시빈목

西 施 矉 目

서녘 서　베풀 시　눈살 찌푸릴 빈 눈 목

서시가 눈살을 찌푸린다는 뜻으로
무조건 남의 흉내를 낸다

《莊子》〈天運篇〉

춘추시대 말엽, 오吳나라와의 전쟁에서 패한 월왕越王은 오왕吳王의 방심을 유도하려고 절세미인 서시西施를 바쳤다. 그러나 서시는 가슴앓이 때문에 고향으로 돌아왔다.

그런데 그녀는 길을 걸을 때 가슴의 통증 때문에 늘 눈살을 찌푸렸다. 이것을 본 그 마을의 못생긴 여인이 자기도 눈살을 찌푸리고 다니면 예뻐 보일 것으로 생각하고 서시의 흉내를 냈다.

그러자 마을 사람들이 수군거리기 시작했다.

"가뜩이나 못생긴 여자가 얼굴까지 찡그리니 도저히 볼 수가 없구먼."

서제막급

噬臍莫及

씹을 서 배꼽 제 없을 막 미칠 급

배꼽을 물려고 해도 입이 닿지 않는다는 뜻으로
기회를 잃고 후회해도 아무 소용없다

《春秋左氏傳》〈莊公六年條〉

기원전 7세기 말, 초楚나라 문왕文王이 신申나라를 치기 위해 등鄧나라를 지나가고 있었다.

"오래간만에 조카가 왔으니 마음껏 놀아보자꾸나."

등나라의 임금인 기후祁侯는 문왕을 반갑게 맞이하고 진수성찬으로 환대했다. 그러자 세 현인賢人이 기후에게 진언했다.

"머지않아 문왕은 반드시 등나라를 공격할 것입니다. 지금 조치하지 않으면 훗날 '후회해도 소용이 없을 것입니다噬臍莫及.'"

그러나 기후는 화를 내며 그들의 말을 귀담아듣지 않았다. 그리고 10년이 지난 후, 문왕은 군사를 이끌고 등나라로 쳐들어왔다. 결국 등나라는 문왕에게 멸망당했다.

선시어외

先始於隗

먼저 선 비로소 시 어조사 어 높을 외

가까이 있는 사람부터 시작하라

《戰國策》〈燕策 昭王〉

전국시대, 연燕나라는 영토의 상당 부분을 제齊나라에 빼앗기고 있었다. 이런 시기에 즉위한 소왕昭王은, 재상 곽외郭隗에게 잃은 땅을 회복하는 데 필요한 인재를 모을 방법을 물었다.

그러자 곽외가 대답했다.

"이런 이야기가 있습니다. 옛날에 어느 왕이 천금千金으로 천리마를 구하고자 했으나 3년이 지나도 얻지 못했습니다. 그러던 어느 날, 잡일을 하던 신하가 천리마를 구해 오겠다며 천금을 가지고 떠났습니다. 석 달 뒤에 천리마가 있는 곳을 찾았으나 그 말은 이미 죽었다고 했습니다. 그런데 그 신하가 '죽은 말의 뼈를 오백 금五百金이나 주고 사오자買死馬骨' 왕은 화가 나 '내가 원하는 것은 살아 있는 천리마다. 누가 죽은 말뼈를 오백 금이나 주라고 했느냐'며 크게 꾸짖었습니다. 그러자 신하가 말하기를 '이제 천리마라면 그 뼈조차 거금으로 산다는 것을 세상 사람들이 모두 알게 되었습니다. 머지않아 반드시 천리마를 끌고 올 것'이라고 했습니다. 과연 1년이 안 되어 천리마가 세 필이나 모였다고 합니다.

그러니 전하께서 진정으로 인재를 구하신다면 '먼저 저, 외부터先始於

隗' 귀하게 대접해 주십시오. 그러면 외 같은 사람도 저렇게 후한 대우를 받는다며 저보다 현명하고 어진 인재들이 멀리서도 모여들 것입니다."

소왕은 곽외의 말이 맞다 여기고 그를 위해 궁전을 짓고 극진히 대우했다.

이 일이 온 나라에 알려지자 세상의 모든 인재가 속속 연나라로 모여들었다. 그중에는 조趙나라의 명장 악의樂毅, 음양설陰陽說의 비조鼻祖인 추연鄒衍, 대정치가인 극신劇辛과 같은 큰 인물도 있었다. 이들의 도움으로 소왕은 드디어 제나라를 쳐부수고 숙원을 이루었다.

선즉제인

先則制人

먼저 선　곧 즉　억제할 제　사람 인

선수를 치면 남을 제압할 수 있다

《史記》〈項羽本記〉, 《漢書》〈項籍傳〉

진시황제가 죽고 나라가 혼란에 빠지자, 계속되는 폭정에 항거하여 900여 명의 농민군을 이끌고 궐기한 진승陳勝과 오광吳廣은 단숨에 진秦에 입성했다. 이어 이곳에 장초張楚라는 나라를 세우고, 옛 6개국의 귀족들과 그 밖의 세력을 규합하여 진나라의 도읍을 향해 공격해 왔다.

이에 자극을 받은 강동江東의 회계군수會稽君守 은통殷通은 항량項梁을 불러 의논했다. 항량은 옛 초楚나라 명장 항연項燕의 아들로, 고향에서 살인을 한 후 오나라에 있는 항우에게 와서 피해 있었는데, 병법에 매우 밝아 큰일이 생길 때마다 지휘하여 실력자가 되어 있었다.

"지금 강서江西 지방에서는 모두가 진나라에 반란을 일으키고 있소. 이는 진나라를 멸망시킬 기회가 왔다는 뜻이오. 내가 듣건대 '선수를 치면 남을 제압할 수 있고先則制人, 뒤지면 남에게 제압당한다後則人制'고 했소. 그래서 나는 당선과 환초를 장군으로 삼아 먼저 군사를 일으킬까 하오."

은통은 항량을 이용해서 출세하고자 한 것이다. 그러나 항량은 그보다 한 수 위였다.

"환초는 이웃 나라에 피신해 있는데 우선 그부터 찾아야 합니다. 그가 있는 곳을 아는 사람은 오직 항우뿐입니다. 항우에게 환초를 불러오라고 하시지요."

이에 은통은 항우를 불러오라 했다.

항우가 오자 항량은 귓속말로 항우에게 이렇게 일렀다.

"내가 눈짓을 하거든 무조건 은통의 목을 쳐라."

항우를 데리고 온 항량은 항우가 인사를 마치고 자신과 눈이 마주치는 순간 눈짓을 했다. 항우는 비호같이 달려들어 은통의 목을 쳤다. 항량과 항우가 은통보다 먼저 '선즉제인'을 실행한 것이다.

항량은 곧바로 관아를 점거하고 회계군수가 되어 8천여 군사를 이끌고 함양으로 진격하다가 전사했다. 뒤이어 회계군수가 된 항우는 유방劉邦과 더불어 진나라를 멸망시켰다. 그러나 그 후 유방과 천하의 패권을 다투다가 패하여 자결했다.

성혜

成 蹊

이룰 성 지름길 혜

샛길이 생긴다는 뜻으로 덕德이 높은 사람은
자연히 사람들이 흠모하여 모여든다

《史記》〈李將軍列傳〉

전한 6대 황제인 경제景帝 때 이광李廣이라는 명장의 이야기이다.
어느 날, 이광은 불과 100여 기병騎兵을 이끌고 적진 깊숙이 쳐들어가 기습 공격에 성공했다. 그러나 곧 적군에게 포위되었다.
정면 돌파는 불가능하다고 판단한 그는 장병들에게 이렇게 명했다.
"침착하게 말에서 내려 안장을 풀어라."
적은 깜짝 놀랐다. 너무나 대담한 행동이었기 때문이다. 뭔가 반드시 계략이 있을 것으로 믿는 적진은 주춤했다.
이때 갑자기 이광은 10여 기병을 이끌고 적진에 돌입하여 한칼에 적장을 베었다. 갑작스런 공격에 놀란 적군 병사들은 허둥지둥 달아나기에 바빴다. 결국 이광은 한 사람의 병사도 잃지 않고 돌아왔다.
그 후에도 많은 공을 세운 이광을 칭송하여 사마천司馬遷은 《사기史記》〈이장군 열전李將軍列傳〉에서 이렇게 쓰고 있다.
"장군은 언변은 그다지 좋지 않았지만 그 덕과 성실함은 천하에 알려져 있었다. 복숭아와 오얏꽃은 아무 말 하지 않아도桃李不言 그 아름다움에 끌려 사람들이 모이므로 '나무 밑에는 자연스럽게 샛길이 생긴다下自成蹊.'"

수석침류

漱石枕流

양치질 수　돌 석　베개 침　흐를 류

돌로 양치질하고 흐르는 물로 베개를 삼는다는 뜻으로
자기 말이 맞지 않아도 억지를 부린다

《晉書》〈孫楚傳〉

진晉나라 초, 손초孫楚가 벼슬하기 이전의 일이다. 손초는 재주가 뛰어나고 총명한 젊은이였으나 속세를 떠나 산림에 은거하기를 원했다.
어느 날, 손초는 친구인 왕제王濟에게 자기 마음을 털어놓았다.
그런데 이때 '돌을 베개 삼아 눕고, 흐르는 물로 양치질하고 싶다枕流漱石'며 은거의 생활을 표현하려 했으나 그만 실수하여 '돌로 양치질하고, 흐르는 물로 베개 삼겠다漱石枕流'고 해 버렸다.
왕제가 웃으며 실수를 지적하자 자존심이 강한 데다 문장력까지 뛰어난 손초는 재빨리 둘러댔다.
"흐르는 물로 베개를 삼겠다는 것은 쓸데없는 말을 들었을 때 귀를 씻기 위해서고, 돌로 양치질한다는 것은 이를 닦기 위해서라네."

수서양단

首鼠兩端

머리 수 쥐 서 두 량 실마리 단

구멍에서 머리만 내밀고 좌우를 살피는 쥐라는 뜻으로
거취를 정하지 못하고 망설이는 상태

《史記》〈魏其武侯列傳〉

전한 무제武帝 때의 일이다. 5대 문제文帝 황후의 조카인 두영竇嬰과 6대 경제景帝 황후의 동생인 전분田蚡은 같은 외척이었지만 당시 연장자인 두영은 지는 해였고, 전분은 떠오르는 신진 재상이었다.

그런데 어느 날, 관부灌夫 장군이 술자리에서 전분에게 대들었다. 실은 이전에 관부가 두영을 무시한 어떤 고관을 비난하는데, 전분이 그를 두둔했기 때문이다.

관부가 한사코 사죄를 거부하자 이 일은 결국 조정의 공론에 부쳐지게 되었다. 양쪽 주장을 다 들은 무제가 중신들에게 물었다.

"어느 쪽이 잘못인 것 같소?"

그러나 중신들은 서로 얼버무리며 우물쭈물하고 있었다. 어사대부御史大夫인 한안국韓安國도 명확한 대답을 피했다.

"양쪽 다 일리가 있어 잘못을 가리기가 어렵습니다."

이런 태도에 실망한 무제가 자리를 뜨자, 조정의 공론은 끝났다. 화가 난 전분은 한안국에게 따져 물었다.

"당신은 왜 '구멍에서 머리만 내밀고 좌우를 살피는 쥐首鼠兩端'처럼 망설였소?"

그러자 한안국은 좋은 방안이 있다며 전분에게 얘기했다.

"재상께서는 폐하께 재상 자리에서 물러나 겸손한 마음으로 폐하의 처분만을 기다린다고 하십시오. 그러면 무제께서는 당신을 덕망 있다고 칭찬하실 것입니다."

그의 말대로 하자, 전분은 더욱 무제의 신임을 얻게 되었다.

송양지인

宋襄之仁

송나라 송 도울 양 갈 지 어질 인

송나라 양공 襄公 의 인정이라는 뜻으로
쓸데없이 어진 척한다

《十八史略》〈卷一〉

춘추시대, 송宋나라 환공桓公이 병상에 있을 때 태자인 자부慈父는 목이目夷에게 태자의 자리를 양보하려 했으나 목이는 굳이 사양했다. 이윽고 환공이 세상을 떠나자 자부가 왕위에 올라 양공이라 하고 목이를 재상에 앉혔다.

그로부터 7년 후, 양공은 야망을 품기 시작했다. 그는 우선 제나라로 쳐들어가 추종 세력을 만들었다. 몇 년 후, 양공은 자기를 무시하고 초나라와 교류한 정鄭나라를 공격했다. 그러자 초나라는 정나라에 대규모 구원군을 보냈다. 그런데 양공은 초나라 군사가 강을 다 건너왔는데도 공격하지 않았다. 목이가 참다못해 건의했다.

"적은 많고 아군은 적습니다. 적이 전열戰列을 가다듬기 전에 공격해야 합니다."

그러나 양공은 목이의 건의를 듣지 않았다.

"군자는 적이 어려울 때 비겁하게 공격하지 않는 법이오."

그러나 초나라 군사가 전열을 가다듬은 후에 이루어진 싸움은 송나라의 참패로 결론지어졌다. 그리고 양공 자신도 부상을 입은 것이 악화되어 그 이듬해에 죽고 말았다.

수적천석

水滴穿石

물 수 물방울 적 뚫을 천 돌 석

물방울이 돌을 뚫는다는 뜻으로
적은 노력이라도 끈기 있게 계속하면 큰일을 이룰 수 있다

《鶴林玉露》

북송北宋 때 장괴애張乖崖라는 사람이 있었다. 어느 날 그는 관아를 돌아보다가 창고에서 황급히 튀어나오는 관리를 발견했다. 당장 잡아서 조사해 보니 관리의 상투 속에 한 푼짜리 엽전 한 닢이 있었다. 죄를 따지자 관리는 창고에서 훔친 것이라고 했다.

"네 이놈! 감히 관아의 창고에서 도둑질을 하다니. 저놈에게 당장 곤장의 뜨거운 맛을 보여 주거라."

이 말을 들은 관리가 장괴애의 앞에 엎드리며 말했다.

"너무하십니다. 겨우 엽전 한 푼 훔쳤는데 큰 죄인 취급을 하시다니……."

이 말을 들은 장괴애는 더욱 화가 났다.

"네 이놈! 티끌 모아 태산塵合泰山이라는 말도 모르느냐? 하루 한 푼이라도 천 날이면 천 푼이 된다. '물방울도 끊임없이 떨어지면 돌에 구멍을 뚫는다水滴穿石'고 했다."

장괴애는 말을 마치자마자 죄인의 목을 치고 말았다.

수즉다욕

壽則多辱

목숨 수 곧 즉 많을 다 욕될 욕

오래 살면 욕된 일이 많다는 뜻으로
오래 살수록 망신스러운 일을 많이 겪게 된다

《莊子》〈天地篇〉

덕망이 높기로 소문난 요堯 임금이 순행 중에 화華라는 변경에 도착했다. 임금이 왔다는 소식을 들은 관원이 뛰쳐나와 공손히 절하며 말했다.

"부디, 장수하시기를 기원합니다."

그러자 요 임금이 미소를 지으며 대답했다.

"나는 장수하기를 원치 않네."

"그러면 큰 부자가 되시옵소서."

"부자 또한 되고 싶지 않네."

"그러시면 다남多男하시옵소서."

"그 또한 원치 않네. 다남한다면 개중에는 못난 아들이 있어 걱정의 씨앗이 될 것이고, 부자가 된다면 쓸데없는 일이 많아져 번거롭고, '장수를 하게 되면 욕된 일이 많은 법이거든壽則多辱.'"

이에 관원은 실망한 얼굴로 중얼거렸다.

"요 임금은 성인이라고 들었는데 이제 보니 군자君子에 불과할 뿐이군. 아들이 많으면 각자 분수에 맞는 일을 맡기면 걱정할 필요가 없을 것이고, 재물이 쌓이게 되면 그만큼 남에게 나누어 주면 될 터인데 말이야."

수청무대어

水 清 無 大 魚

물수 맑을청 없을무 클대 고기어

물이 너무 맑으면 물고기들이 살지 못한다는 뜻으로
사람이 너무 결백하면 남이 가까이하지 않는다

《後漢書》〈班超傳〉, 《孔子家語》

후한 시대의 명장 반초가 서역도호都護라는 벼슬로 과오 없이 귀국하자 후임 도호로 임명된 임상任尙이 찾아와서 말했다.

"부임 인사차 들렀습니다. 서역을 다스리는 데 유의할 점은 무엇인지 가르쳐 주십시오."

"자네는 성격이 너무 결백하고 조급한 것 같네. 원래 '물이 너무 맑으면 큰 물고기는 살지 않는 법水清無大魚'이야. 자네는 이 말을 꼭 명심하게. 자네가 정치를 너무 엄하게 하면 아무도 따라오지 않는다는 것을. 그러니 사소한 일은 되도록 덮어두고 대범하게 큰 정치를 하도록 하게나."

그러나 임상은 반초의 말을 귀담아듣지 않았다. 결국 서역 50여 나라는 한나라를 이반하여 서역도호부도 폐지되고 말았다.

순망치한

脣亡齒寒

입술 순 망할 망 이 치 찰 한

입술을 잃으면 이가 시리다는 뜻으로
가까운 사이의 한쪽이 망하면 다른 한쪽도 온전하기 어렵다

《春秋左氏傳》〈僖公五年條〉

춘추시대 말엽, 진晉나라 문공文公의 아버지 헌공獻公이 괵虢, 우虞 두 나라를 공략하려고 했다. 하지만 이 두 나라를 치기 위해서는 반드시 우나라를 거쳐야만 했다.

이에 헌공은 우나라의 우공虞公에게 길을 빌려달라고 제의했다.

"길을 빌려주면 많은 재물을 주겠소이다."

입맛이 당기는 소리를 듣고 우공은 얼른 이 제의를 수락하려고 했다.

이때 중신 궁지기宮之奇가 나서며 말했다.

"전하, 괵나라와 우나라는 한 몸이나 다름없는 사이옵니다. 괵나라가 망하면 우나라도 망할 것이옵니다. 옛 속담에도 '입술이 없어지면 이가 시리다脣亡齒寒'는 말이 있습니다. 이는 곧 괵나라와 우나라를 두고 한 말이 아니고 무엇이겠습니까. 그런 가까운 사이인 괵나라를 치기 위해 길을 빌려준다는 것은 우리 우나라에게 있어 너무나 위험한 일이옵니다."

하지만 재물에 눈이 먼 우공은 결국 진나라 문공에게 길을 내주고 말았다. 그러자 궁지기는 몹시 안타까워하면서 일가들을 모두 대동하고 우나라를 떠났다.

얼마 지나지 않아 괵나라를 멸하고 돌아가던 진나라 군사는 궁지기의 예언대로 우나라를 공격했다. 순식간에 우나라는 진나라의 손에 들어왔고, 우공은 포로로 잡히고 말았다.

시오설

視 吾 舌

볼시 나오 혀설

'내 혀를 보아라'라는 뜻으로
혀만 있으면 천하도 움직일 수 있다

《史記》〈張儀列傳〉

전국시대, 위魏나라에 장의張儀라는 한 가난한 사람이 살고 있었다. 비록 가난했지만 그는 언변과 완력이 남들보다 뛰어났다. 그는 자기를 받아줄 사람을 찾아 여러 나라를 돌아다니다가 초楚나라 재상 소양昭陽의 식객이 되었다.

어느 날 소양은 부하들을 위로하는 잔치에서 초왕楚王이 하사한 '화씨지벽和氏之璧'이라는 진귀한 구슬을 보여주었다. 그런데 그 잔치에서 구슬이 감쪽같이 없어지는 사건이 발생했다. 사람들은 모두 장의가 훔쳐 간 것이 분명하다고 말했다.

"저놈의 가난뱅이가 눈이 멀어서 훔친 것이 틀림없어."

이에 장의는 개처럼 끌려 나와 수십 대의 매질을 당했다.

"억울합니다. 저는 전혀 모르는 일이옵니다."

장의는 끝내 부인했다. 하지만 매질은 멈추지 않았다. 이윽고 장의가 모진 매를 이기지 못해 실신하자 소양은 어쩔 수 없이 그를 풀어주었다.

초주검이 되어 집에 돌아온 장의를 본 아내는 눈물을 흘리면서 말했다.

"어쩌다가 이런 변고를 당했소이까?"

그러자 장의는 느닷없이 혀를 쑥 내밀어 보인 뒤 이렇게 말했다.

"'내 혀를 보시오視吾舌.' 아직 붙어 있소? 없소?"

남편의 뚱딴지같은 질문에 당황한 아내가 어이없다는 듯이 웃으며 말했다.

"혀는 분명히 있습니다."

"그럼 되었소이다. 허허허."

만신창이가 된 장의가 웃는 모습을 지켜보던 아내는 의아해했다. 하지만 장의는 몸이 만신창이가 되었어도 혀만은 다쳐선 안 된다고 생각했다. 혀가 있어야 앞으로 살아갈 수 있고, 천하도 움직일 수 있다는 생각이 깔려 있었기 때문이다.

결국 장의는 자신의 혀 하나로 진나라의 재상이 되어 같은 스승 밑에서 수학했던 소진蘇秦의 합종책合從策을 깨고 연횡책連衡策을 이룩했다.

안서

雁書

기러기 안 편지 서

철 따라 이동하는 기러기가
먼 곳의 소식을 전한다는 뜻으로 편지를 말함

《漢書》〈蘇武傳〉

한漢나라 소제昭帝는 왕위에 오르기 전 포로 교환 차 사절단을 이끌고 흉노匈奴의 땅에 들어갔다. 그곳에서 그는 중랑장中郎將 소무蘇武가 억류되어 있다는 소식을 듣고 귀국하자마자 그의 귀환을 위해 특사를 파견했다.

소제의 명을 받은 특사는 곧바로 흉노의 우두머리인 선우單于에게 소무의 석방을 요구했다.

"이를 어쩌지요. 소무는 벌써 여러 해 전에 죽었소이다."

선우가 거짓말을 하자 특사는 분통이 터질 지경이었다.

그날 밤 상혜常惠라는 사람이 은밀히 특사의 숙소로 찾아와 이렇게 말했다.

"나는 소무를 따라 이곳에 왔었습니다. 하지만 뜻하지 않게도 흉노의 내란에 휘말려 우리 일행은 모두 잡히고 말았지요. 그때 저는 만약을 대비해서 투항을 했습니다. 그때 끝까지 항복을 거부한 소무는 북해 변으로 추방당한 뒤 아직도 그곳에서 혼자 어렵게 살아가고 있습니다."

그 말을 들은 특사는 상혜를 위로하며 잠자리에 들었다.

다음 날 특사는 선우에게 찾아가 따지듯이 말했다.

"제가 이곳 특사로 파견되기 전에 우리 황제께서 사냥을 하시다가 기러기 한 마리를 잡았습니다. 그 기러기 발목에는 헝겊이 감겨 있었는데 '소무는 큰 못 근처에 있다'라고 적혀 있었소. 이것만 보더라도 소무는 아직 살아 있는 게 분명하지 않소?"

이 말을 들은 선우는 얼굴이 빨개졌다. 그는 곧 부하를 불러 몇 마디 나누고는 다음과 같이 말했다.

"미안하게 되었소이다. 어제는 제가 잘 모르고 실언을 한 것 같소. 소무가 아직 살아 있다고 하니 당장 그를 풀어주겠소이다."

며칠 후 흉노의 사자使者가 소무를 데리고 왔다. 소무는 몰골이 말이 아니었지만 그의 손에는 한나라 사신의 증표인 부절不節 : 사신의 신표로 옥이나 대나무로 만든 것이 굳게 쥐어져 있었다.

안중지정

眼中之釘

눈안 가운데중 갈지 못정

눈에 박힌 못이라는 뜻으로
눈엣가시 같은 사람

《新五代史》〈趙在禮傳〉

당唐나라 말, 송주宋州라는 곳에 조재례趙在禮라는 악명 높은 탐관오리가 있었다. 그는 백성들에게 착취한 재물들을 고관대작들에게 상납하여 출셋길에 오른 인물이었다. 그런 그가 영흥永興 절도사로 전임가게 되자 송주의 백성들은 춤을 추며 기뻐했다.

"이제 악랄한 탐관오리가 떠나게 되었으니 우린 살았네."

"그러게 말일세. 그놈은 우리 백성들에게 있어 마치 '눈에 박힌 못眼中之釘' 같은 존재였으니깐."

백성들의 불평을 들은 한 관원이 이 사실을 조재례에게 귀띔했다.

"뭣이라고? 이런 고얀 놈들! 어디 두고 보자."

조재례는 자신을 욕한 백성들에게 보복을 하기 위해 일 년만 더 유임시켜줄 것을 조정에 청원했다. 청원이 수용되자 그는 즉시 '못을 빼기 위한 돈'이라는 뜻의 발정전拔釘錢을 만들고 천 냥씩 납부하라는 엄명을 내렸다. 가난해서 돈을 내지 못한 백성들은 가차 없이 투옥하거나 태형에 처했다.

이처럼 악랄한 수법으로 착취한 발정전은 일 년간 무려 백만 관貫이 넘었다고 한다.

암중모색

暗中摸索

어두울 암 가운데 중 더듬을 모 찾을 색

어둠 속에서 손으로 더듬어
찾는다는 뜻으로 어림짐작한다

《隨唐佳話》

중국 역사상 유일한 여자 황제였던 측천무후則天武后 때 허경종許敬宗이라는 학자가 있었다. 그는 방금 만났던 사람조차 기억하지 못할 정도로 건망증이 심했다.

"하하하. 자네 같이 건망증이 심한 사람이 어떻게 학자라고 할 수 있겠나."

친구가 자신의 건망증을 비웃자 그는 이렇게 대꾸했다.

"자네 같이 이름 없는 사람의 얼굴이야 어찌 기억할 수 있겠는가. 하지만 조식曺植이나 사령운謝靈運 같은 문장의 대가라면 '어둠 속에서 손을 더듬어서라도 찾을 수 있다네暗中摸索.'"

여기서 조식은 조조의 셋째 아들로 뛰어난 시재詩才를 시기하는 형 문제文帝의 명을 받고 지은 '칠보시七步詩'가 유명하고, 사령운은 서정을 바탕으로 하는 이른바 산수시山水詩의 길을 놓았다고 해서 '산수 시인'이라고 불리는 사람이다.

양금택목

良禽擇木

어질 량 새 금 가릴 택 나무 목

현명한 새는 좋은 나무를 가려서 둥지를 튼다는 뜻으로
사람을 가려서 섬김을 말함

《春秋左氏傳》〈哀公十八年條〉, 《三國志》〈蜀志〉

공자가 위衛나라에 갔을 때의 일이다.

하루는 공문자孔文子가 찾아와 공자에게 물었다.

"조만간에 대숙질大叔疾을 공격하려 하는데 좋은 묘책이 없겠습니까?"

"글쎄올시다. 제사 지내는 일에 대해서는 배운 적이 있지만 전쟁에 대해서는 아는 것이 없사옵니다."

공자는 이렇게 말하고 그 자리에서 벗어났다. 그러고는 제자에게 서둘러 수레에 말을 매라고 일렀다. 제자가 그 까닭을 물었다.

"한시라도 빨리 위나라를 떠나야겠다. 예로부터 '현명한 새는 좋은 나무를 가려서 둥지를 친다良禽擇木'고 했다. 마찬가지로 신하가 되려면 마땅히 훌륭한 군주를 가려서 섬겨야 하느니라."

양두구육

羊 頭 狗 肉

양 양　머리 두　개 구　고기 육

밖에는 양 머리를 걸어 놓고 안에서는 개고기를
판다는 뜻으로 좋은 물건을 내걸고 나쁜 물건을 판다

《晏子春秋》〈無門關〉, 《揚子法言》

춘추시대, 제齊나라 영공靈公은 궁중의 여인들에게 남장男裝을 시켜 놓고 눈으로 보는 것을 즐기는 별난 취미를 가지고 있었다. 그런데 이 취미가 곧 백성들 사이에서도 유행해 남장한 여인이 날로 늘어났다.

그러자 영공은 재상인 안영晏嬰을 불러 다음과 같이 물었다.

"내가 듣기로 요즘 궁 밖에서는 남장하는 여인들이 많다지요. 이는 국가에 해가 되는 일이니 모두 잡아들여 처벌하시오."

왕이 직접 남장 금지령을 내렸음에도 불구하고 유행은 좀처럼 수그러들지 않았다. 영공은 다시 안영을 불러 그 까닭을 물었다.

"전하께서는 궁중의 여인들에게는 남장을 허용하시면서 궁 밖의 여인들에게는 금지령을 내렸사옵니다. 이는 '밖에는 양 머리를 걸어 놓고 안에서는 개고기를 파는 것羊頭狗肉'과 다를 바가 없사옵니다. 이제라도 궁중의 여인들에게 남장을 금하옵소서. 그리하면 궁 밖의 여인들도 감히 남장을 하지 못할 것입니다."

안영의 말을 들은 영공은 자신의 그릇됨을 반성하며 그날 즉시 궁 안의 여인들에게 남장 금지령을 내렸다. 그러자 다음 날부터 제나라에서는 남장한 여인을 찾아볼 수가 없었다.

양상군자

梁 上 君 子

들보 량 위 상 임금 군 아들 자

대들보 위의 군자라는 뜻으로
집안에 들어온 도둑을 말한다

《後漢書》〈陳寔傳〉

후한 말엽, 진식陳寔이라는 현령縣令이 있었다. 그는 늘 겸손한 자세로 백성들의 고충을 헤아리고 매사를 공정하게 처리하기로 유명했다.

그런데 어느 해 흉년이 들어 백성들의 생계가 몹시 어려웠다. 진식은 이 흉년을 타계하기 위해 여러 가지 연구를 하고 그 해결책을 모색하기에 분주했다.

그날도 진식이 대청마루에 앉아서 여러 가지 자료를 검토하고 있는데, 대들보 위에서 사람의 인기척이 들렸다. 진식은 그 사람이 자신의 집에 물건을 훔치러 들어온 도둑임을 직감적으로 알았다.

하지만 진식은 모르는 척하며 자료를 검토하다가 아들과 손자들을 대청으로 불러 모았다. 그러고는 이렇게 말했다.

"사람은 자고로 노력하지 않으면 안 되는 것이다. 악인이라고 해도 모두 본성이 악한 것이 아니라 습관이 어느덧 성품이 되어 악행을 하게 되는 것이니라. 이를테면 지금 저 '대들보 위에 있는 군자梁上君子'도 그러하니라."

이 말이 끝나자마자 대들보 위에 있던 도둑이 바닥으로 내려서며 말했다.

"죽을죄를 지었사옵니다. 부디 소인을 엄벌에 처하소서."

도둑이 마룻바닥에 조아리고 사죄하는 것을 물끄러미 지켜보던 진식이 천천히 입을 열었다.

"네 얼굴을 보아하니 악인은 아닌 것 같구나. 지금 우리 고을이 흉년이 되어 다들 어려워하고 있는데, 오죽이나 힘들었으면 이런 짓을 하였겠느냐."

진식은 그에게 비단 두 필을 주어 돌려보냈다.

양약고구

良藥苦口

좋을 량　약 약　괴로울 고　입 구

좋은 약은 입에 쓰다는 뜻으로
충언忠言 은 귀에 거슬린다

《史記》〈留候世家〉, 《孔子家語》〈六本篇〉

최초로 중국을 통일했던 진秦나라 시황제가 죽자 천하는 다시 술렁이기 시작했다. 전국 각지에서 서로 천하의 패권을 놓고 겨루었는데 끝까지 다툰 사람이 바로 한漢의 유방과 초楚의 항우였다.

그 둘은 진나라의 도읍 함양咸陽에 누가 먼저 들어가느냐를 놓고 겨루고 있었는데, 결국 유방이 먼저 입성하게 되었다.

유방은 3대 황제 자영子嬰에게 항복을 받고 나서 궁궐을 호화찬란하게 장식했다. 원래 술과 여자를 좋아하던 유방은 아름다운 궁녀들과 함께 밤을 지내느라 정신이 없었다. 보다 못한 용장 번쾌樊噲가 유방에게 간했다.

"아직 천하는 통일되지 않았는데 이렇게 궁녀들에게 정신이 팔려서는 곤란하옵니다. 항우가 벌써 함곡관 가까이 도달했다고 합니다. 빨리 이 궁궐을 벗어나 적당한 곳에서 진을 치도록 명하시옵소서."

하지만 유방은 번쾌의 말을 듣지 않았다. 이에 현명한 참모로 명성이 자자한 장량張良이 간했다.

"지금 전하의 임무는 천하를 위해 남아 있는 적들을 소탕하고 백성들을 안심시키는 것이옵니다. 그럼에도 불구하고 궁궐에 들어오시자마자 재물과 미색에 현혹되어 포악한 진시황제의 만행을 배우려 하시니 이는 옳지 않습니다. 이렇게 되면 진시황제의 전철을 밟게 되는 것이나 다름없사옵니다. 본디 '충언은 귀에 거슬리나 행실에 이롭고忠言逆於耳而利於行, 독약은 입에 쓰나 병에 이롭다毒藥苦於口而利於病'고 했사옵니다. 부디 번쾌의 진언을 들어주십시오."

그제야 유방은 자신의 잘못을 깨우치고 왕궁을 벗어나 항우의 공격에 대비했다.

어부지리

漁父之利

고기 어 아비 부 갈 지 이로울 리

쌍방이 다투는 사이에
제삼자가 힘들이지 않고 이득을 챙긴다

《戰國策》〈燕策〉

전국시대, 조趙나라의 혜문왕惠文王이 기근이 들어 힘든 연燕나라를 침략하려고 했다. 이를 눈치챈 연나라의 소왕昭王은 믿을 수 있는 신하인 소대蘇代를 보내 혜문왕을 설득하도록 지시했다.

조나라에 도착한 소대는 뛰어난 말솜씨로 혜문왕을 설득했다.

"오늘 조나라에 들어오기 전에 강변에서 이상한 광경을 보았습니다."

"그래, 무슨 이상한 광경을 보았는지 내게 한번 말해 보시오."

"제가 냇가를 지나가고 있는데 조개가 조가비를 벌리고 햇볕을 쬐고 있었습니다. 그때 갑자기 도요새가 날아와 뾰족한 부리로 조갯살을 쪼아 먹으려고 하자 깜짝 놀란 조개는 조가비를 굳게 닫고 부리를 놓아주지 않았습니다. 다급해진 도요새가 '이대로 이틀 동안 비가 오지 않으면 너는 말라죽고 말 것이다.'라고 말했습니다. 이에 조개도 지지 않고 '내가 이틀 동안 너를 놓아주지 않으면 너야말로 굶어 죽고 말 것이다.'라고 대꾸했습니다. 이렇게 조개와 도요새가 한 치의 양보도 없이 옥신각신하고 있었습니다. 그때 마침 이곳을 지나던 어부가 그 둘을 발견하곤 다 잡아 집으로 돌아갔습니다."

"………."

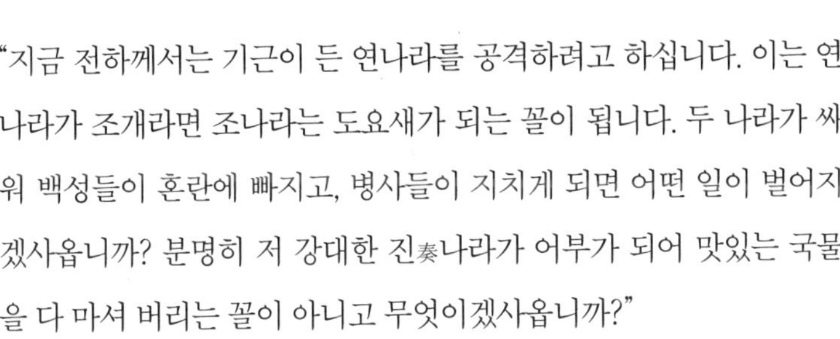

"지금 전하께서는 기근이 든 연나라를 공격하려고 하십니다. 이는 연나라가 조개라면 조나라는 도요새가 되는 꼴이 됩니다. 두 나라가 싸워 백성들이 혼란에 빠지고, 병사들이 지치게 되면 어떤 일이 벌어지겠사옵니까? 분명히 저 강대한 진秦나라가 어부가 되어 맛있는 국물을 다 마셔 버리는 꼴이 아니고 무엇이겠사옵니까?"

소대의 말을 들은 혜문왕은 현명한 왕답게 당장 연나라를 공격하려는 계획을 중단했다.

求相一之
牛
狗擊安阿不李之彌相腹一無一重夜撫之

舟膽坤兔遠口肋鳴腹枕學猶田鮑日目蜜牛士鷄土衣盲人

刻肝乾犬敬鷄鷄鷄鼓高曲過瓜管曠刮口九國群捲錦群杞

故事成語

五

여도지죄

餘桃之罪

남을 여 복숭아 도 갈 지 허물 죄

먹다 남은 복숭아를 먹인 죄라는 뜻으로
애정과 증오의 변화가 심하다

《韓非子》〈說難篇〉

전국시대, 위衛나라에 왕의 총애를 받는 미자하彌子瑕라는 미동美童이 있었다. 하루는 미자하에게 청천벽력 같은 소식이 전해졌다.

"어머니가 위독하시다는 전갈이오."

이 소식을 접한 미자하는 임금의 수레를 타고 어머니가 있는 집으로 달려갔다. 하지만 그 수레는 왕의 어명 없이는 타지 못하게 되어 있었다. 만약 그것을 어기는 사람은 발뒤꿈치를 자르는 중벌을 받게 되어 있었다.

미자하가 수레를 타고 갔다는 소식을 접한 임금은 그를 처벌하기는 커녕 오히려 그의 효심을 칭찬하였다.

"미자하는 효자로다. 어머니의 병환을 위해 중형도 두려워하지 않으니 말이다."

그 일이 있은 지 몇 달 후 미자하는 임금과 함께 과수원을 거닐다가 복숭아를 따서 한 입 베어 먹었다. 아주 싱싱하고 달콤한 맛이 나는 복숭아였다. 미자하는 자신이 먹다 남긴 그 복숭아를 임금에게 바쳤다. 왕은 매우 기뻐하며 말했다.

"미자하는 충신이로다. 제가 먹을 것을 과인에게 바치다니 말이다."

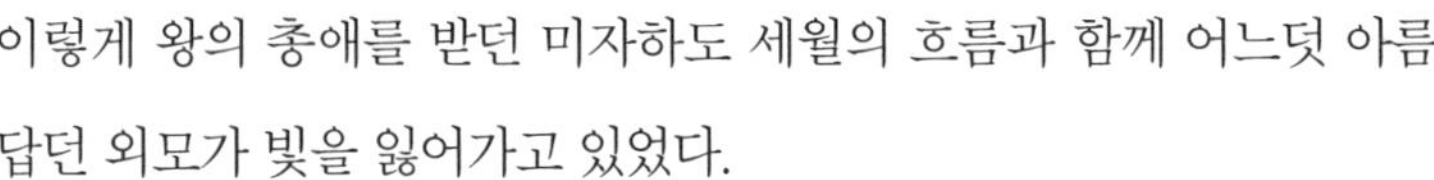

이렇게 왕의 총애를 받던 미자하도 세월의 흐름과 함께 어느덧 아름답던 외모가 빛을 잃어가고 있었다.

그러던 어느 날 미자하가 잘못을 저질러 처벌을 받게 되자 왕은 지난 일을 상기하며 이렇게 말했다.

"미자하는 예전에 과인의 수레를 함부로 탔을 뿐만 아니라, '먹다 남은 복숭아餘桃'를 과인에게 먹인 일도 있다. 이는 용서받을 수 없는 일이다. 미자하를 당장 중형에 처하도록 하라."

연목구어

緣木求魚

인연 연 나무 목 구할 구 고기 어

나무에 올라 물고기를 구한다는 뜻으로
도저히 불가능한 일을 하려고 한다

《孟子》〈梁惠王篇〉

오십을 넘긴 나이에도 불구하고 맹자孟子는 여러 나라를 돌아다니면서 인의仁義를 치세의 근본으로 삼는 왕도정치론王道政治論을 갈파하고 다녔다.

그러던 맹자가 제齊나라를 방문하게 되었다. 소문에 의하면, 제나라는 힘이 있는 강대국일 뿐만 아니라 선왕宣王도 훌륭한 명군이라서 맹자는 한껏 기대를 했다.

"선왕의 소문은 일찌감치 들었습니다. 만나 뵙게 되어 영광이옵니다."

선왕은 맹자의 왕도정치론에 동의하고 있었다. 하지만 시대가 요구하는 것은 왕도정치가 아니라 무력과 책략을 수단으로 하는 패도정치覇道政治였다. 이에 선왕은 맹자에게 다음과 같이 질문하였다.

"춘추시대에 천하를 다스렸던 제나라 환공桓公과 진晉나라 문공文公의 패업霸業에 대해 경의 의견을 듣고 싶소."

이 질문의 뜻을 간파한 맹자는 선왕에게 질문을 했다.

"전하께서는 패도로 인해 전쟁이 나고 백성이 목숨을 잃는 것을 원하시옵니까? 또한 이웃 나라 제후들과 원수가 되기를 바라옵니까?"

"당연히 원하지 않소이다. 하지만 내게는 대망이 있소."

"전하의 대망이란 무엇이옵니까? 맛있는 음식과 따뜻한 의복입니까? 아니면 아름다운 여인들이옵니까?"

"과인에게 그런 사소한 욕망은 없소이다."

"하오면 천하를 통일하시고 사방의 오랑캐들까지 복종케 하시려는 것이옵니까? 하오나 예전처럼 무력으로 천하통일을 이루려고 하시는 것은 마치 '나무에 올라 물고기를 구하는 것緣木求魚'과 같음을 잊지 마시옵소서. 또한 나무에 올라 물고기를 구하는 일은 물고기만 구하지 못할 뿐 후난은 없사옵니다. 하오나 패도를 쫓다가 실패하는 날에는 나라가 망하는 대란을 면치 못할 것이옵니다."

이 말을 들은 선왕은 맹자의 왕도정치론에 대해 진지하게 경청했다.

오십보백보

五十步百步

다섯 오 열 십 걸음 보 일백 백 걸음 보

오십 보 도망친 사람이 백 보 도망친 사람을 비웃는다는 뜻으로
정도의 차이는 있으나 결국은 똑같다

《孟子》〈梁惠王篇〉

전국시대, 위魏나라 혜왕惠王은 진秦나라의 압박을 견디다 못해 도읍을 옮길 정도로 세력이 약했다. 설상가상으로 제齊나라와의 싸움에서도 번번이 패배하는 바람에 국력은 더욱더 떨어졌다. 보다 못한 혜왕은 제후들에게 왕도정치론을 유세하던 맹자를 초청했다.

“선생도 아시다시피 요즘 우리나라는 여러 가지로 힘이 드는 상태이오. 부디 과인에게 부국강병의 비책을 가르쳐주시오.”

“전하, 저는 부국강병과 상관없이 인의仁義에 대해 이야기하려고 합니다.”

혜왕이 맹자의 말을 끊고 말했다.

“인의의 정치라면 과인도 평소에 신경을 쓰는 부분입니다. 예를 들면 하내河內 지방에 흉년이 들면 젊은이들을 하동河東 지방으로 옮기고, 늙은이와 아이들에게는 하동에서 곡식을 가져다가 나누어 주라고 했소. 그와 반대로 하동에 기근이 들면 하내의 곡식으로 그들을 돕도록 하였소. 이처럼 과인은 다른 나라의 어느 왕보다도 더 많이 인의의 정치를 하고 있는데 이웃 나라의 백성들은 줄지 않고 우리나라 백성은 늘어나지 않습니다. 이것은 대체 어째서입니까?”

"전쟁터에서 겁을 먹은 두 병사가 무기를 버리고 도망쳤사옵니다. 그런데 오십 보를 도망친 병사가 백 보를 도망친 병사를 보고 '비겁한 놈'이라고 비웃었다면 전하께서는 어떻게 생각하시겠습니까?"

"두 사람 모두 도망치기는 마찬가지이기 때문에 비웃을 자격이 없을 테지요."

"바로 그것이옵니다. 어려운 백성을 구호하시는 전하의 목적은 인의의 정치와 상관없이 오직 부국강병을 지향하는 이웃 나라들과 무엇이 다르옵니까?"

이 말을 들은 혜왕은 얼굴이 빨개지면서 아무런 말도 하지 못했다. 혜왕 또한 이웃 나라처럼 백성을 생각해서 구호한 것이 아니었기 때문이었다.

오월동주

吳越同舟

오나라 오 월나라 월 한 가지 동 배 주

오나라 사람과 월나라 사람이 같은 배를 타고 있다는 뜻으로
한 가지 목적을 달성하기 위해 원수끼리 손을 잡는다

《孫子兵法》〈九地篇〉

《손자병법孫子兵法》은 중국의 유명한 병서로서 춘추시대 오나라의 손무孫武가 쓴 것이다. 이 책의 〈구지편九地篇〉에는 다음과 같은 글이 실려 있다.

병兵을 쓰는 법에는 아홉 가지의 지地가 있다. 그 구지 중 최후의 것을 사지死地라 한다. 주저 없이 일어서 싸우면 살 길이 있고, 기가 꺾이어 망설이면 패망하고 마는 필사必死의 지이다. 그러므로 사지에 있을 때는 싸워야 활로活路가 열린다. 나아갈 수도 물러설 수도 없는 필사의 장場에서는 병사들이 한마음 한뜻이 되어 필사적으로 싸울 것이기 때문이다. 이때 유능한 장수의 용병술用兵術은 예컨대 상산常山에 서식하는 솔연率然이라는 큰 뱀의 몸놀림과 같아야 한다. 머리를 치면 꼬리가 날아오고 꼬리를 치면 머리가 덤벼든다. 또 몸통을 치면 머리와 꼬리가 한꺼번에 덤벼든다. 이처럼 세력을 하나로 합치는 것이 중요하다.

옛부터 서로 적대시해온 '오나라 사람과 월나라 사람이 같은 배를 타고吳越同舟' 강을 건넌다고 하자. 강 한복판에 이르렀을 때 강한 바람이

불어 배가 뒤집히려 한다면 오나라 사람이나 월나라 사람은 평소의 적개심敵愾心을 잊고 서로 왼손 오른손이 되어 필사적으로 도울 것이다. 바로 이것이다. 전차戰車의 말馬들을 서로 단단히 붙들어 매고 바퀴를 땅에 묻고서 적에게 그 방비를 파괴당하지 않으려 해 봤자 최후의 의지가 되는 것은 그것이 아니다. 의지가 되는 것은 오로지 필사적으로 하나로 뭉친 병사들의 마음이다.

오합지중

烏合之衆

까마귀 오 합할 합 갈 지 무리 중

까마귀 떼같이 질서 없는 무리라는 뜻으로
규율도 통일성도 없는 군중

《後漢書》〈耿龕傳〉

왕망王莽이 어린 황제를 폐하고 스스로 왕이 되어 세운 신新나라 말기 때의 일이다. 한漢의 종실인 유수劉秀는 왕망의 부도덕함을 참지 못하고 신나라를 공격했다. 얼마 후 왕망의 군대는 전멸했고, 유수는 왕족인 유현劉玄을 황제로 세웠다.

하지만 가까스로 죽음을 모면한 왕망과 그의 군대가 여전히 활동하고 있었기 때문에 유수는 반군의 토벌에 여념이 없었다. 더구나 왕망은 유자여劉子與라는 이름을 사칭하여 스스로 황제라 칭하였다.

유수가 대대적인 공격을 강행하려고 하자 평소에 유수를 동경하고 있던 태수 경황耿況이 자신의 아들인 경감耿龕을 보내어 유수를 돕도록 명했다.

경감이 유수에게 가는 도중 유자여의 소식을 들은 부하 손창孫倉과 위포衛包가 말했다.

"유자여는 한왕조漢王朝의 정통인 성제의 아들이라고 하오. 그런 사람을 두고 대체 어디로 간단 말이오?"

이 말을 들은 경감이 칼을 빼어 들고 말했다.

"네 이놈들! 왕망은 단지 유자여를 사칭한 일개 도둑놈일 뿐이니라.

그자는 혹세무민할 뿐만 아니라 군대는 '오합지중烏合之衆'에 불과하니라. 그놈의 군대를 격파하기란 썩은 나무를 짓밟는 것보다 더욱 쉽다. 네놈이 그러한 사리를 모르고 그 도둑놈과 한패가 되었다간 큰 화를 입을 것이니라."

후에 경감은 유수를 도와 많은 공을 세우고 마침내 건위대장군建威大將軍의 자리까지 올랐다. 유수는 마침내 천하를 평정하고 다시 나라를 세우니 이 사람이 바로 동한의 개국조 광무제이다.

와신상담

臥薪嘗膽

누울 와 섶나무 신 맛볼 상 쓸개 담

섶 위에서 잠을 자고 쓸개를 핥는다는 뜻으로
목적을 달성하기 위해 온갖 고난을 참고 견디다

《史記》〈越世家〉

춘추시대, 오吳나라 왕 합려闔閭와 월越나라 왕 구천勾踐이 서로 전쟁을 하고 있었다. 그러던 도중 적의 화살에 손가락을 다친 합려의 병이 악화되는 바람에 그는 목숨을 잃을 지경에 놓여 있었다.

합려가 태자인 부차夫差를 불러 유언했다.

"태자여, 부디 구천을 쳐서 이 아버지의 원수를 갚아다오."

오나라 왕이 된 부차는 아버지의 유언을 잊지 않으려고 '섶 위에서 잠을 자고臥薪' 자기 방에 드나드는 신하들에게도 방문 앞에서 부왕의 유언을 외치게 했다.

"부차여, 월왕 구천이 너의 아버지를 죽였다는 것을 잊어서는 안 된다."

이처럼 밤낮없이 복수를 맹세하던 부차가 드디어 구천을 사로잡았다. 그러나 구천을 죽이지는 못했다. 월나라의 재상 백비伯嚭에게 뇌물을 받고 그를 풀어줬던 것이다.

부처의 신하가 된다는 조건으로 고국에 돌아온 구천은 치욕에 몸을 떨며 복수를 다짐했다. 항상 곁에다 쓸개를 놔두고 앉으나 서나 그 쓴맛嘗膽을 맛보았다.

이렇게 12년의 세월이 흘렀다. 마침내 구천은 그동안 은밀히 훈련시

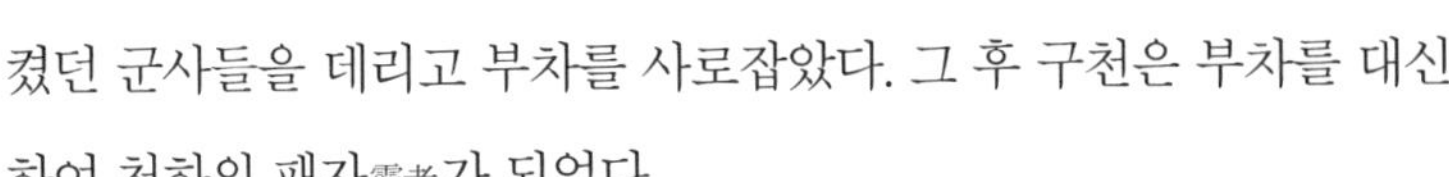

켰던 군사들을 데리고 부차를 사로잡았다. 그 후 구천은 부차를 대신하여 천하의 패자霸者가 되었다.

완벽

完 璧

완전할 완 둥근 옥 벽

흠이 없는 구슬이라는 뜻으로
결점이 없는 훌륭한 상태

《史記》〈藺相如列傳〉, 《十八史略》〈趙篇〉

전국시대, 조趙나라 혜문왕惠文王은 화씨지벽和氏之璧이라는 천하명옥天下名玉을 우연히 얻게 되었다. 이 소문을 들은 진秦나라 소양왕昭襄王은 어떻게든 화씨지벽을 손에 넣어야겠다고 생각했다. 그래서 곧 조나라에 사신을 보내어 '성城 열다섯 개와 화씨지벽을 맞바꾸자'고 제의했다.

혜문왕에게는 실로 난처한 문제였다. 제의를 거절하면 당장 쳐들어올 것이고 화씨지벽을 넘겨주면 그냥 빼앗기고 말 것이 뻔했기 때문이다.

혜문왕은 중신들을 소집하여 의논했다. 이 자리에서 중신들은 지모와 담력이 뛰어난 인상여藺相如를 사신으로 보내기로 결정했다.

이리하여 인상여는 화씨지벽을 가지고 진나라로 가게 되었다. 인상여가 가지고 온 구슬을 본 소양왕은 크게 기뻐하며 좌우 신하들과 후궁들에게까지 돌려가며 그것을 보여주었다. 하지만 소양왕은 교환 조건으로 내세운 열다섯 개의 성에 대해서는 도무지 내색을 하지 않았다.

낌새를 알아차린 인상여가 소양왕 앞에 엎드리며 간했다.

"전하, 사실은 그 화씨지벽에 흠집이 있사옵니다. 제가 그것을 보여드리겠습니다."

소양왕이 무심코 화씨지벽을 건네주자 인상여는 궁궐 기둥 옆으로 다가갔다. 그러고는 소양왕을 쳐다보며 말했다.

"전하, 조나라에서는 전하를 의심하고 구슬을 주지 않으려 했습니다. 그런 것을 신이 굳이 진나라 같은 대국이 신의를 지키지 않을 리 없다고 말하여 구슬을 가져오게 되었습니다. 이렇게 어렵게 가져온 구슬인데 전하께서는 후궁들에게까지 보여주며 구경을 하도록 하여 신을 희롱하였습니다. 또한 전하께서 약속하신 열다섯 개의 성을 주실 생각이 없는 것 같아 보였습니다. 그러므로 신은 이 구슬을 다시 가져가겠습니다. 지금 전하께서 이 구슬을 신에게서 강제라도 빼앗는다면 신은 이 구슬과 함께 이 기둥에 부딪쳐 죽음을 택할 것이 옵니다."

말을 마치자 인상여는 구슬을 들어 기둥에 던질 태세를 하였다.

구슬이 깨어질까 봐 겁이 난 소양왕은 급히 자신의 경솔함을 사과하며 담당관을 불러 조나라에게 열다섯 개의 성을 주라고 지시했다. 하지만 이 모두가 거짓 연극임을 눈치챈 인상여가 말했다.

"이 구슬은 천하에 둘도 없는 보석이옵니다. 전하께서는 부디 저희 전하와 같이 닷새 동안을 목욕재계한 다음 의식을 갖추어 받도록 하시옵소서. 그리하지 않으면 저는 이 구슬을 바치지 못하겠나이다."

이 말을 들은 소양왕은 닷새 동안 목욕재계를 하며 기다렸고, 이 틈을 타서 인상여는 부하를 시켜 화씨지벽을 조나라로 보내 버렸다.

나중에 이 사실을 안 소양왕은 인상여를 붙잡아 죽이려고 했으나 소문이 나빠질 것을 염려하여 후한 대접을 한 후 조나라로 돌려보냈다. 이리하여 화씨지벽은 '온전한 구슬完璧'로 되돌아왔다. 인상여는 일약 대신의 자리에 오르게 되었고 뒤이어 조나라의 재상이 되었다.

원입골수

怨入骨髓

원망할 원　들 입　뼈 골　골수 수

원한이 뼈에 사무친다는 뜻으로
원한이 마음속 깊이 맺혀 잊을 수 없다

《史記》〈秦本記〉

춘추시대 진秦나라 목공穆公은 중신 백리해百里奚와 건숙蹇叔의 반대에도 불구하고 세 장군에게 정鄭나라를 치라고 명했다.

진나라 군사가 주周나라의 북문에 이르렀을 때 마침 이곳에 소를 팔러 온 정나라의 소 장수 현고弦高라는 자가 진나라 장군 앞으로 나아가 이렇게 말했다.

"정나라 주상主上께서는 장병들을 위로하시기 위해 소생에게 소 열두 마리를 전하라고 하셨습니다. 어서 거두어 주십시오."

이 말을 듣자 생각이 달라진 세 장군은 공격 목표를 바꾸어 진晉나라의 속령屬領인 활滑로 쳐들어갔다.

당시 진나라는 문공文公이 죽어 국상國喪 중에 있었으나 태자는 즉시 용장勇將을 파견하여 침략군을 섬멸했다. 포로가 된 세 장군은 태자 앞에 끌려 나왔다.

그러자 문공의 딸인 태자의 모후母后가 그들의 구명을 청원했다.

"저들을 죽이면 강국인 진나라 목공은 '원한이 뼈에 사무쳐怨入骨髓' 반드시 이 나라를 칠 것이오. 그러니 저들을 살려 보내는 게 좋겠소."

태자는 모후의 말을 옳게 여겨 세 장군을 모두 풀어 주었다.

우공이산

愚 公 移 山

어리석을 우 귀 공 옮길 이 메 산

우공이 산을 옮긴다는 뜻으로
어떤 큰일이라도 끊임없이 노력하면 반드시 이루어진다

《列子》〈湯問篇〉

먼 옛날 태행산太行山과 왕옥산王玉山 사이의 좁은 땅에 우공愚公이라는 90세 노인이 살고 있었다. 우공은 집 앞뒤를 가로막고 있는 두 산 때문에 큰 불편을 겪고 있었다.

어느 날 우공이 가족들을 모아놓고 말했다.

"나는 저 두 산을 깎아 평지로 만들고 싶다. 곧장 길을 내어서 자유롭게 왕래하고 싶은데 너희들 생각은 어떠하냐?"

그의 부인은 불가능하다고 하면서 반대했으나 다른 가족들이 모두 찬성했기 때문에 곧 공사에 착수했다. 이를 본 지수智叟라는 사람이 비웃으며 말했다.

"이름 그대로 우직하고 미련한 노인이구나."

이 소식을 들은 우공은 호탕하게 웃으며 말했다.

"하하하, 이것은 절대 불가능한 일이 아니다. 내가 이 공사를 다 못 마치고 죽으면 내 아들이 계속할 것이오, 그 아들이 죽으면 또 손자가 할 것이오, 또 그 손자의 아들이 계속해서 이 일을 할 것이다. 이와 같이 자자손손 일을 계속한다면 언젠가는 이 산을 평지로 만들 수 있을 것이다."

하늘에서 이 말을 들은 옥황상제는 우공의 끈기에 감동했다. 그래서 두 아들에게 명하여 각각 두 산을 업어 태행산은 삭동朔東 땅에, 왕옥산은 옹남雍南 땅에 옮겨 놓게 했다. 그래서 두 산이 있었던 기주冀州와 한수漢水 남쪽에는 현재 작은 언덕조차 없다고 한다.

월하빙인

月 下 氷 人

달 월 아래 하 얼음 빙 사람 인

월하로月下老와 빙상인氷上人이
합쳐진 것으로, 결혼 중매인을 일컫는다

《續幽怪錄》, 《晉書》〈索紞篇〉

위고韋固라는 젊은이가 여행을 하다가 '달빛 아래 한 노인月下老'이 손에 빨간 끈을 쥐고서 책을 읽는 것을 발견했다.

"어르신, 지금 무슨 책을 읽고 계시는 중입니까?"

"이 세상 혼사에 관한 책이라네. 이 책에 나와 있는 남녀를 이 빨간 끈으로 매어놓으면 아무리 나쁜 궁합이라도 반드시 혼인하게 된다네."

호기심이 많은 위고가 되물었다.

"그리하다면 소인의 짝은 지금 어디에 있사옵니까?"

"자네의 짝은 성 북쪽에서 채소를 팔고 있는 진이라는 어린아이일세."

이 말을 들은 위고는 몹시 기분이 상해 노인 곁을 떠났다.

그로부터 14년이 흐른 후 벼슬길에 나아간 위고는 그곳 태수太守의 딸과 결혼을 했다. 어느 날 위고가 부인의 신상에 대해 묻자 그녀는 다음과 같이 대답했다.

"저는 사실 태수 님의 친딸이 아니라 양녀이옵니다. 친아버지가 일찍 돌아가셨지요. 하지만 마음씨 착한 유모가 성 북쪽 거리에서 채소 장사를 하면서 저를 정성스레 길러주었지요."

영고책令孤策이라는 사람이 얼음 위에 서서 얼음 밑에 있는 사람과 이야기하는 꿈을 꾸었다. 꿈이 심상치 않음을 느낀 그는 색탐索耽이라는 점쟁이를 찾아가 해몽을 부탁했다.

"얼음 위는 곧 양陽이요, 얼음 밑은 음陰이네. '얼음 위에 있는 그대氷上人'가 결혼 중매를 서게 될 조짐이오. 중매를 맡을 시기는 얼음이 녹는 봄철이라네."

과연 그는 얼마 되지 않아 태수의 부탁을 받고 그의 아들을 중매 서서 결혼을 성사시켰다.

월단평

月 旦 評

달 월 아침 단 평론할 평

'매달 첫날의 평'이라는 뜻으로
인물에 대한 비평을 말한다

《後漢書》〈許劭傳〉

후한 말, 여남汝南 땅에 허소許劭와 그의 사촌 형 허정許靖이라는 두 명사가 살고 있었다. 이 두 사람은 매달 첫날月旦이면 허소의 집에서 당시에 두각을 나타내는 인물들을 추려 비평하였는데 그 비평이 매우 적절했다.

이렇게 그들의 평판은 소문이 나기 시작했고, 어느새 '여남의 비평'이라 불리며 많은 사람이 이 비평을 들으려고 몰려들었다.

그중에는 조조曹操도 포함되어 있었다. 조조는 그들에게 자신에 대한 평을 해 달라고 부탁했다. 하지만 조조의 성격이 괴팍할 뿐만 아니라 무척 난폭하다는 것을 잘 알고 있던 허소와 허정은 그의 요구에 선뜻 응하기가 어려웠다. 하지만 조조가 재차 재촉하자 허소는 마지못해 입을 열었다.

"그대는 태평한 세상에서는 유능한 관리가 될 것이오. 하지만 어지러운 세상에서는 간웅奸雄이 될 인물이외다."

이 말을 듣고 조조는 크게 기뻐했다. 그리고 난을 일으킨 황건적을 치기 위해 군사를 일으켰다.

의심암귀

疑心暗鬼

의심할 의 마음 심 어두울 암 귀신 귀

의심하는 마음이 있으면 있지도 않은
귀신이 나올 것 같이 느껴진다는 뜻으로
마음속에 의심이 생기면 갖가지 무서운 망상이 잇따라 일어난다

《列子》〈說符篇〉

옛날에 한 사람이 소중히 아끼던 도끼를 잃어버렸다. 그는 여러 곳을 뒤져 도끼를 찾아보았지만 결국 도끼를 찾지 못했다. 도둑맞은 게 틀림없다고 생각한 그는 아무래도 이웃집 아이가 수상쩍었다.

"아무래도 저놈이 내 도끼를 훔쳐 간 것이 분명해. 길에서 마주쳤을 때도 슬금슬금 도망가는 듯했고, 나를 대하는 태도나 말투도 어색하단 말이야."

이렇게 믿고 있던 어느 날이었다.

그는 잠을 자다가 문득 지난번에 나무하러 갔다가 도끼를 놓고 온 일이 생각났다. 그래서 다음 날 새벽에 당장 달려가 보니 도끼는 산에 그대로 있었다.

집에 돌아와서 이웃집 아이를 본 그는 이번에는 그 아이의 행동거지가 별로 수상하지 않았다.

읍참마속

泣 斬 馬 謖
울 읍 벨 참 말 마 일어날 속

울면서 마속을 벤다는 뜻으로
큰 목적을 위해서 자기가 아끼는 사람을 가차 없이 버린다

《三國志》〈蜀志 諸葛亮傳〉

삼국시대 초엽의 일이다.

가정街亭이라는 곳은 유비군의 후방 보급로로 이곳을 잃으면 중원 진출의 웅대한 계획이 물거품 되는 중요한 요지였다. 하지만 그곳을 맡길 장수가 마땅치 않아 제갈량은 고민을 하고 있었다.

그때 마속馬謖이 나서며 말했다.

"제가 그곳을 한번 맡아보겠습니다."

마속은 제갈량과 두터운 사이인 마량馬良의 동생으로 평소에 제갈량이 아끼던 장수였다. 하지만 꾀가 많기로 소문난 사마의와 대결하기에는 아직 어리다고 판단한 제갈량은 망설이기 시작했다.

"이 마속을 부디 보내주시옵소서. 저는 몇 년 동안 많은 전쟁을 겪어왔습니다. 어찌 그 가정 하나를 지켜내지 못하겠습니까?"

"………."

"만약 이 마속이 패하면 저는 물론이거니와 일가권속一家眷屬까지 참형을 당해도 결코 원망하지 않겠습니다."

결의에 찬 마속의 말을 들은 제갈량이 명령을 내렸다.

"네 뜻이 그러하다니 어쩔 수가 없구나. 허나 군대의 율법에는 두말이 없다는 것을 명심하거라."

이렇게 하여 가정을 맡게 된 마속은 그만 한순간의 실수로 인해 용장 장합張郃에게 참패하고 말았다.

이 소식을 들은 제갈량은 마속에게 중책을 맡겼던 것을 크게 후회했다. 군율을 어긴 그를 참형에 처하지 않을 수 없었기 때문이었다.

드디어 마속이 처형되는 날이 왔다. 때마침 성도에서 연락관으로 와 있던 장완張琬이 이 소식을 듣고 달려와 제갈량에게 간했다.

"마속 같은 유능한 군사를 잃는 것은 나라의 큰 손실입니다. 부디 다시 한번 생각해 주시기를 바랍니다."

제갈량은 안타깝다는 듯이 말했다.

"마속은 정말 아까운 장수다. 하지만 사사로운 정에 이끌리어 군율을 저버리는 것은 마속이 지은 죄보다 더 큰 죄가 되니, 아끼는 사람일수록 가차 없이 처단하여 이 나라의 기틀을 바로 잡아야 하네."

이리하여 마속은 참형에 처해졌다. 이 소식을 들은 제갈량은 소맷자락으로 얼굴을 가리고 마룻바닥에 엎드려 울었다.

이목지신

移木之信

옮길 이 나무 목 갈 지 믿을 신

위정자가 나무 옮기기로 백성들을 믿게 한다는 뜻으로
약속을 지킴을 말한다

《史記》〈商君列傳〉

진秦나라 때, 상앙商鞅이라는 명재상이 있었다.

한번은 그가 법률을 제정해 놓고 즉시 공포하지 않았다. 백성들이 믿어줄지 그것이 궁금했기 때문이다. 그래서 그는 남문에 커다란 나무를 세워놓고 다음과 같이 써 붙였다.

"이 나무를 북문으로 옮겨놓는 사람에게는 십 금十金을 주리라."

그러나 아무도 옮기려 하는 사람이 없었다. 그래서 오십 금五十金을 주겠다고 써 붙였더니 이번에는 옮기는 사람이 있었다. 상앙은 즉시 약속대로 오십 금을 주었다. 그리고 법령을 공포하자 백성들은 조정을 믿고 법을 잘 지켰다고 한다.

인생조로

人生朝露

사람 인 살 생 아침 조 이슬 로

인생은 아침 이슬과 같이 덧없다

《漢書》〈蘇武傳〉

전한 무제武帝 때의 일이다. 소무蘇武라는 장군이 포로 교환차 사절단을 이끌고 흉노의 땅에 들어갔다. 그런데 마침 그들의 내란에 말려 잡히는 신세가 되고 말았다. 흉노의 우두머리인 선우單于는 그에게 항복하면 부귀영화를 누리게 해 주겠다고 설득했다.

"죽어도 그리는 하지 못한다."

소무의 대답에 선우가 할 수 없다는 듯이 말했다.

"그럼 어쩔 수가 없구나. 그렇다면 숫양이 새끼를 낳으면 너를 풀어 주겠노라."

이리하여 소무는 북해변으로 추방되어 들쥐와 풀뿌리로 간신히 목숨을 유지하며 지내게 되었다. 그러던 어느 날 고국의 친구인 이릉李陵 장군이 찾아왔다.

이릉 또한 흉노와 싸우다가 포로가 된 것이었다. 하지만 끝까지 항복하지 않은 소무와는 달리 이릉은 선우의 빈객으로 후대를 받아 항장降將이 되었다. 이 사실이 부끄러워 감히 소무를 찾지 못하다가 이번에 선우의 부탁으로 먼 길을 달려온 것이다. 이릉은 주연을 베풀어 소무를 위로하면서 말했다.

"이보게, 이만 돌아가세나. 선우가 자네를 데려오면 부귀영화를 누리게 해 주겠다고 약속했네. 이제 그만 고생하고 나와 함께 돌아가세. 어차피 '인생은 아침 이슬과 같은 것人生如朝露'이 아니겠는가?"

하지만 소무는 친구인 이릉의 제안 또한 거절했다. 소무의 굳은 충심을 확인한 이릉은 고개를 숙이며 혼자 돌아갔다.

그 후 소무는 무제의 아들인 소제昭帝가 파견한 특사의 지혜로운 행동으로 인해 다시 고국 땅을 밟게 되었다. 실로 가슴 벅찬 19년 만의 귀국이었다.

일망타진

一網打盡

한 일 그물 망 칠 타 다할 진

한 번 그물을 쳐서 물고기를 전부 잡는다는 뜻으로
범인들이나 어떤 무리를 한꺼번에 모조리 잡아들인다

《宋史》〈人宗紀〉, 《東軒筆錄》

북송北宋 4대 황제인 인종仁宗은 어진 임금이었다. 당시에는 임금이 대신들과 상의하지 않고 어떠한 의견을 내면 곧바로 시행하게 되는 관례가 있었는데 그것을 내강內降이라 했다.

하지만 새로 재상이 된 강직한 성격의 두연杜衍은 이것이 불만이었다.

"내강의 관행은 바른 정치를 가로막는 것이다. 나는 이를 따를 수가 없다."

두연은 임금의 명령문을 시행하지 않고 그대로 가지고 있다가 10여 통쯤이 모이면 그대로 황제에게 돌려보내곤 했다. 이러한 두연의 소행은 함부로 임금의 명령을 어기는 것이라고 해서 많은 비난을 받게 되었다.

그런데 마침 그때 공교롭게도 관직에 있던 두연의 사위인 소순흠蘇舜欽이 공금을 유용하는 부정을 저지른 사건이 일어났다.

그러자 평소에 두연에 대해 감정이 좋지 않았던 어사御史 왕공진王拱辰이 소순흠을 엄하게 문책했다. 그런데 소순흠을 문책해 보니 의외로 많은 공범자가 연루되어 있었다.

왕공진은 연루자를 모두 가둔 뒤 두연에게 이렇게 보고했다.

"범인들을 '일망타진一網打盡'했습니다."

이 사건으로 말미암아 그 유명한 두연도 재임 70일 만에 재상직에서 물러나고 말았다.

전전긍긍

戰戰兢兢

싸울 전 싸울 전 조심할 긍 조심할 긍

두려워서 벌벌 떨며 조심하는 모양

《詩經》〈小雅篇〉

중국에서 가장 오래된 시집인 《시경詩經》의 〈소아편小雅篇〉 중 '소민小旻'이라는 시의 마지막 구절에는 다음과 같은 내용이 실려 있다.

감히 맨손으로 범을 잡지 못하고 不敢暴虎
감히 걸어서 강을 건너지 못한다 不敢憑河
사람들은 그 하나는 알고 있지만 人知其一
그 밖의 것은 전혀 알지 못하네 莫知其他
두려워서 벌벌 떨며 조심하기를 戰戰兢兢
마치 깊은 연못에 임하듯 하고 如臨深淵
살얼음을 밟고 가듯 하네 如履薄氷

절차탁마

切 磋 琢 磨

끊을 절 찬탄할 차 쫄 탁 갈 마

돌을 닦아서 빛을 낸다는 뜻으로
학문이나 기예를 힘써 수양한다

《論語》〈學而篇〉, 《詩經》〈衛風篇〉

공자의 제자 중에서 자공子貢은 그 언변과 재기가 뛰어나 많은 사랑을 받고 있었다.

하루는 자공이 공자에게 질문했다.

"스승님, 가난하더라도 남에게 아첨하지 않으며 부자가 되어서도 겸손한 사람이 있다면 그 사람은 대체 어떤 사람일까요?"

"좋은 사람이다. 하지만 가난하면서도 도를 즐기고 부자가 되더라도 예를 좋아하는 사람만은 못하느니라."

"《시경》에 이르기를 '선명하고 아름다운 군자는 뼈나 상아를 잘라서 줄로 간 것切磋처럼, 또한 옥이나 돌을 쪼아서 모래로 닦은 것研磨처럼 밝게 빛나는 것 같다'고 하였는데 이는 선생님이 말씀하신 '수양에 수양을 쌓아야 한다.'는 것을 말하는 것이옵니까?"

"자공아, 기특하도다. 과거의 것을 알려주면 미래의 것을 안다고 했다. 너야말로 하나를 가르쳐 주면 둘을 알 수 있는 인물이구나."

정중지와

井 中 之 蛙

우물 정 가운데 중 갈 지 개구리 와

우물 안 개구리라는 뜻으로 식견이 좁다

《後漢書》〈馬援傳〉, 《莊子》〈秋水篇〉

신新나라 말경, 마원馬援이라는 인재가 있었다. 그는 출세한 형들과는 달리 관리가 되지 않고 고향에서 조상의 묘를 지켰다. 그러다가 외효隗囂라는 자의 부하가 되었다

그 무렵 공손술公孫述이라는 자가 나라를 세우고 황제를 사칭하며 세력을 키워나가고 있었다. 외효는 공손술이 어떤 인물인지 알아보기 위해 그와 같은 고향 친구인 마원을 보냈다. 마원은 자신을 반갑게 맞이할 줄 알았던 공손술이 계단 아래 무장한 군사들을 도열시켜 놓고 위압적인 자세로 자신을 맞이하자 몹시 기분이 상했다.

공손술은 거드름을 피우며 말했다.

"옛정을 생각해 자네를 장군으로 임명하고 싶은데 어떤가?"

하지만 마원은 공손술의 제의를 거절했다. 그리고 서둘러 외효에게 가서 고했다.

"천하의 패권은 아직 결정되지 않았는데 공손술은 예를 다하여 천하의 인재를 맞으려 하지 않고 허세만 부렸습니다. 이런 자는 결코 천하를 도모할 수가 없을 것입니다. 공손술은 그저 좁은 땅에서 허세만 부리는 재주밖에 없는 '우물 안 개구리井中之蛙'였습니다."

조강지처

糟 糠 之 妻

술지게미 조 겨 강 갈 지 아내 처

술지게미와 겨를 함께 먹으면서
동고동락했던 아내

《後漢書》〈宋弘傳〉

후한 광무제光武帝 때의 일이다. 광무제는 미망인이 된 누나인 호양 공주湖陽公主를 불렀다. 자신의 신하 중 누구를 마음에 두고 있는지 알고 싶어서였다.

"나는 당당한 풍채와 덕성을 지닌 대사공大司空 송홍宋弘이 마음에 들더라."

그 후 광무제는 호양 공주를 병풍 뒤에 앉혀놓고 송홍과 이런저런 이야기를 나누던 끝에 이런 질문을 했다.

"사람들은 높은 자리에 오르면 친구를 바꾸고, 부유해지면 함께 즐거워하고 괴로워했던 아내를 버린다고 했소. 이는 인간이라면 누구나 그러하지 않겠는가?"

그러자 송홍이 대답했다.

"폐하, 황공하옵게도 신은 '가난하고 천할 때의 친구는 잊지 말아야 하며貧賤之交 不可忘, 술지게미와 겨로 끼니를 이을 만큼 구차할 때 함께 고생했던 아내는 버리지 말아야 한다糟糠之妻 不下堂'고 들었사옵니다. 이것이 바로 인간 된 자의 도리가 아니겠습니까."

이 말을 들은 광무제와 호양 공주는 크게 실망했다.

'송홍의 뜻이 저리하다면 누나를 재가시키는 것은 어렵겠다.'

조삼모사

朝 三 暮 四

아침 조 석 삼 저물 모 넉 사

아침에 세 개 저녁에 네 개라는 뜻으로
간사한 잔꾀로 남을 속여 희롱하다

《列子》〈黃帝篇〉, 《莊子》〈齊物論〉

송宋나라에 저공狙公이라는 사람이 있었다. 그는 원숭이들을 자신의 친자식보다 더 사랑하여 많은 원숭이들을 기르고 있었다. 하지만 날로 늘어만 가는 원숭이들에게 일일이 먹이를 주는 것이 좀처럼 쉽지 않았다.

생각다 못한 저공은 원숭이들에게 나누어 줄 먹이를 줄이기로 했다. 그러나 먹이를 줄이면 원숭이들이 자기를 싫어할 것 같아 그는 우선 원숭이들에게 이렇게 말했다.

"너희들에게 나누어 주는 도토리를 앞으로는 '아침에 세 개, 저녁에 네 개朝三暮四'씩 줄 생각인데 어떠냐?"

그러자 원숭이들은 소리를 지르며 마구 화를 내었다.

'옳지. 도토리 세 개로는 배가 고프다는 말이구만.'

저공은 다시 원숭이들에게 말했다.

"그럼, '아침에 네 개, 저녁에 세 개朝四暮三'씩 주겠다."

그러자 원숭이들은 모두 기뻐했다.

좌단

左 袒

왼좌 옷벗어멜단

웃옷의 왼쪽 어깨를 벗는다는 뜻으로
남에게 편들어 동의함을 이르는 말

《史記》〈呂后本記〉

유방劉邦의 황후인 여태후呂太后가 죽자 이제까지 그녀의 위세에 눌려 아무 말도 하지 못하고 있었던 유씨劉氏 일족과 고조의 유신들은 외척인 여씨呂氏 타도에 나섰다.

그간 주색에 빠진 것처럼 가장했던 진평陳平은 주발周勃과 상의하여 우선 여록呂祿으로부터 상장군의 인수印綬를 회수하기로 했다. 마침 어린 황제를 보필하는 역기가 여록과 친한 사이임을 안 진평은 그를 여록에게 보냈다. 역기는 여록을 찾아가 황제의 뜻이라 속이고 상장군의 인수를 회수해 왔다.

그러자 주발은 즉시 북군의 병사들을 모아 놓고 말했다.

"원래 한실漢室의 주인은 유씨이다. 그런데 여씨가 유씨를 누르고 실권을 장악하고 있으니 이는 한실의 불행이다. 이제 나는 천하를 바로 잡으려고 한다. 여기서 여씨에게 충성하려는 자는 우단右袒하고, 나와 함께 유씨에게 충성하려는 자는 좌단左袒하라."

그러자 모든 군사가 좌단하고 유씨에게 충성할 것을 맹세했다. 이리하여 천하는 다시 유씨에게로 돌아갔다.

주지육림

酒池肉林

술주 못지 고기육 수풀림

술로 연못을 이루고 고기로 숲을 이룬다는 뜻으로
대단히 호사스럽고 방탕한 주연을 말한다

《史記》〈殷本紀〉, 《帝王世紀》〈十八史略〉

상商나라의 마지막 군주인 주왕紂王은 본래 지혜와 용기를 겸비한 현명한 임금이었다. 하지만 달기라는 요부에 빠져 그만 극악무도한 폭군이 되고 말았다. 그는 잔혹한 형벌을 고안해 내어 자신을 반대하는 관리나 백성들을 불에 태워 죽였다.

그는 또한 향락을 위하여 높이가 천 척千尺에 달하고 둘레가 삼 리三里나 되는 궁전을 만들도록 명령하고, 수많은 백성을 동원하여 7년 동안 노역시켰다.

궁전이 완성되자 주왕은 미녀들을 모아 자신의 쾌락을 위한 도구로 삼았다. 이것으로도 부족했던 그는 '술로 연못을 만들고 고깃덩이를 걸어 숲을 이루게以酒爲池, 懸肉爲林' 했다. 또한 많은 젊은 남녀들로 하여금 발가벗고 서로 희롱하고, 음탕한 음악과 음란한 춤을 추게 하며 이러한 광란의 잔치를 감상하였다.

이렇게 폭군으로 악명을 떨치던 주왕도 결국 걸왕의 전철을 밟아 주周나라 시조인 무왕武王에게 멸망당하고 말았다.

죽마고우

竹馬故友

대나무 죽 말 마 옛 고 벗 우

어릴 때 대나무로 만든 말을 타면서 함께 놀던 친구

《世說新語》〈品藻篇〉, 《晉書》〈殷浩傳〉

진晉나라 12대 황제인 간문제簡文帝 때의 일이다.

촉蜀 땅을 평정하고 돌아온 환온桓溫의 세력이 날로 커지자 간문제는 환온을 견제하기 위해 은호殷浩라는 은사隱士를 양주자사揚州刺史에 임명했다. 그는 환온의 어릴 때 친구로서 학식과 재능이 뛰어난 인재였다.

하지만 은호가 벼슬길에 나서서 자신을 견제하리라는 소식을 접한 환온은 그를 적으로 여기기 시작했다.

그러자 이를 안타깝게 지켜보던 왕희지王羲之가 그들을 화해시키려고 노력했지만 두 사람의 사이는 좀처럼 좋아지지 않았다.

그 무렵 천하는 더욱 어지러워져 전쟁이 계속되었다.

중원장군에 임명된 은호는 군사를 이끌고 전쟁터에 나갔으나 도중에 말에서 떨어지는 바람에 제대로 싸우지도 못하고 돌아왔다. 이를 지켜보던 환온은 기다렸다는 듯이 은호를 규탄하는 상소문을 올렸다.

결국 은호는 환온이 올린 상소문 때문에 변방으로 귀양을 갔다.

환온은 사람들에게 이렇게 말했다.

"은호는 나와 '어릴 때 같이 죽마를 타고 놀던 친구竹馬故友'였지만 내

가 죽마를 버리면 은호가 늘 가져가곤 했지. 그러니 그가 내 밑에서 머리를 숙여야 하는 것은 당연한 일이 아닌가."

환온이 끝까지 용서를 해 주지 않아 은호는 결국 변방의 귀양지에서 생애를 마쳤다.

준조절충

樽 俎 折 衝

술통 준　도마 조　꺾을 절　충돌할 충

술자리에서 부드러운 이야기로 적의 창끝을 막는다는 뜻으로
외교를 비롯하여 그 밖의 교섭에서
유리하게 담판 짓거나 흥정함을 이르는 말

《晏子春秋》〈內篇〉

춘추시대, 제齊나라에 안영晏嬰이라는 재상이 있었다. 그는 3대의 임금에 걸쳐 재상을 지낸 온후박식溫厚博識한 인물이었다. 또한 여우 겨드랑이의 흰 털가죽으로 만든 호구狐裘를 30년 동안이나 입었을 정도로 검소한 청백리이기도 했다.

한번은 경공이 큰 식읍食邑 : 나라에서 공신에게 조세를 개인이 받아쓰도록 내려준 고을을 하사하려 하자 그는 한사코 사양했다.

"욕심이 날로 번성하면 곧 망할 날이 가까워지는 법입니다."

안영이 살던 춘추시대에는 대국만 해도 12개국, 소국까지 세면 100개국이 넘었다. 안영은 이들 나라를 상대로 빈틈없는 외교 수완을 발휘하여 제나라의 지위를 견고하게 만들었다.

그의 언행을 수록한《안자춘추晏子春秋》에는 안영의 외교 수단에 대해 이렇게 말한다.

'술통과 도마 사이樽俎間 : 술자리를 나가지 아니하고 천 리 밖에서 절충折衝한다 함은 안자를 두고 하는 말이다.'

중과부적

衆寡不敵

무리 중 적을 과 아니 부 대적할 적

적은 수로는 많은 수에 맞서지 못한다

《孟子》〈梁惠王篇〉

전국시대, 제국을 돌며 왕도론王道論을 펴던 맹자가 제齊나라 선왕宣王에게 들렀을 때 이런 말을 했다.

"전하는 스스로 안일한 생활과 안이한 정치를 하시면서 어찌 나라를 강하게 하고 천하를 다스리려 하십니까?"

"아니. 내 행동이 그리 안이해 보인단 말이오?"

"그러하옵니다. 전하께서는 만일, 지금 추鄒나라와 초楚나라가 싸우면 어느 쪽이 이기리라고 생각하십니까?"

"그야. 물론 대국인 초나라가 이길 것이오."

"그렇습니다. 소국은 대국을 이길 수 없고 '소수는 다수를 대적하지 못하며衆寡不敵' 약자는 강자에게 질 수밖에 없습니다. 지금 천하에는 아홉 나라가 있는데, 제나라는 그중 하나일 뿐입니다. 한 나라가 나머지 여덟 나라를 굴복시키려 하는 것은 소국인 추나라가 대국인 초나라를 이기려 하는 것과 어찌 다르겠습니까?"

그러고는 왕도론을 얘기했다.

"왕도로써 백성을 다스리신다면 그들은 모두 전하의 덕에 기꺼이 순종하고 따를 것이며, 천하도 전하의 뜻에 따라 움직일 수 있을 것입니다."

중석몰촉

中石沒鏃

가운데 중 돌 석 잠길 몰 화살 촉

쏜 화살이 돌에 깊이 박혔다는 뜻으로
무슨 일이든지 정신을 집중해서 전력을 다하면 성공할 수 있다

《史記》〈李將軍傳〉, 《韓詩外傳》〈卷六〉

전한前漢 문제文帝 때, 용맹하기로 이름난 이광李廣이라는 장군이 있었다.

그는 특히 활을 잘 쏘고, 말을 잘 타기로 유명했다. 그는 흉노를 크게 무찔러 공을 세웠고, 사냥에서 큰 호랑이를 잡아 사람들을 놀라게 하기도 했다.

그가 국경의 수비대장으로 활동할 때는 국경 부근의 흉노들을 토벌했는데, 언제나 이기는 장군으로 이름을 날렸다. 그래서 흉노들은 그를 '비장군飛將軍'이라 부르며 두려워했다.

어느 날, 해 질 무렵에 들판을 지나던 그는 어둠 속에 웅크리고 있는 호랑이 한 마리를 발견했다. 그는 정신을 집중하고 한 번에 호랑이를 죽이겠다는 각오로 활을 당겼다. 화살은 명중했다.

그런데 화살을 맞은 호랑이가 꿈쩍도 하지 않았다. 이상히 여겨 가까이 가보니 그가 쏜 화살은 돌 속 깊이 박혀 있었다.

그는 처음의 자리로 돌아와 좀 전과 같이 다시 활을 쏘았다. 그러나 화살은 돌에 명중하기는 했지만 그대로 튀어 올랐다. 아까처럼 정신을 집중하지 않았기 때문이었다.

求相一之牛 狗擊安阿不李之彌相腹一無一重夜撫之
舟膽坤兔遠口肋鳴腹枕學猶田鮑日目蜜牛士鷄土衣盲人
刻肝乾犬敬鷄鷄鷄鼓高曲過瓜管曠刮口九國群捲錦群杞

故事成語

중원축록

中原逐鹿

가운데 중 들 원 쫓을 축 사슴 록

중원의 사슴을 쫓는다는 뜻으로
제왕의 지위를 얻고자 다투는 일
또는 서로 경쟁하여 어떤 지위를 얻고자 하는 일

《史記》〈淮陰侯列傳〉

한漢 고조高祖 때, 조趙나라 재상이었던 진희陳豨가 반란을 일으키자 고조는 군사를 이끌고 그들을 치러 나섰다. 그 사이에 진희와 한 패인 한신韓信이 장안長安에서 반란을 꾀했다. 그러나 그 일은 사전에 발각되어 한신은 여후呂后와 재상 소하蕭何에게 죽임을 당했다. 반란군을 진압하고 돌아온 고조가 여후에게 물었다.

"한신이 죽기 전에 한 말은 없는가?"

"괴통蒯通의 말을 들었더라면, 하면서 분하다고 했습니다."

괴통은 제齊나라 사람으로 고조 유방이 항우와 천하를 다투고 있을 때, 한신에게 독립을 권유한 말주변이 매우 탁월한 사람이었다. 고조 앞에 끌려온 괴통은 조금도 두려워하지 않고 당당하게 말했다.

"한신이 만일 제 말을 들었더라면 지금 폐하의 힘으로도 어쩌지 못했을 것입니다."

고조는 화가 나 괴통을 당장 삶아 죽이라는 명령을 내렸다.

그러자 괴통이 말했다.

"폐하. 저는 죽을죄를 지은 적이 없습니다. 진秦나라가 기강이 무너지고 천하가 어지러워지자 곳곳에서 영웅호걸들이 들고일어났습니다.

이는 진나라가 사슴鹿 : 帝位을 잃자, 모두가 쫓았던逐 것입니다. 그 가운데 가장 용맹한 걸물傑物 : 고조, 유방을 가리킴이 사슴을 잡았습니다. 옛날 '대악당 도척盜跖의 개가 성군聖君인 요堯임금을 보고 짖었다跖狗吠堯'고 하지만, 요 임금이 나쁜 사람이라 짖은 것은 아닙니다. 개는 원래 주인이 아니면 짖는 법입니다. 당시 저는 한신만 알고 폐하는 몰랐습니다. 그래서 짖었을 뿐입니다. 그런데 천하가 평정된 지금, 예전의 폐하처럼 천하를 차지하고자 한 것이 어찌 죄가 되겠습니까?"

괴통의 달변을 들은 고조는 그를 그냥 놓아주었다.

지록위마

指鹿爲馬

손가락 지 사슴 록 위할 위 말 마

사슴을 가리켜 말이라고 한다는 뜻으로, 윗사람을 농락하여
마음대로 휘두르거나 모순된 것을 끝까지 우겨 남을 속이려는 행위

《史記》〈秦始皇本紀〉

진秦나라 시황제가 죽자, 환관인 조고趙高는 거짓 조서詔書로 태자 부소扶蘇를 죽게 하고, 어린 호해胡亥를 2대 황제로 앉혔다.

조고는 어리석고 국정에는 관심이 없는 호해를 조종하여 자신을 탐탁지 않게 여기는 많은 신하를 죽이고 승상이 되어 실권을 장악했다.

그러고는 자신이 직접 황제의 자리에 오르려는 야심을 가졌다.

어느 날, 그는 자기편과 반대편을 가려내기로 하고, 호해에게 사슴을 바치면서 말했다.

"이 말馬을 폐하께 바칩니다."

"아니, 승상! 어째서 이것을 말이라고 합니까? 이것은 분명 사슴입니다. '사슴을 가지고 말이라고 하다니指鹿爲馬.'"

"그러면 신하들에게 물어보시지요, 이게 사슴인지, 말인지?"

"좋소이다. 경들은 이것이 무엇처럼 보이오?"

어린 황제의 물음에 조고를 두려워한 대부분의 신하는 말이라고 대답했다. 하지만 몇몇 신하는 사슴이라고 직언했다.

조고는 말이 아니라고 대답한 신하는 기억해 두었다가 죽여 버렸다.

그 뒤로는 조고가 무서워 그가 하는 일에는 의견을 말하는 사람이 하

나도 없었다.

천하는 곧 혼란에 휩싸이기 시작했다. 각처에서 진나라 타도의 반란이 일어났기 때문이다.

그중 항우와 유방의 군사가 도읍 함양咸陽을 향해 진격해 오자, 조고는 호해를 죽이고 부소의 아들 자영子嬰을 3대 황제로 삼았다. 그러나 이번에는 조고 자신이 자영에게 죽임을 당했다

지어지앙

池魚之殃

못지 고기어 갈지 재앙앙

연못 속 물고기의 재앙이라는 뜻으로
재난이 엉뚱한 곳으로 미칠 때 쓰는 말이다

《呂氏春秋》〈必己篇〉

춘추시대 송宋나라에 환퇴桓魋라는 벼슬아치가 있었다. 그에게는 세상에서 가장 진귀하다는 보석이 있었다. 어느 날 죄를 지어 벌을 받게 된 환퇴는 보석을 가지고 몰래 도망을 쳤다.

환퇴의 보석이 탐났던 왕은, 믿을 만한 환관에게 환퇴를 붙잡아 보석을 찾아오라고 명령했다. 명령을 받은 환관이 우여곡절 끝에 환퇴를 찾아냈다.

"그 보석은 지금 어디에 있느냐?"

환퇴는 기다렸다는 듯이 대답했다.

"그것은 내가 도망쳐 나오면서 궁궐 안 연못 속에 던져 버렸소이다."

환관이 이 사실을 보고하자, 왕은 당장 신하들을 시켜 연못 바닥을 샅샅이 훑어보게 했다. 그러나 아무리 그물질을 해도 보석은 나오지 않았다.

그러자 왕은 연못의 물을 다 퍼내고, 밑바닥까지 샅샅이 뒤지게 했다. 이번에도 보석은 발견되지 않았다. 하지만 연못의 물을 다 퍼내는 바람에 애꿎은 물고기들만 죽어 버렸다.

창업수성

創 業 守 成

시작할 창 업 업 지킬 수 이룰 성

시작하는 것보다 이룬 것을 지키기가 더 어렵다

《唐書》〈房玄齡傳〉, 《貞觀政要》〈君道篇〉, 《資治通鑑》

당唐 태종太宗 이세민은 사치를 경계하고, 국토를 넓혔으며, 민생 안정을 위한 제도를 정착시키고, 널리 인재를 등용하여 학문과 문화 발전을 위해 힘썼다. 즉, 후세의 군왕들이 본보기로 삼는 성대盛代를 이룬 것이다. 이를 두고 '정관의 치貞觀之治'라 한다.

'정관의 치'가 가능했던 것은 결단력과 기획력이 뛰어나며, 강직한 여러 신하를 고루 두고 있었기 때문이기도 했다. 즉, 두여회杜如晦, 방현령房玄齡, 위징魏徵 등과 같은 신하들이 태종을 잘 보필했던 것이다.

어느 날, 태종은 이들 신하가 모인 자리에서 이런 질문을 했다.

"창업과 수성 중 어느 쪽이 어렵다고 생각하오?"

방현령이 대답했다.

"창업은 천하가 어지러울 때 많은 영웅과 다투어 이를 물리쳐야만 이룰 수 있는 것이므로, 창업이 더 어렵습니다."

그러나 위징은 다른 대답을 했다.

"임금의 자리는 어렵게 얻는 것입니다. 그러나 안일安逸하면 쉽게 잃게 됩니다. 그만큼 수성이 더 어렵습니다."

그러자 태종이 말했다.

"방공房公은 나를 따라 천하를 평정하는 일에 참가하여, 몇 번이나 목숨을 잃을 뻔한 경험을 했소. 그래서 창업이 어렵다고 했을 것이오. 또 위공魏公은 나와 함께 나라의 인정을 위해 노력하고 있기 때문에, 교만하고 사치하면 나라가 위기에 빠질까 걱정하고 있소. 그래서 수성이 어렵다고 했을 것이오. 그러나 이제 창업의 어려움은 끝났으니 앞으로는 그대들과 함께 수성에 힘써 볼까 하오."

천려일실

千 慮 一 失

일천 천 생각할 려 한 일 잃을 실

천 가지 생각 가운데 한 가지 실수라는 뜻으로
지혜로운 사람이라도 많은 생각을 하다 보면
한 번쯤은 실수가 있을 수 있다

《史記》〈淮陰侯列傳〉

한나라 한신韓信이 조趙나라로 쳐들어가면서 군사들에게 큰 소리로 말했다.

"적장 이좌거李左車를 반드시 사로잡으라!"

지덕知德을 갖춘 이좌거를 자기편으로 만들고 싶었기 때문이었다. 결국 조나라는 크게 패했고, 이좌거는 포로가 되어 한신에게 끌려갔다. 한신은 이좌거에게 주연을 베풀며, 한나라의 천하통일에 걸림돌이 되는 연燕나라와 제齊나라를 공격할 방법을 물었다. 그러나 이좌거는 '패한 장수는 병법을 말하지 않는다敗軍將 兵不語'며 말하기를 거절했다. 한신이 거듭 청하자 그는 이렇게 말했다.

"제가 듣기로는 '지혜로운 사람이라도 많은 생각을 하다 보면 반드시 한 번쯤은 실수가 있다智者千慮 必有一失'고 했습니다. 그러니, 제 생각 가운데 하나라도 얻을 게 있으시다면 다행일 것입니다."

그 후 이좌거는 한신을 도와 큰 공을 세웠다.

철면피

鐵 面 皮

쇠 철 낯 면 가죽 피

얼굴에 철판을 깐 듯
수치스러움을 모를 정도로 뻔뻔한 사람

《北夢瑣言》

왕광원王光遠이라는 사람이 있었다. 그는 출세욕이 지나쳐 높은 벼슬아치들 앞에서는 지나치게 아첨하며 잘 보이려고 했다. 아첨할 때 그는 주변 사람들을 의식하지 않았고, 벼슬이 높은 상대가 아무리 무식한 짓을 해도 그냥 웃어넘기곤 했다. 그러다 한번은 높은 벼슬에 있던 사람이 술에 취하여 매를 들고 이렇게 말했다.

"자네를 때려주고 싶은데, 맞아 보겠는가?"

"대감이 때리신다면 기꺼이 맞겠습니다."

그러자 그는 사정없이 왕광원을 때렸다. 그런데도 왕광원은 전혀 화를 내지 않았다.

같이 있었던 친구가 왕광원을 질책하며 말했다.

"자네는 쓸개도 없나? 많은 사람 앞에서 그토록 매를 맞으며 모욕을 당하고도 어찌 그리 태연할 수 있는가?"

"그런 사람에게 잘 보이면 나쁠 게 있겠나?"

기가 막힌 친구는 입을 다물어 버렸다.

당시 사람들은 이를 두고 "광원의 낯가죽은 두껍기가 '열 겹의 철갑鐵甲'과 같다."고 했다.

청출어람

靑出於藍

푸를 청 날 출 어조사 어 쪽 람

쪽藍에서 나온 푸른 물감이 쪽빛보다
더 푸르다는 뜻으로, 스승보다 더 나은 제자

《荀子》〈勸學篇〉

전국시대의 유학자儒學者이며, 성악설性惡說로도 유명한 순자荀子의 글에 나오는 이야기이다.

학문을 멈추어서는 안 된다 學不可以已
푸른색은 쪽에서 나온 것이지만 靑取之於藍
쪽빛보다 더 푸르고 而靑於藍
얼음은 물로 만들어진 것이지만 氷水爲之
물보다 더 차다 而寒於水

치인설몽

癡人說夢

어리석을 치 사람 인 말씀 설 꿈 몽

바보에게 꿈 이야기를 해 준다는 뜻으로
매우 어리석은 행동을 일컫는다

《冷齋夜話》〈卷九〉, 《黃山谷題跋》

당나라 때, 서역西域의 고승인 승가僧伽가 지금의 안휘성安徽省 지방을 여행하고 있을 때였다. 승가가 남달라 보인 어떤 사람이 그에게 물었다.

"당신은 성이 무엇입니까汝何姓?"

"내 성은 하입니다姓何哥."

"어느 나라 사람입니까何國人?"

"하나라 사람입니다何國人."

훗날 승가가 죽자, 당나라의 서도가書道家였던 이옹李邕이 승가의 비문을 쓰게 되었다.

'대사의 성은 하씨何氏이고, 하나라 사람可國人이다.'

이옹은 어리석게도 승가가 농담으로 한 말을 진실로 받아들였던 것이다.

석혜홍은《냉재야화》에서 이옹의 어리석음에 대해 이렇게 썼다.

'이는 곧 어리석은 사람에게 꿈을 이야기한 것이다此正所謂對癡人說夢耳. 이옹은 결국 꿈을 진실로 믿었으니 참으로 어리석은 사람이다.'

칠보지재

七步之才

일곱 칠 걸음 보 갈 지 재주 재

일곱 걸음을 옮기는 사이에 시를 짓는 재주라는 뜻으로
아주 뛰어난 글재주를 말한다

《世說新語》〈文學篇〉

삼국시대의 영웅이었던 위魏나라 왕, 조조曹操는 시문을 애호하여 우수한 작품을 많이 남겼다. 그 때문인지 맏아들인 비丕와 셋째 아들인 식植도 글재주가 뛰어났다. 특히 식은 당대의 대가들이 칭찬할 정도로 시를 잘 지었다.

그래서 식을 더욱 총애하게 된 조조는 한때 비를 제치고 식을 후사後嗣로 세울 생각까지 했었다.

어려서부터 식의 글재주를 시기했고, 후사 문제마저 자신에게 불리했었음을 알게 된 비는 식에 대해 깊은 증오심을 갖고 있었다.

조조가 죽은 뒤 위나라의 왕이 된 비는 어느 날, 식을 불러 이렇게 명령했다.

"일곱 걸음을 옮기는 사이에 시를 짓도록 해라. 짓지 못할 땐 중벌을 내리겠다."

식은 걸음을 옮기며 이런 시를 지었다.

콩대를 태워서 콩을 삶으니 煮豆燃豆萁
가마솥 속에 있는 콩이 우는구나 豆在釜中泣

본디 같은 뿌리에서 태어났건만 本是同根生

어찌하여 이다지도 급히 삶아 대는가 相煎何太急

'부모를 같이하는 형제간인데, 어찌하여 이토록 심히 핍박逼迫 하는가' 라는 뜻의 칠보시七步詩를 듣자, 비는 부끄러움에 몸 둘 바를 몰라 했다.

태산북두

泰山北斗
클태 메산 북녘북 말두

태산과 북두칠성을 가리키는 말로, 학문 예술 분야의
대가나 세상 사람들에게 가장 존경받는 사람

《唐書》〈韓愈傳〉

당나라 때 사대시인四大詩人 중의 한 사람인 한유韓愈는 25세에 진사進士 시험에 합격한 뒤 여러 벼슬에 올랐다. 그러나 천성이 강직한 그는 왕에게 여러 가지 충언을 하다가 좌천과 파직罷職, 재등용을 반복하였다. 비록 벼슬길은 순탄치 못했지만, 한유는 절친한 친구 유종원柳宗元과 함께 고문부흥古文復興을 위해 힘쓰는 등 학문 발전을 위해 노력했다. 그 결과 후학들에게 존경받는 대상이 되었다. 그에 대해 《당서唐書》〈한유전韓愈傳〉에는 이렇게 쓰여 있다.

'당나라가 흥성한 이래 한유는 육경六經 : 춘추시대의 여섯 가지 경서으로 많은 학자의 스승이 되었다. 그가 죽은 뒤 그의 학문은 더욱 흥성했으며, 그래서 학자들은 한유를 '태산북두'를 우러러보듯 존경했다.'

토사구팽

兎死狗烹

토끼 토 죽을 사 개 구 삶을 팽

토끼 사냥이 끝나면 사냥개는 삶아 먹힌다는 뜻으로
쓸모가 있을 때는 긴요하게 쓰이지만
쓸모가 없어지면 헌신짝처럼 버려짐

《史記》〈淮陰候列傳〉, 《十八史略》, 《韓非子》〈內儲說篇〉

항우項羽를 물리치고 한漢나라의 고조高祖가 된 유방劉邦은 소하蕭何, 장량張良과 더불어 한나라 창업 공신인 한신韓信을 초왕楚王에 앉혔다. 그런데 얼마 후, 유방은 항우의 부하였던 종리매鍾離昧가 한신에게 피신해 있다는 사실을 알게 되었다. 지난날 종리매에게 고전을 면치 못했던 경험이 있던 고조는 그에게 원한을 품고 있었던 참이라 당장 압송하라고 명했다. 그러나 한신은 명령을 어기고 오랜 친구였던 종리매를 숨겨주었다. 그때 마침 '한신이 반역을 꾀하고 있다'는 상소가 올라오기 시작했다.

화가 난 고조는 참모 진평陳平의 계책에 따라 제후들을 소집했다.

"제후들은 초楚나라 땅의 진陳에서 대기하다가 운몽호雲夢湖로 모이도록 하라."

한신은 이상한 징조임을 직감하고, '아예 반기를 들까'도 생각했지만 '죄가 없으니 별일 없겠지'라고 믿고 순순히 고조의 명령에 따르기로 했다.

그러던 어느 날, 한신의 부하 하나가 와서 말했다.

"종리매의 목을 베어 가져가시면 고조께서 기뻐하실 것입니다."

한신이 이 이야기를 하자, 종리매가 말했다.

"고조는 나를 두려워하고 있네. 자네 곁에 내가 있기 때문에 초나라를 치지 못하는 것이지. 그래도 자네가 내 목을 베어 고조에게 가져가겠다면 당장 그렇게 해 주겠네. 하지만 그렇게 되면 자네도 무사하지 못할 것이라는 걸 잊지 말게."

그러고는 스스로 목숨을 끊었다. 한신은 그 목을 가지고 고조를 만났다. 그럼에도 역적으로 몰리고 포박까지 당하자 분개하며 이렇게 말했다.

"교활한 토끼를 사냥하고 나면 쓸모가 없어진 사냥개는 삶아 먹히고 狡兎死良狗烹, 하늘 높이 나는 새를 잡으면 좋은 활은 곳간에 처박히며 蜚鳥盡良弓藏, 적국을 쳐부수고 나면 지혜로운 신하는 버림을 받는다 敵國破謀臣亡고 하더니, 천하가 이미 평정된 후 내가 삶아지는 건 당연한 일이구나."

이 말에 고조는 한신을 죽일 수 없었다. 다만 회음후淮陰候로 좌천시킨 뒤, 주거를 도읍인 장안長安으로 제한시켰을 뿐이다.

퇴고

推敲

밀 퇴 두드릴 고

밀고 두드린다는 뜻으로
문장을 다듬는 일을 말한다

《唐詩紀事》〈卷四十 題李凝幽居〉

당나라 때의 시인 가도賈島는 한때 불가에 귀의하기도 했으나 환속하여 작은 벼슬까지 한 인물이었다.
어느 날, 과거를 보러 말을 타고 가던 가도는 〈이응의 유거에 제함題李凝幽居〉이라는 시를 짓기 시작했다.

인가가 드물어 한가한 집 閑居隣竝少
잡초 덮인 오솔길은 황량한 정원과 통하네 草徑入荒園
새는 연못가 나뭇가지에서 잠자고 鳥宿池邊樹
중은 달 아래 문을 두드린다 僧敲月下門

그런데 가도는 마지막 구절인 '중은 달 아래 문을……'에서 '민다推'라고 해야 할지 '두드린다敲'라고 해야 할지 고민에 빠졌다.
그래서 '민다'와 '두드린다'를 정신없이 되뇌다가 타고 있던 말이 마주 오던 귀인의 행차와 부딪치고 말았다.
무례하다는 이유로 말에서 끌어내려진 가도가 귀인 앞에 섰는데, 그 귀인은 다름 아닌 당대唐代의 대문장가 한유韓愈였다.

가도는 길을 비키지 못함을 사죄하고 그 이유를 솔직히 말했다. 그러자 한유는 잠시 생각하더니 이렇게 말했다.

"내 생각엔 역시 '민다'는 '퇴推' 보다 '두드린다'는 '고敲' 가 좋겠네."

이를 계기로 두 사람은 절친한 시우詩友가 되었다.

파죽지세

破竹之勢

깨뜨릴 파 대나무 죽 갈 지 기세 세

대나무를 쪼개는 기세라는 뜻으로
거침없이 물리치고 쳐들어가는 기세를 말한다

《晉書》〈杜預傳〉

진晉나라 무제武帝 때 두예杜預라는 장군이 삼국 중 유일하게 남은 오吳나라를 공격했다. 그리고 일격에 공략할 마지막 결전을 준비하고 있었다.

이때 한 장수가 건의했다.

"지금 당장 오나라의 도읍을 공격하는 것은 무리입니다. 이제 곧 장마철이 되면 강물이 언제 넘칠지 모르고, 또 전염병이 돌지도 모릅니다. 일단 후퇴했다가 겨울에 다시 공격하는 것이 어떻겠습니까?"

두예는 말도 안 된다며 단호하게 말했다.

"지금 아군의 사기는 마치 '대나무를 쪼개는 기세破竹之勢'요. 대나무란 처음 두세 마디만 쪼개면 그다음부터는 칼날이 닿기만 해도 저절로 쪼개지는 법인데, 어찌 이런 절호의 기회를 놓친단 말이오."

두예는 곧바로 공격해 오나라의 도읍을 단숨에 공략했고, 마침내 삼국시대의 종지부를 찍으며 천하를 통일했다.

포호빙하

暴虎馮河

사나울 포 범 호 탈 빙 물 하

맨손으로 범에게 덤비고 걸어서 황하를 건넌다는 뜻으로
무모한 행동이나 무모한 용기

《論語》〈述而篇〉

공자는 3천여 제자 가운데 안회顔回를 가장 아꼈다. 그는 비록 가난했지만 그때문에 괴로워하지 않았고, 32세로 죽을 때까지 화내거나 실수한 적이 없었다.

어느 날 안회에게 공자가 말했다.

"왕후王侯에게 등용되면 포부를 펼 수는 있으나 이를 받아들이지 않고 가슴 깊이 간직해 두기는 매우 어려운 일이다. 하지만 그렇게 할 수 있는 사람은 나와 너 두 사람 정도일 것이다."

그 말을 듣고 은근히 샘이 난 자로子路가 공자에게 물었다.

"선생님, 만일 대군을 이끌고 전쟁에 나가신다면 누구와 함께 가시겠습니까?"

용기와 결단성에 자신이 있던 자로는 '그야 물론 너지.'라는 말을 기대했다. 그러나 공자는 굳은 표정으로 대답했다.

"'맨손으로 호랑이에게 덤비거나 맨발로 황하를 건너는 것暴虎馮河'처럼 무모한 행동을 하는 사람과는 같이 하지 않을 것이다."

풍성학려

風聲鶴唳

바람 풍 소리 성 학 학 울 려

바람 소리와 학의 울음소리라는 뜻으로
아무것도 아닌 일에도 몹시 놀라는 것을 말한다

《晉書》〈謝玄載記〉

동진東晉의 효무제孝武帝 때의 일이다. 전진前秦의 임금인 부견苻堅이 100만 대군을 이끌고 쳐들어왔다. 효무제는 사석謝石과 사현謝玄에게 8만의 군사를 데리고 맞서 싸우게 했는데, 참모인 유로지劉牢之가 먼저 5천 명의 군사로 전진군의 선봉을 격파했다.

이때 강변에 진을 치고 있던 부견은 부하 장수들에게 이렇게 명했다.

"일단 전군을 약간 후퇴시켰다가 적이 강 한복판에 이르렀을 때 돌아서서 반격하라."

그러나 이는 부견의 잘못된 판단이었다. 일단 후퇴하기 시작한 전진군前秦軍은 반격은커녕 멈추지도 못했다. 강을 건넌 동진군이 사정없이 공격해 왔기 때문이다.

혼란에 빠진 전진군은 허둥대며 도망가느라 서로 밟히면서 수없이 물에 빠져 죽었다. 겨우 목숨을 건진 군사들도 겁을 먹고 도망가기에 바빴다. 그들은 '바람 소리와 학의 울음소리風聲鶴唳'만 들어도 동진군이 쫓아오는 줄 알고 정신없이 달아났다.

홍일점

紅 一 點

붉을 홍 한 일 점 점

여럿 가운데 빼어난 하나,
혹은 많은 남자 틈에 오직 하나뿐인 여자

《唐宋八家文》〈王安石 詠石榴詩〉

북송北宋 신종神宗 때 왕안석王安石이라는 재상이 있었다. 그는 부국강병을 위한 과감한 개혁을 실행한 것으로 유명하다. 그는 또한 시문詩文에도 능했는데 그의 〈영석류시詠石榴詩〉에는 다음과 같은 구절이 있다.

많은 푸른 잎 가운데 한 송이 붉은 꽃

萬綠叢中 紅一點

사람을 움직이는 봄 빛깔이 많은들 무엇하리

動人春色 不須多

학철부어

涸 轍 鮒 魚

마를 학 수레바퀴 자국 철 붕어 부 고기 어

수레바퀴 자국에 고인 물에 떠 있는 붕어라는 뜻으로
매우 위급한 상황에 처한 경우를 일컫는다

《莊子》〈外物篇〉

전국시대, 장자莊子는 그 누구에게도 구속받지 않고 자유로운 생활을 즐겼다. 그러다 보니 이루 말할 수 없이 가난하여 끼니조차 잇기 어려울 때가 많았다. 어느 날, 장자는 감하후監河侯라는 친구를 찾아가 약간의 돈을 꾸어 달라고 부탁했다.

그런데 감하후는 딱 잘라 거절하지는 못하고, 핑계를 댔다.

"알겠네. 2, 3일만 있으면 세금이 올라오는데 그때 삼백 금쯤 빌려줄 테니 좀 기다리게."

'당장 배가 고파 죽을 지경인데 2, 3일을 기다리라니? 나중에 삼백 금이 생긴들 무슨 소용이 있단 말인가.'

장자는 특유의 비아냥거리는 말투로 이런 이야기를 들려주었다.

"여기 오는데 누가 나를 부르더군. 주변을 둘러보니 '수레바퀴 자국에 고인 물에 붕어가 한 마리 떠 있더군涸轍鮒魚.' 내가 '왜 불렀냐?'고 묻자 붕어는 '당장 말라죽을 지경이니 물 몇 잔만 떠다가 살려 달라'고 하더군. 귀찮다는 생각이 들어서 이렇게 말했지. '내가 2, 3일 안으로 남쪽으로 유세를 가는데 가는 길에 서강西江의 맑은 물을 잔뜩 길어다 줄 테니 그때까지 기다리라'고. 그랬더니 붕어는 '지금 물 몇 잔만 있으면 살 수 있는데 기다리라니 이젠 틀렸소. 나중에 건어물전乾魚物廛으로 내 시체나 찾으러 와 주시오' 하고는 눈을 감아 버리더군. 자, 그럼 실례했네."

한단지몽

邯鄲之夢

땅 이름 한 땅 이름 단 갈 지 꿈 몽

한단에서 꾼 꿈이라는 뜻으로
인생의 덧없음과 부귀영화의 헛됨을 비유할 때 쓰는 말이다

심기제沈旣濟의 《枕中記》

당나라 현종玄宗 때 여옹이라는 도사道士가 한단邯鄲의 한 주막에서 쉬고 있었다. 잠시 후 행색이 초라한 젊은이가 오더니 산동山東에서 온 노생盧生이라고 소개하고는 신세 한탄을 하기 시작했다. 여옹이 마주 앉아 그의 이야기를 들어주자, 그는 졸기 시작했다. 여옹은 보따리 속에서 베개를 꺼내 노생에게 주었고, 노생은 그것을 베고 잠이 들었다. 베개는 양쪽에 구멍이 뚫린 도자기였는데, 노생은 꿈속에서 그 베개의 구멍으로 들어갔다.

그곳에는 고래등 같은 기와집이 있었다. 노생은 당대 명문인 그 집의 딸과 결혼하고 과거에도 급제한 뒤, 벼슬길에 나아가 순조로운 승진을 계속했다. 높은 벼슬에 올랐으나 투기하는 사람이 있어 좌천되기도 했다. 3년 후 조정에 복귀한 노생은 재상 자리에 올라 황제를 잘 보필하여 태평성대를 이룩한 명재상으로 이름을 날렸다.

그러던 어느 날, 갑자기 역적으로 몰려 포박당하는 신세가 되었다. 그는 탄식하며 말했다.

"내 고향 산동에서 땅이나 갈면서 살았더라면 이런 억울한 누명은 쓰지 않았을 텐데, 무엇 때문에 벼슬길에 나왔는지……. 지금에 와서 후회한들 무슨 소용이 있겠는가마는, 그 옛날 누더기를 걸치고 한단의 거리를 걷던 때가 그립구나!"

그는 거듭 한탄하다가 칼을 들어 자결하려 했다. 그러나 아내와 아들이 말리자 실패하고 말았다. 이때 노생과 함께 잡힌 사람들은 모두 죽임을 당했으나 그는 환관宦官의 도움으로 사형을 면하고 유배되었다.

그로부터 몇 년이 지난 후 그가 모함을 받은 것이 밝혀져 황제는 다시 그를 불러들여 높은 벼슬을 주었다. 그 후 노생은 다섯 아들과 열 손자를 거느리고 행복한 생활을 누리다가 여든 살에 세상을 떠났다.

노생이 깨어 보니 꿈이었다. 옆에는 여전히 여옹이 앉아 있었다. 노생을 바라보고 있던 여옹이 웃으며 말했다.

"인생이란 다 그런 것이네."

노생은 여옹에게 공손히 절하고 한단을 떠났다.

호가호위

狐假虎威
여우 호 거짓 가 범 호 위엄 위

여우가 호랑이의 위세를 빌린다는 뜻으로
남의 권세를 빌려 위세를 부린다

《戰國策》〈楚策〉

전국시대 초楚나라 선왕宣王 때의 일이다. 어느 날, 선왕은 위魏나라에서 사신으로 왔다가 그의 신하가 된 강을江乙에게 물었다.

"위나라를 비롯한 북방 제국이 우리 재상 소해휼昭奚恤을 두려워한다는데 그게 사실인가?"

평소 소해휼을 시기하던 강을이 말했다.

"아닙니다. 북방 제국이 어찌 일개 재상인 소해휼을 두려워하겠습니까? 전하, 혹시 '호가호위'라는 말을 아시는지요?"

"말해 보게나."

"어느 날 호랑이에게 잡아먹히게 된 여우가 말했습니다. '네가 나를 잡아먹으면 나를 모든 짐승의 우두머리로 정하신 하느님의 명을 어기게 되는 것이므로 천벌을 받을 것이다. 만약 내 말을 못 믿겠다면 당장 내 뒤를 따라와 봐라. 나를 보고 달아나지 않는 짐승은 단 한 마리도 없을 테니 말이다.'

과연 호랑이가 여우의 뒤를 따라가자, 여우의 말대로 만나는 짐승마다 놀라서 도망가는 것이었습니다. 사실 짐승들이 달아난 것은 여우 때문이 아니라 그 뒤에 있는 호랑이때문이었는데도 호랑이 자신은

전혀 깨닫지 못했습니다.

이 경우도 마찬가지입니다. 북방 제국이 두려워하는 것은 소해휼이 아니라 그 배후에 있는 초나라의 막강한 군대와 전하입니다."

호연지기

浩然之氣

넓을 호 그럴 연 갈 지 기운 기

온 세상에 가득 찬 넓고 큰 원기,
도의에 뿌리를 박고 공명정대하여 조금도 부끄러울 바 없는
도덕적 용기나 사물에서 해방되어 자유롭고 즐거운 마음

《孟子》〈公孫丑篇〉

전국시대, 맹자孟子에게 제齊나라 출신의 제자 공손추公孫丑가 물었다.

"선생님이 만일 제나라의 재상이 되어 도를 행하시면 제나라는 틀림없이 천하의 패자霸者가 될 것입니다. 그런 생각을 하면 선생님도 역시 마음이 움직이시지요?"

"나는 마흔이 넘은 후에는 마음이 움직이지 않는다."

"마음을 움직이지 않게 하는 방법은 무엇입니까?"

"한마디로 말해서 '용勇'이라 할 수 있다. 자기 마음속에 부끄러움이 없으면 아무것도 두려울 게 없다. 이것이야말로 '대용大勇'이라 할 수 있다. 이로써 마음을 움직이지 않게 하는 것이다."

"그럼, 선생님의 부동심不動心과 고자告子의 부동심은 어떻게 다릅니까?"

고자는 성선설性善說을 주장한 맹자에게 '사람은 본래 선善하지도 악惡하지도 않다.'라고 논박한 사람이다.

"고자는 '이해되지 않는 말을 이해하려 애쓸 필요는 없다.'라고 했지만 이는 소극적인 행동이다. 나는 말을 알고 있다知言는 점에서 고자보다 낫다. 게다가 호연지기浩然之氣도 기르고 있다. '지언'이란 편벽된 말, 음탕한 말, 간사한 말, 회피하는 말을 알아내는 식견을 갖는 것이다. 또 '호연지기'란 평온하고 너그러운 마음을 이르는데, 한없이 넓고 큰 천지까지 충만해지는 원기元氣를 말한다. 그리고 이 기氣는 도道와 의義가 합치하는 것이므로 도의道義가 없으면 힘을 잃고 만다. 이 '기'가 인간에게 생겨 그 사람의 행위가 도의에 부합하고 부끄럽지 않으면 그 누구에게도 굴하지 않는 용기가 생기게 된다."

화룡점정

畵龍點睛

그림 화 용 룡 점 찍을 점 눈동자 정

용을 그리는데 눈동자도 그려 넣는다는 뜻으로
어떤 일을 할 때 가장 중요한 부분을 완성하는 일을 말한다

《水衡記》

남북조南北朝시대, 남조인 양梁나라에 장승요張僧繇라는 화가가 있었다. 그는 붓 하나로 모든 사물을 실물과 똑같이 그리는 재주로 유명했다.

어느 날, 장승요는 금릉金陵의 안락사安樂寺 주지로부터 용을 그려 달라는 부탁을 받고, 절의 벽에 구름을 헤치고 금방이라도 하늘로 날아오를 것 같은 두 마리의 용을 그렸다.

물결처럼 꿈틀대는 몸통, 갑옷처럼 단단해 보이는 비늘, 날카롭게 뻗은 발톱 등 모든 것이 마치 살아 움직이는 듯했다. 그 용을 본 사람들은 너무 놀라 입을 다물지 못했다.

그런데 한 가지 이상한 점이 있었다. 용의 눈에 눈동자가 없는 것이었다. 사람들이 그 이유를 묻자, 장승요는 이렇게 대답했다.

"눈동자를 그려 넣으면 용은 당장 벽을 박차고 하늘로 날아가 버릴 것입니다."

사람들은 그의 말을 믿지 않고, 당장 눈동자를 그려 넣으라며 독촉했다. 사람들의 성화에 견디다 못한 장승요는 붓을 들어 한 마리의 용 눈에 점을 찍었다. 그러자, 갑자기 벽 속에서 번개가 치고 천둥소리가

들리더니 용이 튀어나와 눈 깜짝할 사이에 하늘로 날아가 버렸다. 그러나 눈동자를 그려 넣지 않은 용은 그대로 벽 속에 남아 있었다.

화서지몽

華胥之夢

빛날 화 서로 서 갈 지 꿈 몽

좋은 꿈이나 낮잠을 뜻하는 말로,
무심코 꾼 꿈에서 삶의 진리를 깨닫게 된다

《列子》〈黃帝篇〉

먼 옛날, 중국 최초의 성천자聖天子로 알려진 황제黃帝가 낮잠을 자다가 꿈을 꾸었다. 꿈속에서 그는 화서씨華胥氏의 나라에 놀러 가 안락하고 평화로운 세상을 보았다.

그곳에는 통치자나 신분의 상하, 연장자의 권위도 없었고, 백성들은 욕망이나 애증愛憎도 없었다. 물론 이해利害를 따지지도 않았다.

그리고 삶과 죽음에도 초연했다. 또 물속에서도 빠져 죽지 않았고, 불속에서도 타 죽지 않았으며, 공중에서 걸어도 땅 위를 걷는 것과 똑같았고, 떠 있는 채로 잠을 잘 수도 있었다.

또한 아름답거나 추함이 마음을 흔들지 못했고, 험한 산골짜기도 쉽게 갈 수 있었다. 자연 그대로의 자유로 충만한 이상적인 곳이었다.

꿈에서 깨어난 황제는 깨달은 바가 있어 중신들을 불러 모은 후, 이렇게 말했다.

"나는 지난 석 달 동안 심신 수양에 전념하며 사물을 다스리는 법을 깨닫고자 노력했으나 좋은 생각이 떠오르지 않았소. 그런데 이번 꿈속에서 비로소 그 도道를 터득한 것 같소."

그 후 황제는 '도'의 정치를 베풀며 천하를 잘 다스렸다고 한다.

화씨지벽

和氏之璧

화할 화　각시 씨　갈 지　둥근 옥 벽

화씨의 옥이라는 뜻으로, 세상에서 제일 좋은 옥

《韓非子》〈卞和〉

전국시대, 초楚나라에 변화씨卞和氏라는 사람이 살고 있었다. 그는 어느 날 산속에서 옥玉의 원석을 발견하여, 여왕厲王에게 바쳤다. 그런데 그 옥의 원석을 보석 세공인細工人에게 감정시켜 보았으나 보통 돌이라고 하자, 화가 난 여왕은 변화씨에게 오른쪽 발뒤꿈치를 자르는 형벌을 내렸다.

여왕이 죽은 뒤 변화씨는 그 옥돌을 다시 무왕武王에게 바쳤다. 그러나 이번에는 왼쪽 발뒤꿈치를 잘리는 벌을 받아야 했다.

그 후 문왕文王이 즉위하자, 변화씨는 그 옥돌을 끌어안고 궁궐 문 앞에서 사흘 낮 사흘 밤을 울었다. 문왕이 그 까닭을 묻게 하니 변화씨는 그동안의 일을 모두 설명했다.

변화씨의 말을 들은 문왕이 옥돌을 세공인에게 맡겨 갈고닦게 하자, 세상에서 제일 좋은 옥이 되었다. 문왕은 변화씨에게 많은 상을 내리고, 그의 이름을 따서 이 옥을 '화씨지벽'이라 이름 붙였다.

求相一之牛　狗擊安阿不李之彌相腹一無一重夜撫之
舟膽坤兔遠口肋鳴腹枕學猶田鮑日目蜜牛士鷄土衣盲人
刻肝乾犬敬鷄鷄鷄鼓高曲過瓜管曠刮口九國群捲錦群杞

故事成語

補

고사성어 일람

ㄱ

가가대소 **呵呵大笑** | 큰 소리로 껄껄 웃음.

가가문전 **家家門前** | 집집마다의 문 앞.

가가호호 **家家戶戶** | 집집마다.

가감승제 **加減乘除** | 사칙으로 더하기, 빼기, 곱하기, 나누기를 말함.

가계야목 **家鷄野鶩** | 흔한 것을 멀리하고 새롭고 진귀한 것을 귀하게 여김.

가고가하 **可高可下** | 어진 사람은 지위의 상하를 가리지 않음.

가급인족 **家給人足** | 집집마다 살림이 넉넉하고, 사람마다 의식에 부족함이 없음.

가기이기방 **可欺以其方** | 그럴듯한 방법으로 남을 속일 수 있음.

가담항설 **街談巷說** | 길거리나 항간에 떠도는 소문.

가동가서 **可東可西** | 동쪽이라도 좋고 서쪽이라도 좋다. 이러나저러나 상관없다.

가동주졸 **街童走卒** | 길거리에서 노는 철없는 아이들. 떠돌아다니는 상식 없는 사람들.

가렴주구 **苛斂誅求** | 조세를 가혹하게 징수하여 백성을 못살게 구는 일.

가릉빈가 **迦陵頻伽** | 불교에서 나오는 상상의 새로서 머리는 미녀의 얼굴 모습에 목소리는 아름다우며 용의 꼬리가 달리고 극락정토에 사는 새.

가무담석 **家無擔石** | 석石은 한 항아리, 담擔은 두 항아리라는 뜻으로 집에 저축이 조금도 없음을 말함.

가무음곡 **歌舞音曲** | 노래와 춤과 음악.

가부결정 **可否決定** | 옳고 틀림을 정하는 일.

가부득감부득 **加不得減不得** | 더할 수도 뺄 수도 없음.

가부장제 **家父長制** | 가부장이 그의 가족에 대하여 지배권을 가지는 가족 형태, 가부장이 중심이 된 가족의 체계를 원리로 하는 사회의 지배 형태.

가부취결 **可否取決** | 회의절차에 따라 의안의 옳고 그름을 결정함.

가분급부 **可分給付** | 성질이나 가치를 유지하고 나눌 수 있는 급부.

가빈즉사양처 **家貧則思良妻** | 집안이 가난해지면 어진 아내를 생각하게 된다는 뜻으로, 집안이 궁해지거나 어려워지면 어진 아내의 내조의 필요성을 새삼 생각하게 된다는 말.

가인박명 **佳人薄命** | 아름다운 사람은 운명이 기박함.

가장집물 **家藏什物** | 집안의 모든 세간.

가정맹어호 **苛政猛於虎** | 가혹한 정치는 호랑이에게 잡혀 먹히는 고통보다 더 무섭다.

가화만사성 **家和萬事成** | 집안이 화목하면 모든 일이 잘되어 나감.

각곡유목 **刻鵠類鶩** | 따오기를 그리려다 이루지 못하여도 집오리와 비슷하게는 된다는 뜻.

각골난망 **刻骨難忘** | 은덕을 입은 고마운 마음이 마음 깊숙이 새겨져 잊히지 아니함.

각자도생 **各自圖生** | 제각기 살 길을 도모함.

각자위정 **各自爲政** | 각자가 제멋대로여서 전체의 조화를 꾀하지 않음.

각주구검 **刻舟求劍** | 칼을 강물에 떨어뜨리자 뱃전에 표시를 했다가 나중에 그 칼을 찾으려 한다는 뜻으로 어리석고 융통성이 없다.

간난신고 **艱難辛苦** | 갖은 고초를 다 겪으며 고생함.

간담상조 **肝膽相照** | 서로 간과 쓸개를 꺼내 보인다는 뜻으로 서로 간에 진심을 터놓고 격의 없이 대화를 나눌 수 있는 친한 사이를 말함.

간두지세 **竿頭之勢** | 댓가지 꼭대기에 서게 된 현상으로 어려움이 극도에 달하여 아주 위태로운 형세를 말함.

간목수생 **乾木水生** | 바짝 마른 나뭇가지에서 물을 짜냄. 아무것도 없는 사람에게 내놓으라고 무리하게 요구함.

간불용발 **間不容髮** | 머리털 하나 들어갈 틈도 없음. 면밀하여 빈틈이 없음. 대단히 위급해 여유가 없음.

간성지재 **干城之材** | 방패와 성의 구실을 하는 인재라는 뜻으로, 나라를 지키는 믿음직한 인재를 이르는 말.

간세지재 **間世之材** | 썩 뛰어난 인물.

간악무도 **奸惡無道** | 간사하고 악독하며 도리에 어긋남.

간어제초 **間於齊楚** | 약자가 강자 사이에 끼여 괴로움을 받음. 중국 주나라 말 승국이 제, 초 두 나라 사이에 끼여 괴로움을 받은 데서 비롯함.

간장막야 **干將莫耶** | 명검도 사람의 손길이 가야 빛나듯 사람의 성품도 원래는 악하기 때문에 끊임없이 노력해야 선해진다.

갈이천정 **渴而穿井** | 목이 말라야 비로소 우물을 판다는 뜻으로, 곧 미리 준비하지 않고 일이 임박해야 덤빔.

감불생심 **敢不生心** | 힘이 부치어 감히 마음을 먹지 못함.

감언이설 **甘言利說** | 남의 비위에 맞게 달콤한 말로 꾀는 말.

감정선갈 **甘井先竭** | 물이 좋은 샘은 이용하는 사람이 많아서 빨리 마른다는 뜻으로, 유능한 사람은 많이 쓰이어 빨리 쇠퇴한다는 말.

감지덕지 **感之德之** | 몹시 고맙게 여김.

감탄고토 **甘呑苦吐** | 신의를 돌보지 않고 사리를 꾀한다는 뜻.

갑남을녀 **甲男乙女** | 보통 평범한 사람들.

갑론을박 **甲論乙駁** | 자기의 주장을 세우고 남의 주장을 반박함.

강구연월 **康衢煙月** | 태평한 시대의 평화스러운 모습.

강근지친 **强近之親** | 도와줄 만한 가까운 친척.

강노지말 **强弩之末** | 활에서 힘차게 튕겨 나온 화살도 마지막에는 힘이 떨어져 비단에도 구멍을 못 뚫는다. 아무리 강한 것도 나중에는 쇠한다.

강호연파 **江湖煙波** | 강이나 호수 위에 안개처럼 보얗게 이는 잔물결.

개과불린 **改過不吝** | 잘못을 고치는 데는 조금도 인색하지 말라는 말.

개과천선 **改過遷善** | 허물을 고치어 착하게 됨.

개관사정 **蓋棺事定** | 시체를 관에 넣고 관 뚜껑을 덮은 후라야 비로소 그 사람 생전의 잘잘못을 알 수 있다는 말.

개권유익 **開卷有益** | 책을 읽으면 유익하다. '개권開卷'이란 책을 펼침, 즉 독서.

개문읍도 **開門揖盜** | 일부러 문을 열어놓고 도둑을 청함. 즉, 스스로 화를 불러들인다는 뜻.

개선광정 **改善匡正** | 좋도록 고치고 바로잡음.

개세지재 **蓋世之才** | 세상을 덮을 만한 재주.

객반위주 **客反爲主** | 손님이 도리어 주인 행세를 함.

거두절미 **去頭截尾** | 앞뒤의 잔 사설을 빼놓고 요점만을 말함.

거안사위 **居安思危** | 편안히 살 때 닥쳐올 위태로움을 생각함.

거안제미 **擧案齊眉** | 밥상을 눈 위로 들어 올림. 남편을 공경하여 받듦.

거자불추 내자불거 **去者不追 來者不拒** | 가는 사람 붙들지 않고, 오는 사람 막지 않는다.

거자일소 **去者日疎** | 친한 사이라도 멀리 떠나거나 죽으면 점점 정이 멀어짐.

거재두량 **車載斗量** | 차에 싣고 말에 실을 만큼 많음.

건곤일척 **乾坤一擲** | 하늘과 땅을 걸고 한 번 주사위를 던진다는 뜻으로 흥하든 망하든 운명을 하늘에 맡기고 결행함을 말한다.

건목생수 **乾木生水** | 마른 나무에서 물을 짜 내려 한다는 뜻으로, 사리에 맞지 않음을 뜻함.

걸해골 **乞骸骨** | 해골을 돌려달라는 뜻으로, 늙은 재상이 나이가 많아 조정에 나오지 못하게 될 때 임금에게 그만두기를 주청함을 이르는 말.

격물치지 **格物致知** | 주자학의 근본정신으로 사물의 이치를 구명하여 자기의 의식을 확고하게 하는 것.

격세지감 **隔世之感** | 딴 세대와 같이 많은 변화가 있었음을 비유하는 말.

격양가 **擊壤歌** | 땅을 치며 노래를 부른다는 뜻으로, 곧 태평세월에 즐겨 부르는 노래.

격화소양 **隔鞋搔痒** | 신을 신은 채 가려운 발바닥을 긁음과 같이 일의 효과를 나타내지 못함을 이름.

격화파양 **隔靴爬痒** | 신 신고 발바닥 긁는 격.

견강부회 **牽强附會** | 이치에 닿지 않는 것을 억지로 맞춤.

견리망의 **見利忘義** | 이익을 보면 의리를 잊음.

견리사의 **見利思義** | 눈앞에 이익이 보일 때 의리를 생각함.

견마지로 **犬馬之勞** | 자기의 노력을 낮추어 일컫는 말.

견마지성 **犬馬之誠** | 임금이나 나라에 정성으로 바치는 정성. 자기의 정성을 낮추어 일컫는 말.

견문발검 **見蚊拔劍** | 모기를 보고 칼 빼기 격으로 하찮은 이를 크게 본다.

견물생심 **見物生心** | 물건을 보면 욕심이 생긴다는 뜻.

견여금석 **堅如金石** | 굳기가 금이나 돌 같음.

견원지간 **犬猿之間** | 개와 원숭이의 사이라는 뜻으로, 서로 사이가 나쁜 두 사람의 관계를 이르는 말.

견위수명 **見危授命** | 나라가 위급할 때 목숨을 바침.

견위치명 **見危致命** | 나라의 위급함을 보고 몸을 바침.

견인불발 **堅忍不拔** | 굳게 참고 견디는 것.

견토방구 **見兎放狗** | 토끼를 발견한 후에 사냥개를 풀어놓아도 늦지 않음.

견토지쟁 **犬兎之爭** | 개와 토끼의 다툼이라는 뜻으로 양자의 싸움에서 제삼자가 힘들이지 않고 이득을 보는 것.

결자해지 **結者解之** | 자기기 저지른 일은 자기가 해결해야 함.

결초보은 **結草報恩** | 죽어 혼령이 되어도 은혜를 잊지 않고 갚음.

겸양지덕 **謙讓之德** | 겸손하고 사양하는 미덕.

겸인지용 **兼人之勇** | 몇 사람을 당해 낼 수 있을 만한 용기.

경거망동 **輕擧妄動** | 경솔하고 망령된 행동.

경국제세 **經國濟世** | 나라 일을 경륜하고 세상을 구함.

경국지색 **傾國之色** | 미인을 일컫는 말.

경세제민 **經世濟民** | 세상을 다스라고 백성을 구제함.

경원 **敬遠** | 존경하는 대상에게 의지하거나 무엇을 해 주기를 바라지 말라.

경이원지 **敬而遠之** | 공경하나 가까이하지 않음.

경적필패 **輕敵必敗** | 적을 가볍게 보면 반드시 패배함.

경조부박 **輕佻浮薄** | 마음이 방정맞고 행동이 들뜸. 경박輕薄.

경천근민 **敬天勤民** | 하느님을 공경하고 백성을 다스리기에 부지런함.

경천동지 **驚天動地** | 세상을 몹시 놀라게 함.

경천애인 **敬天愛人** | 하늘을 공경하고 사람을 사랑함.

경화수월 **鏡花水月** | 거울에 비친 꽃, 물에 비친 달. 볼 수만 있고 가질 수 없는 것.

계구우후 **鷄口牛後** | 닭의 부리가 될지언정 소의 꼬리는 되지 말라는 뜻으로, 큰 집단의 말단보다는 작은 집단의 우두머리가 낫다.

계궁역진 **計窮力盡** | 꾀와 힘이 다하여 더 이상 어찌할 방도가 없음.

계란유골 **鷄卵有骨** | 달걀 속에도 뼈가 있다는 뜻으로 뜻밖의 장애물이 생김을 이르는 말.

계륵 **鷄肋** | 먹자니 먹을 것이 별로 없고 버리자니 아까운 닭갈비라는 뜻으로, 쓸모는 없으나 버리기는 아까운 사물.

계명구도 **鷄鳴狗盜** | 선비가 배워서는 안 될 천한 기능을 가진 사람, 혹은 천한 기능을 가진 사람도 때로는 쓸모가 있다.

계주생면 **契酒生面** | 남의 물건으로 자기가 생색을 냄.

고관대작 **高官大爵** | 지위가 높은 큰 벼슬자리. 또는 그 직위에 있는 사람.

고굉지신 **股肱之臣** | 자신의 팔다리 같이 믿고 중하게 여기는 신하.

고군분투 **孤軍奮鬪** | 수가 적고 후원 없는 외로운 군대가 힘겨운 적과 싸움. 또는 홀로 여럿을 상대로 싸움.

고금동서 **古今東西** | 예와 지금, 동양과 서양, 때와 지역을 통틀어 일컫는 말.

고담준론 **高談峻論** | 잘난 체하고 과장하여 말함을 이름.

고대광실 **高臺廣室** | 굉장히 크고 좋은 집.

고두사죄 **叩頭謝罪** | 머리를 조아려 사죄함.

고량진미 **膏粱珍味** | 기름지고 맛있는 음식.

고려공사삼일 **高麗公事三日** | 일이 오래가지 못함을 뜻함.

고립무원 **孤立無援** | 고립되어 도움을 받을 데가 없음.

고립무의 **孤立無依** | 외롭고 의지할 데가 없음.

고목생화 **枯木生花** | 마른 나무에 꽃이 핀다. 곤궁한 처지의 사람이 행운을 만나 신기하게도 잘됨을 말함.

고복격양 **鼓腹擊壤** | 배를 두드리고 발을 구르며 흥겨운 놀이를 한다는 뜻으로 태평성대를 말한다.

고사성어 **故事成語** | 옛날 있었던 일에서 만들어진 어구.

고성낙일 **孤城落日** | 외로운 성에 지는 해라는 뜻으로, 세력이 다하여 의지할 데가 없는 외로운 처지를 비유한 말.

고성방가 **高聲放歌** | 큰소리로 떠들고 마구 노래 부름.

고식지계 **姑息之計** | 일시적으로 변통하는 수단.

고신원루 **孤臣冤淚** | 외로운 신하의 원통한 눈물.

고운야학 **孤雲野鶴** | 세속을 등지고 쓸쓸히 지내는 사람.

고육지계 **苦肉之計** | 적을 속이기 위해, 또는 어려운 상황에서 벗어나기 위한 수단으로 제 몸을 괴롭혀 가면서까지 짜내는 계책.

고장난명 **孤掌難鳴** | 혼자서는 일을 못하는 사람.

고진감래 **苦盡甘來** | 고생 끝에 낙이 온다는 말.

고침단명 **高枕短命** | 베개를 높이 베면 명이 짧음.

고침안면 **高枕安眠** | 베개를 높이 하여 편히 잘 잔다는 뜻으로 안심할 수 있는 상태.

곡굉지락 **曲肱之樂** | 팔을 베개 삼아 누워 사는 가난한 생활이라도 도에 살면 그 속에 즐거움이 있다는 말.

곡돌사신 **曲突徙薪** | 재화를 미리 방지함.

곡학아세 **曲學阿世** | 학문을 굽혀 세속世俗에 아첨한다는 뜻으로 진리에 어긋난 학문으로 세상 사람에게 아첨한다.

골육상잔 **骨肉相殘** | 혈족끼리 서로 다투어 해하는 것.

골육상쟁 **骨肉相爭** | 같은 혈족끼리 서로 다투고 해하는 것.

골육지친 **骨肉之親** | 부모, 자식, 형제, 자매 등의 가까운 혈족.

공경대부 **公卿大夫** | 삼공과 구경 등 벼슬이 높은 사람들.

공명정대 **公明正大** | 마음이 공평하고 사심이 없으며 밝고 큼.

공서양속 **公序良俗** | 공공의 질서와 선량한 풍속.

공수래공수거 **空手來空手去** | 빈손으로 왔다가 빈손으로 가다. 세상에 나서 아무 한 일도 없이 죽어감.

공전절후 **空前絶後** | 비교할 만한 것이 이전에도 없고 이후에도 없음.

공존공영 **共存共榮** | 함께 살고 함께 번영함.

공중누각 **空中樓閣** | 허공에 뜬 큰 집. 근거 없는 망상의 계책이나 공상.

과공비례 **過恭非禮** | 지나친 공손은 오히려 예의에 벗어남.

과대망상 **誇大妄想** | 턱없이 과장하여 그것을 믿는 망령된 생각.

과여불급 **過如不及** | 지나친 것은 미치지 못함과 같음.

과유불급 **過猶不及** | 정도를 지나침은 모자라는 것과 같다.

과이불개 **過而不改** | 자신의 과오는 스스로 깨달아 스스로 고쳐야 함.

과전불납리 **瓜田不納履** | 오이밭에서는 신을 고쳐 신지 않는다는 뜻으로, 의심받을 짓은 처음부터 하지 말라는 말.

과전이하 **瓜田李下** | 의심받을 짓은 처음부터 안 하는 게 좋다.

관견 **管見** | 붓 대롱처럼 좁은 소견.

관인대도 **寬仁大度** | 마음이 너그럽고 인자하며 도량이 넓음.

관존민비 **官尊民卑** | 관리는 높고 귀하며 백성은 낮고 천하다는 사고방식.

관포지교 **管鮑之交** | 관중과 포숙아와 같은 사귐이라는 뜻으로 세상사를 떠나

친구를 위하는 두터운 우정.

괄목상대 **刮目相對** | 눈을 비비고 본다는 뜻으로 학식이나 재주가 이전에 비해 몰라볼 정도로 향상됨.

광음여류 **光陰如流** | 세월이 흐르는 물과 같이 빠름.

광일미구 **曠日彌久** | 오랫동안 쓸데없이 세월만 보낸다.

괘관 **掛冠** | 갓을 벗어 건다. 관리가 관직을 버리고 사퇴함.

교각살우 **矯角殺牛** | 뿔을 고치려다 소를 죽인다는 뜻으로, 작은 일에 정신을 쓰다가 큰일을 망침.

교언영색 **巧言令色** | 다른 사람에게 아첨하기 위하여 꾸민 말과 얼굴 빛.

교외별전 **敎外別傳** | 마음에서 마음으로 전함.

교주고슬 **膠柱鼓瑟** | 비파나 거문고의 기둥을 올렸다 내렸다 하지 않고, 그 자리에 있는 채로 타는 것과 같이 변통성이 없음.

교칠지심 **膠漆之心** | 아교와 옻칠과 같은 끈끈한 사귐.

교토사주구팽 **狡兎死走狗烹** | 토끼가 죽으면 사냥개를 삶는다. 일이 있을 때는 실컷 부려먹다가 일이 끝나면 돌보지 않고 학대한다.

교토삼굴 **狡兎三窟** | 슬기로운 토끼는 굴을 세 개 준비한다.

교학상장 **教學相長** | 가르쳐 주거나 배우거나 다 나의 학업을 증진시킨다.

구곡간장 **九曲肝腸** | 굽이굽이 서린 창자. 시름과 한이 가득 찬 마음속.

구국간성 **救國干城** | 나라를 구하여 지키는 믿음직한 군인이나 인물.

구명도생 **救命圖生** | 근근이 목숨만 이어감.

구미속초 **狗尾續貂** | 담비의 꼬리가 모자라 개의 꼬리로 잇는다. 훌륭한 것 뒤에 보잘것없는 것이 잇따름.

구밀복검 **口蜜腹劍** | 입에는 꿀을 담고 가슴에는 칼을 품는다는 뜻으로 말로는

친한 척하지만 속으로는 해칠 생각을 품고 있다.

구복원수 **口腹寃讐** | 목구멍이 포도청. 살아가기 위해서 아니꼽거나 괴로운 일을 당할 때 쓰는 말.

구복지루 **口腹之累** | 먹고 사는 것에 대한 걱정.

구사일생 **九死一生** | 꼭 죽을 고비에서 살아남.

구상유취 **口尙乳臭** | 입에서 아직 젖내가 난다는 뜻으로 말과 행동이 유치함을 말함.

구십춘광 **九十春光** | 봄의 석 달 동안.

구안투생 **苟安偸生** | 한때의 편안을 꾀하여 헛되이 살아감.

구우일모 **九牛一毛** | 아홉 마리의 소 가운데서 뽑은 한 개의 털이라는 뜻으로 많은 것 중에 가장 적은 것을 말한다.

구이지학 **口耳之學** | 들은 풍월 격으로 아무런 연구성이 없는 천박한 학문.

구절양장 **九折羊腸** | 꼬불꼬불한 험한 길.

구중심처 **九重深處** | 궁궐을 이르는 말. 깊숙한 곳.

구화투신 **救火投薪** | 불을 끄는 데 장작을 넣는다는 뜻으로 성급히 행동하다 오히려 화를 입음.

국리민복 **國利民福** | 나라의 이익과 국민의 행복.

국사무쌍 **國士無雙** | 나라 안에 견줄만한 자가 없는 인재라는 뜻으로 가장 뛰어난 인물을 가리킨다.

국태민안 **國泰民安** | 나라가 태평하고 백성이 살기가 평안함.

군계일학 **群鷄一鶴** | 닭의 무리 속에 한 마리의 학이라는 뜻으로 여러 평범한 사람들 속에 뛰어난 한 사람이 섞여 있다.

군령태산 **軍令泰山** | 군대의 명령은 태산같이 무거움.

군맹무상 **群盲撫象** | 범인凡人은 모든 사물을 자기 주관대로 잘못 판단하거나 그 일부밖에 파악하지 못한다.

군신유의 **君臣有義** | 임금과 신하는 의가 있어야 한다.

군웅할거 **群雄割據** | 여러 영웅이 세력을 다투어 땅을 갈라 버티고 있음.

군위신강 **君爲臣綱** | 신하는 임금을 섬기는 것이 근본이다.

군자대로행 **君子大路行** | 군자는 큰 길을 택해서 간다는 뜻으로, 군자는 숨어서 일을 도모하거나 부끄러운 일을 하지 않고 옳고 바르게 행동한다는 말.

군자불기 **君子不器** | 군자는 일정한 용도로 쓰이는 그릇과 같은 것이 아니라는 뜻으로, 군자는 한 가지 재능에만 얽매이지 않고 두루 살피고 원만하다.

군자삼계 **君子三戒** | 군자가 경계해야 할 세 가지. 젊은 때는 색욕을 경계하고, 장년기에는 다툼을 경계하고, 노년기에는 탐욕을 경계하라.

군자삼락 **君子三樂** | 군자의 세 가지 낙. 첫째는 부모가 다 살아 계시고 형제가 무고한 것, 둘째는 하늘과 사람에게 부끄러워할 것이 없는 것, 셋째는 천하의 영재를 얻어서 교육하는 것.

군자삼외 **君子三畏** | 군자가 갖는 세 가지 두려움. 천명天命을 거역하지 않았는가, 대인大人을 거역하지 않았는가, 성인聖人의 말씀에 어긋나지 않았는가.

군자표변 **君子豹變** | 군자의 언행은 표범의 무늬처럼 선명하게 변한다. 곧 군자는 잘못을 깨달으면 곧바로 분명하게 고침을 비유하여 이르는 말.

굴이불신 **屈而不信** | 굽히고는 펴지 아니함.

궁구막추 **窮寇莫追** | 곤경에 빠진 자를 건드리면 화를 입음.

궁서설묘 **窮鼠囓猫** | 궁지에 몰린 쥐가 고양이를 문다는 뜻으로, 약자라도 궁지에 빠지면 필사적으로 적에게 대항함을 비유하여 이르는 말.

궁여일책 **窮餘一策** | 막다른 처지에서 짜내는 한 가지 계책.

궁여지책 窮餘之策 | 궁한 끝에 나는 한 꾀.

궁조입회 窮鳥入懷 | 사람이 궁할 때는 적한테도 의지한다는 말.

권모술수 權謀術數 | 목적 달성을 위해서는 인정이나 도덕을 가리지 않고 권세와 중상모략 등 갖은 방법과 수단을 쓰는 술책.

권불십년 權不十年 | 권세는 십 년을 못 간다는 말.

권선징악 勸善懲惡 | 착한 행실을 권장하고 악한 행실을 징계함.

권토중래 捲土重來 | 흙먼지를 일으키며 다시 쳐들어온다는 뜻으로 한 번 실패한 사람이 세력을 회복해서 다시 일어나 세력을 되찾는다.

귤화위지 橘化爲枳 | 귤이 화수를 건너면 탱자가 된다.

극구광음 隙駒光陰 | 달리는 말을 문틈으로 보는 것과 같다는 뜻으로, 세월이 빨리 흐름을 뜻함.

근근자자 勤勤孜孜 | 매우 부지런하고 정성스러움.

근묵자흑 近墨者黑 | 나쁜 일에 젖기 쉬움.

금과옥조 金科玉條 | 금과 옥같이 귀한 법규.

금란지계 金蘭之契 | 다정한 친구 사이의 정의情誼.

금상첨화 錦上添花 | 잘된 일에 또 잘됨.

금석맹약 金石盟約 | 쇠와 돌같이 굳게 맹세하여 맺은 약속.

금석지감 今昔之感 | 지금과 옛날을 비교할 때 차이가 심하여 느껴지는 감정.

금석지교 金石之交 | 쇠와 돌처럼 변함없는 굳은 사귐.

금성탕지 金城湯池 | 성지의 견고함.

금슬지락 琴瑟之樂 | 부부의 사이가 좋은 것.

금실상화 琴瑟相和 | 거문고와 비파의 소리가 화합하듯, 부부 사이가 좋음을 비유.

금오옥토 金烏玉兎 | 해와 달.

금의야행 **錦衣夜行** | 비단 옷을 입고 밤길을 간다는 뜻으로 출세를 하고도 고향에 돌아가지 않는다.

금의환향 **錦衣還鄕** | 비단옷을 입고 고향으로 돌아온다는 뜻이니 타향에서 크게 성공하여 자기 집으로 돌아감을 말함.

금지옥엽 **金枝玉葉** | 임금의 자손이나 집안 또는 귀여운 자손을 소중하게 일컫는 말.

기고만장 **氣高萬丈** | 대단히 노한 언사와 행동.

기리단금 **其利斷金** | 절친한 친구 사이.

기복염차 **驥服鹽車** | 천리마가 소금 수레를 끈다는 뜻으로, 유능한 인재가 낮은 지위에 있거나 하찮은 일에 쓰임의 비유.

기사회생 **起死回生** | 죽을 뻔하다가 다시 살아남.

기상천외 **奇想天外** | 보통으로는 생각할 수 없는 기발하고 엉뚱한 생각.

기승전결 **起承轉結** | 나타내고자 하는 생각을 글로 적을 때 '기'에서 하고자 하는 말머리를 일으키고, '승' 에서 앞에 것을 받아서 풀이하고, '전'에서 뜻을 한 번 변화시켜, '결'에서 끝맺음.

기인지우 **杞人之憂** | 기杞나라 사람의 쓸데없는 걱정.

기취여란 **其臭如蘭** | 절친한 친구사이.

기호지세 **騎虎之勢** | 호랑이를 타고 달리는 기세라는 뜻으로 어떤 일을 계획하고 시작한 이상 도중에 중단해서는 안 된다.

기화가거 **奇貨可居** | 진귀한 물건을 사서 잘 보관해 두면 훗날 큰 이익을 얻는다.

ㄴ

낙극애생 **樂極哀生** | 즐거움이 극에 달하면 슬픔이 생김.

낙담상혼 **落膽喪魂** | 쓸개가 떨어지고 넋이 죽는다는 뜻으로, 몹시 놀라 정신이 없음.

낙락장송 **落落長松** | 가지가 아래로 축축 늘어진 키 큰 소나무.

낙생어우 **樂生於憂** | 즐거움은 근심하는 가운데에서 생긴다는 말.

낙양지귀 **洛陽紙貴** | '낙양의 종잇값을 올렸다'는 뜻으로 책이 베스트셀러가 되었다.

낙이불음 **樂而不淫** | 즐기되 빠지지 아니함. 즐거움의 도를 지나치지 않음.

낙정하석 **落穽下石** | 남의 환란患難에 다시 위해危害를 준다는 말.

낙화유수 **落花流水** | 떨어지는 꽃과 흐르는 물. 남녀 간의 그리운 심정.

난공불락 **難攻不落** | 공격하기 어려워 좀처럼 함락되지 아니함.

난상공론 **爛商公論** | 여러 사람들이 자세하게 잘 의논함.

난상토론 **爛商討論** | 낱낱이 들어 잘 토의함. 난상토의爛商討議.

난신적자 **亂臣賊子** | 나라를 어지럽히는 신하, 또는 어버이를 해치는 자식.

난형난제 **難兄難弟** | 사물의 우열을 가리기 어렵다는 말로, 곧 비슷하다는 뜻.

남가일몽 **南柯一夢** | 권세는 꿈과 같고 인생은 덧없다.

남귤북지 **南橘北枳** | 강남의 귤을 강북에 옮겨 심으면 탱자로 변한다는 뜻으로, 사람은 환경에 따라 악하게도 되고 착하게도 된다는 말.

남만격설 **南蠻鴃舌** | 남방의 미개한 민족들의 말은 때까치의 소리와 같다는 뜻으로, 알아들을 수 없는 외국 사람의 말을 멸시하는 말.

남면지위 **南面之位** | 임금이 앉는 자리의 방향이 남쪽이었다는 데서 유래한 말로, 임금의 자리를 가리킴.

남부여대 **男負女戴** | 남자는 등에 지고 여자는 머리에 인다는 뜻으로, 가난한 사람들이 이리저리 떠돌아다니면서 사는 것을 일컫는 말.

남상 **濫觴** | 겨우 술잔에 넘칠 정도로 적은 양의 물.

남선북마 **南船北馬** | 바쁘게 여기저기를 돌아다님.

남아수독 오거서 **男兒須讀 五車書** | 남자는 모름지기 다섯 수레에 실을 만큼의 책을 읽으라는 말.

남아일언 중천금 **男兒一言 重千金** | 남자의 말 한 마디는 천금의 무게를 가진다.

남전북답 **南田北畓** | 가지고 있는 전답이 여기 저기 많이 있다는 말.

남존여비 **男尊女卑** | 남성을 존중하고 여성을 비천하게 여기는 생각.

남풍불경 **南風不競** | 남방의 풍악風樂이 보잘것없고 생기가 없다는 뜻으로, 힘이나 세력 따위를 떨치지 못함을 비유한 말.

낭중지추 **囊中之錐** | 주머니 속의 송곳이라는 뜻으로 유능한 사람은 숨어 있어도 자연히 그 존재가 드러난다.

낭중취물 **囊中取物** | 주머니 속의 물건을 꺼내는 것 같이 매우 용이한 일.

내우외환 **內憂外患** | 내부에서 일어나는 근심과 외부로부터 받는 근심.

내유외강 **內柔外剛** | 사실은 마음이 약한데도, 외부에는 강하게 나타남.

노래지희 **老萊之戲** | 초나라 때의 효자인 노래자老萊子가 나이 칠십에 어린애의 옷을 입고 늙은 부모 앞에서 재롱을 부려 즐겁게 해 드림으로써 늙음을 잊게 했다는 고사에서 온 말.

노류장화 **路柳墻花** | 아무나 쉽게 꺾을 수 있는 길가의 버들과 담 밑의 꽃이라는 뜻으로, 창녀를 가리키는 말.

노마십가 **駑馬十駕** | 걸음이 둔한 말도 준마의 하루 길을 열흘에는 갈 수 있다는 말로, 재주가 둔한 사람도 열심히 하면 훌륭하게 된다는 뜻.

노마지지 **老馬之智** | 늙은 말의 지혜라는 뜻으로, 비록 하찮은 사람이라도 나름대로 장점이 있다.

노발대발 **怒發大發** | 몹시 크게 성을 냄.

농단 **壟斷** | 높이 솟아 있는 언덕이라는 뜻으로 재물을 독차지함.

노생지몽 **盧生之夢** | 한때의 헛된 부귀영화.

노승발검 **怒蠅拔劍** | 파리를 보고 화를 내어 칼을 빼들고 쫓는다는 뜻. 사소한 일에 화를 잘 냄.

노심초사 **勞心焦思** | 몹시 마음을 졸이는 것.

녹림 **綠林** | 푸른 숲이라는 뜻으로, 도둑 떼의 소굴을 일컫는 말.

녹의홍상 **綠衣紅裳** | 연두저고리에 다홍치마. 젊은 여자의 고운 차림.

논공행상 **論功行賞** | 세운 공을 평가하여 상을 줌.

논점일탈 **論點逸脫** | 요점에서 벗어남.

농가성진 **弄假成眞** | 장난삼아 하다가 참말이 됨.

농와지경 **弄瓦之慶** | 딸을 낳은 경사.

농자천하지대본 **農者天下之大本** | 농업은 천하의 사람들이 살아가는 큰 근본이라는 말. 농업을 장려하는 말.

농장지경 **弄璋之慶** | 아들을 낳은 경사.

농조연운 **籠鳥戀雲** | 삼태기에 잡힌 새가 구름을 그리워함. 속박을 당한 사람이 자유를 그리워함.

뇌동부화 **雷同附和** | 아무런 생각도 없이 찬동함. 부화뇌동附和雷同.

누란지위 **累卵之危** | 계란을 쌓아놓은 것처럼 위태로운 형세를 비유.

능견난사 **能見難思** | 보통의 이치로는 아무리 생각하여도 모를 일.

능서불택필 **能書不擇筆** | 글씨를 잘 쓰는 사람은 붓을 가리지 않는다. 재료 또는

도구를 가리는 사람이라면 그 분야의 달인이라 할 수 없다.

능지처참 **陵遲處斬** | 머리, 몸, 손, 발을 자르는 극형.

ㄷ

다기망양 **多岐亡羊** | 많은 갈래의 것을 하려 하면 결국 아무것도 못한다.

다다익선 **多多益善** | 많으면 많을수록 좋다는 뜻.

다문박식 **多聞博識** | 견문이 많고 학식이 넓음.

다사다난 **多事多難** | 여러 가지 일도 많고 어려움도 많음.

다사다망 **多事多忙** | 일이 많아 매우 바쁨.

다정다감 **多情多感** | 정이 많고 느낌이 많음.

다정불심 **多情佛心** | 정이 많은, 자비스러운 마음.

단금지교 **斷金之交** | 사귀는 정이 매우 깊은 벗.

단기지계 **斷機之戒** | 베틀의 실을 끊은 훈계라는 뜻으로, 학업을 중도에 그만두는 것은 마치 짜던 베틀의 실을 끊는 것과 같이 아무런 이득이 없다는 말.

단기지교 **斷機之教** | 학문을 중도에 그만둔다는 것은 짜던 베의 끊음과 같다는 맹자 어머니의 교훈.

단도직입 **單刀直入** | 홀몸으로 칼을 휘두르며 적진으로 거침없이 쳐들어감, 요점을 바로 풀이하여 들어감.

단사두갱 **簞食豆羹** | 도시락밥과 작은 그릇의 국. 변변치 못한 음식 .

단사표음 **簞食瓢飮** | 도시락밥과 표주박 물. 즉 변변치 못한 살림을 가리키는 뜻으로 청빈한 생활을 말함. 일단사일표음一簞食一瓢飮.

단순호치 **丹脣皓齒** | 붉은 입술과 흰 이, 즉 미인의 얼굴.

단장 **斷腸** | 창자가 끊어질 만큼 아픈 상처.

담대심소 **膽大心小** | 문장을 지을 때, 기운이나 뜻은 크게 갖되 표현은 세심하게 해야 한다는 말.

담소자약 **談笑自若** | 위험이나 곤란에 직면해서도, 보통 때와 변함없이 유연하게 있는 모습.

당구풍월 **堂狗風月** | 무식한 자라도 유식한 자와 같이 있으면 감화를 받음.

당동벌이 **黨同伐異** | 옳고 그름을 떠나 같은 무리끼리는 서로 돕고 뜻을 같이 하지만, 다른 무리는 배격함.

당랑거철 **螳螂拒轍** | 사마귀가 앞발을 들어 수레바퀴를 가로막는 것처럼 분수도 모르고 강적에게 덤벼드는 무모한 행동.

당랑재후 **螳螂在後** | 눈앞의 욕심에만 어두워 덤비다가는 큰 화를 입는다. 장차 뒤에 올 재앙을 알지 못한다.

대갈일성 **大喝一聲** | 크게 한 번 소리치다.

대경대법 **大經大法** | 공명정대한 원리와 법칙.

대경실색 **大驚失色** | 몹시 놀라 얼굴빛을 잃다.

대교약졸 **大巧若拙** | 훌륭한 기교는 도리어 졸렬한 듯함.

대기만성 **大器晩成** | 큰 그릇은 늦게 만들어진다는 뜻으로 크게 될 사람은 쉽게 만들어지지 않는다.

대도무문 **大道無門** | 사람으로서 마땅히 지켜야 할 큰 도리道理나 정도正道에는 거칠 것이 없다는 뜻으로 누구나 그 길을 걸으면 숨기거나 잔재주를 부릴 필요가 없다는 말.

대동단결 **大同團結** | 많은 사람 또는 여러 당파가 하나로 뭉침.

대동소이 **大同小異** | 큰 차이가 없이 거의 같거나 조금 다름.

대분망천 **戴盆望天** | 항아리를 이고 하늘을 바라보려고 한다는 뜻으로, 한 번에 두 가지 일을 할 수 없음.

대서특필 **大書特筆** | 특히 드러나게 큰 글자로 적어 표시함.

대언장어 **大言壯語** | 주제에 맞지 않은 말을 지껄임. 큰소리로 장담함.

대의멸친 **大義滅親** | 대의를 위해서는 친족도 멸한다는 뜻으로, 국가나 사회의 대의를 위해서는 부모 형제의 정도 돌보지 않는다.

대의명분 **大義名分** | 인류의 큰 의를 밝히고 맡은 바 분수를 지키어 정도에 어긋나지 않도록 하는 것.

대자대비 **大慈大悲** | 그지없이 넓고 큰 자비.

대천지원수 **戴天之怨讐** | 이 세상에 같이 있을 수 없는 원수.

덕불고 **德不孤** | 덕 있는 사람은 따르는 이가 많아서 외롭지 않다.

덕불고필유린 **德不孤必有隣** | 덕이 있으면 따르는 사람이 있으므로 외롭지 않다.

도로무익 **徒勞無益** | 애만 쓰고 이로움이 없음.

도외시 **度外視** | 안중에 두지 않고 무시함.

도원결의 **桃園結義** | 중국 촉蜀나라의 유비, 관우, 장비가 복숭아 동산에서 의형제를 맺었다는 고사故事에서 유래되어 '의형제를 맺음'을 뜻함.

도원경 **桃源境** | 평화스러운 유토피아.

도절시진 **刀折矢盡** | 칼이 부러지고 화살이 바닥났다는 뜻으로, 더 이상 싸울 힘이 없음의 비유.

도청도설 **道聽塗說** | 길거리를 떠돌아다니는 뜬소문.

도탄지고 **塗炭之苦** | 진 구렁텅이나 숯불에 빠졌다는 뜻으로 몹시 고생스러움을 말함.

독불장군 **獨不將軍** | 남의 의견을 무시하고 혼자 모든 일을 처리하는 사람의 비

유. 혼자서는 다 잘할 수 없으므로 남과 협조해야 한다는 뜻을 담고 있는 말.

독서망양 **讀書亡羊** | 책을 읽다가 양을 잃음. 즉, 다른 일에 정신이 팔림.

독서백편의자현 **讀書百遍義自見** | 뜻이 어려운 글도 여러 번 반복하여 읽고 외면 글의 뜻을 스스로 깨쳐 알게 된다.

독서삼도 **讀書三到** | 독서하는 데는 눈으로 보고, 입으로 읽고, 마음으로 깨우쳐야한다는 뜻.

독서삼매 **讀書三昧** | 오로지 책 읽기에만 골몰함.

독숙공방 **獨宿空房** | 빈 방에서 혼자 잠. 독수공방獨守空房으로 와전됨.

독안룡 **獨眼龍** | 애꾸눈의 용이라는 뜻으로 애꾸눈이면서 영웅이거나 용명한 장수.

독야청청 **獨也靑靑** | 혼자 푸르고 생생한 초록빛을 지님. 홀로 고고하게 지냄.

독학고루 **獨學孤陋** | 혼자 공부한 사람은 견문이 좁아서 정도正道에 들어가기 어렵다는 말.

돌불연불생연 **突不燃不生煙** | 아니 땐 굴뚝에는 연기가 나지 않는다. 소문에는 반드시 그 근원이 있다는 말.

동가식서가숙 **東家食西家宿** | 유랑 생활을 하며 걸식하다. 옛 중국에 어떤 여자가 있었는데 밤낮 방에 들어앉아 한다는 말이 "부촌富村인 동촌東村에서 잘 차린 음식을 얻어먹고, 미남美男이 많은 서촌西村에서 잠을 자고 싶다"고 했다는 말에서 유래.

동가홍상 **同價紅裳** | 같은 값이면 다홍치마.

동고동락 **同苦同樂** | 괴로움과 즐거움을 함께 함.

동공이곡 **同工異曲** | 재주나 솜씨는 같으나 그 표현한 내용이나 맛은 서로 다름.

동량지재 **棟樑之材** | 한 집이나 한 나라의 중요한 일을 맡을 만한 사람을 비유.

동문서답 **東問西答** | 묻는 말에 대하여 전혀 엉뚱한 대답을 하는 것.

동병상련 **同病相憐** | 같은 병을 앓는 사람끼리 서로 불쌍히 여긴다는 뜻으로, 어려운 처지에 있는 사람끼리 서로 동정하고 돕는다.

동분서주 **東奔西走** | 사방으로 이리저리 부산하게 돌아다님.

동상이몽 **同床異夢** | 몸은 비록 같이 있으나, 서로 다른 생각을 가짐.

동선하로 **冬扇夏爐** | 겨울 부채와 여름 화로라는 뜻으로, 당장 소용이 없는 물건.

동심지언 **同心之言** | 절친한 친구 사이.

동온하청 **冬溫夏淸** | 부모를 섬김에 있어, 겨울에는 따뜻하게 여름에는 시원하게 해드린다는 뜻.

동우각마 **童牛角馬** | 뿔 없는 소와 뿔난 말. 도리에 어긋남.

동정서벌 **東征西伐** | 여러 나라를 이리저리로 쳐 없앰.

동족방뇨 **凍足放尿** | 언 발에 오줌 누기. 일시적인 도움은 될 수 있으나, 그 효력이 오래가지 않는다.

동호지필 **董狐之筆** | 권세를 두려워하지 않고 사실을 그대로 적어 역사에 남기는 일.

두문불출 **杜門不出** | 세상과 인연을 끊고 출입을 하지 않음.

두주불사 **斗酒不辭** | 말술도 사양하지 않는다. 즉, 대단한 주량을 말함.

득롱망촉 **得隴望蜀** | 한 가지 소원을 이루면 또다시 다른 소원을 이루고자 한다.

득어망전 **得魚忘筌** | 물고기를 잡고 나면 통발의 덕을 잊는다. 어떤 일을 성취하고 나면 그때까지 도움을 준 존재를 잊어버린다.

득의만면 **得意滿面** | 뜻을 이루어 기쁜 표정이 얼굴에 가득함.

등고자비 **登高自卑** | 높은 곳에 오르기 위해서는 낮은 곳부터 밟아야 한다는 말. 천 리 길도 한 걸음부터.

등루거제 **登樓去梯** | 누상에 오르게 하여 놓고, 오른 뒤 사다리를 치워 버린다

함이니, 처음에는 이롭게 하는 체하다가 뒤에 괴롭힌다는 것.

등용문 **登龍門** | 입신출세로 연결되는 어려운 관문을 말함.

등하불명 **燈下不明** | 등잔 밑이 어둡다는 뜻으로 가까이 있는 것이 오히려 알아내기가 어려움을 이르는 말.

등화가친 **燈火可親** | 가을은 독서의 계절이라는 말.

ㅁ

마각노출 **馬脚露出** | 숨기려던 큰 흠이 부지중에 나타나다.

마부위침 **磨斧爲針** | 아무리 이루기 힘든 일이라도 끊임없는 노력과 끈기 있는 인내만 있으면 성공하고 만다는 뜻.

마부작침 **磨斧作針** | 도끼를 갈아서 바늘을 만든다는 뜻으로 아무리 어려운 일이라도 참고 계속하면 언젠가는 반드시 이룰 수 있다.

마이동풍 **馬耳東風** | 남의 말을 귀담아듣지 아니하고 지나쳐 흘려버림.

마혁과시 **馬革裹屍** | 말가죽으로 시체를 싼다. 전쟁터에 나가는 용장의 각오, 혹은 전쟁터에서 죽음.

막상막하 **莫上莫下** | 실력에 있어 낫고 못함이 없이 비슷함.

막역지우 **莫逆之友** | 참된 마음으로 서로 거역할 수 없이 매우 친한 벗을 말함.

만가 **輓歌** | 상여를 메고 갈 때 부르는 노래. 즉, 죽음을 애도하는 노래.

만경창파 **萬頃蒼波** | 한없이 넓고 푸른 바다.

만고상청 **萬古常靑** | 만 년이나 오래도록 항상 푸름. 언제나 변함이 없음.

만고절색 **萬古絶色** | 고금에 예가 없이 뛰어난 미색. 미인.

만고천추 **萬古千秋** | 과거, 미래를 통한 영원한 세월.

만고풍상 **萬古風霜** | 사는 동안에 겪은 많은 고생.

만구성비 **萬口成碑** | 많은 사람이 칭찬하게 되면 결국 송덕비를 세움과 같이 명성이 알려진다.

만구일담 **萬口一談** | 여러 사람의 의논이 모두 같음.

만단개유 **萬端改諭** | 만 가지로 깨닫게 가르치다. 친절하게 가르치는 것.

만리동풍 **萬里同風** | 만 리에 걸쳐 같은 바람이 분다는 말.

만리장천 **萬里長天** | 아득히 높고 먼 하늘.

만사여의 **萬事如意** | 모든 일이 뜻하는 대로 잘됨. 만사형통萬事亨通.

만사휴의 **萬事休矣** | 모든 것이 가망 없을 정도로 달리해 볼 도리가 없는 체념의 상태.

만수무강 **萬壽無疆** | 수명이 끝이 없음. 장수長壽를 빌 때 쓰는 말.

만시지탄 **晩時之歎** | 기회를 잃은 한탄.

만신창이 **滿身瘡痍** | 온몸이 흠집투성이가 됨. 아주 형편없게 엉망이 됨.

만전지책 **萬全之策** | 한 치의 허술함도 없는 완전한 계책.

만학천봉 **萬壑千峰** | 많은 골짜기와 산봉우리.

만화방창 **萬化方暢** | 봄날이 되어 만물이 나서 자람.

만휘군상 **萬彙群象** | 많은 군중. 수없이 모여 이룬 무리.

망국지음 **亡國之音** | 나라를 망하게 하는 음악.

망극지은 **罔極之恩** | 다함이 없는 임금이나 부모의 큰 은혜.

망년지교 **忘年之交** | 나이를 따지지 않는 사귐.

망양보뢰 **亡羊補牢** | 소 잃고 외양간 고친다.

망양지탄 **望洋之歎** | 남의 원대함에 감탄하고 나의 미흡함을 부끄러워한다.

망운지정 **望雲之情** | 부모를 그리는 마음.

망자계치 亡子計齒 | 죽은 아들의 나이를 셈. 쓸데없는 일을 애석해함.

망중투한 忙中偸閑 | 바쁜 중에 조금 틈을 내어 즐김.

망지소조 罔知所措 | 매우 급하여 어찌할 바를 모름.

매사마골 買死馬骨 | 쓸데없는 것을 사서 요긴한 것이 오기를 기다림. 쓸데없는 것이라도 소중히 다루면 현인은 자연히 모여든다.

맥수지탄 麥秀之嘆 | 조국의 멸망을 한탄함.

맹귀우목 盲龜遇木 | 눈 먼 거북이가 물에서 뜬 나무를 만남. 즉, 어려울 때 우연히 좋은 일을 만남.

맹모단기 孟母斷機 | 학문을 중도에 그만두는 것은 짜고 있던 베의 날실을 끊어 버리는 것과 같다.

맹모삼천 孟母三遷 | 자식 교육을 위해 어떤 어려운 일도 행하는 부모의 마음.

맹자정문 盲者正門 | 소경이 정문으로 바로 들어감. 어리석은 사람이 우연히 이치에 들어맞는 일을 하게 됨.

맹호복초 猛虎伏草 | 영웅은 일시적으로는 숨어 있지만 언젠가는 세상에 나온다.

면벽구년 面壁九年 | 한 가지 일에 오랫동안 온 힘을 쏟음을 비유하여 이름.

면종복배 面從腹背 | 겉으로는 순종하는 체하고 속으로는 딴마음을 먹음.

면종후언 面從後言 | 그 사람 앞에서는 복종하고 돌아서서는 욕을 함.

멸사봉공 滅私奉公 | 사를 버리고 공을 위하여 힘써 일함.

명견만리 明見萬里 | 먼 곳의 일을 훤히 알고 있음을 뜻함.

명경지수 明鏡止水 | 맑고 깨끗한 마음.

명실상부 名實相符 | 이름과 실제가 서로 부합.

명심불망 銘心不忘 | 마음에 새기어 잊지 않음.

명야복야 命也福也 | 연거푸 생기는 행복을 뜻함.

명약관화 **明若觀火** | 불을 보듯 분명함.

명재경각 **命在頃刻** | 거의 죽게 됨.

명철보신 **明哲保身** | 총명하고 사리에 밝아 모든 일을 빈틈없이 처리하여 자신을 잘 보전함.

모골송연 **毛骨悚然** | 아주 끔찍한 일을 당하거나 볼 때 두려워 몸이나 털이 곤두선다는 말.

모수자천 **毛遂自薦** | 조나라에서 초나라에 구원을 청할 사자使者를 물색할 때 모수가 스스로 자기를 천거했다는 고사가 있음. 자기가 자기를 추천함.

모순 **矛盾** | 말이나 행동이 앞뒤가 맞지 않음.

모순당착 **矛盾撞着** | 앞뒤의 이치가 서로 맞지 않음. 자가당착自家撞着.

목민지관 **牧民之官** | 백성을 기르는 벼슬아치라는 뜻으로, 원이나 수령 등 외직 문관을 통칭하는 말.

목불식정 **目不識丁** | 낫 놓고 기역자도 모른다는 뜻. 아주 무식함.

목불인견 **目不忍見** | 딱한 모양이 차마 눈뜨고 볼 수 없음.

몽진 **蒙塵** | 난리에 쫓기어 임금이 나라 밖으로 피난함.

묘두현령 **猫頭懸鈴** | 고양이 목에 방울 달기. 즉, 실행할 수 없는 헛된 의논이라는 것.

무고지민 **無告之民** | 고아나 과부, 늙은이처럼 어려운 백성.

무릉도원 **武陵桃源** | 이 세상을 떠난 별천지를 말함. 신선의 세계.

무면도강동 **無面渡江東** | 보잘것없이 되어 고향에 돌아갈 낯이 없다. 항우項羽가 싸움에 지고 고향에 이르는 위강爲江에서 뱃사공에게 한 말.

무미건조 **無味乾操** | 재미나 취미가 없고 메마름. 깔깔하여 운치가 없음.

무불간섭 **無不干涉** | 함부로 남의 일에 간섭함.

무불통지 **無不通知** | 무슨 일이든 모르는 것이 없음.

무산지몽 **巫山之夢** | 무산巫山에서의 꿈이라는 뜻으로, 남녀 간의 밀회密會나 정사情事를 말한다.

무소불위 **無所不爲** | 못할 짓이 없음.

무용지용 **無用之用** | 언뜻 보아 별 쓸모없는 것으로 생각되는 것이 도리어 크게 쓰임.

무위도식 **無爲徒食** | 하는 일 없이 먹고 놀기만 함.

무위이화 **無爲而化** | 덕이 크면 백성들이 스스로 잘 따름.

무의무탁 **無依無托** | 의지하고 의탁할 곳이 없음.

무지몽매 **無知蒙昧** | 아는 것이 없고, 사리에 어두움.

무항산자무항심 **無恒産者無恒心** | 일정한 생업生業이나 재산이 없는 사람은 마음의 안정도 누리기 어렵다는 말.

묵자지수 **墨子之守** | 자기 의견이나 주장을 굽히지 않고 끝까지 지킴.

문경지교 **刎頸之交** | 목을 베어줄 수 있을 정도로 절친한 친구.

문방사우 **文房四友** | 종이, 붓, 벼루, 먹.

문외한 **門外漢** | 어떤 일에 관계가 없는 사람. 전문가가 아닌 사람.

문일지십 **聞一知十** | 한 가지를 들으면 열을 미루어 앎.

문전성시 **門前成市** | 문 앞이 시장을 이룬다는 뜻으로 권세가나 부잣집 문 앞이 방문객으로 시장처럼 붐빈다는 말.

문전옥답 **門前沃畓** | 집 앞 가까이에 있는 좋은 논, 곧 많은 재산.

문전작라 **門前雀羅** | 문 앞에 새그물을 친다는 뜻으로 권세를 잃거나 가난해지면 문 앞에 새그물을 쳐 놓을 수 있을 정도로 방문객이 뜸해진다는 말.

문정여시 **門庭如市** | 집에 사람이 많이 찾아온다는 말. 문전성시.

물부충생 物腐蟲生 | 내부에 약점이 생기면 곧 외부의 침입이 있게 됨.

물실호기 勿失好機 | 좋은 기회를 놓치지 아니함.

물심일여 物心一如 | 마음과 형체가 구별 없이 하나로 일치된 상태.

물외한인 物外閒人 | 세상의 시끄러움에서 벗어나 한가하게 지내는 사람.

미망인 未亡人 | 춘추좌씨전春秋左氏傳에 나오는 말로 따라 죽지 못한 사람이라는 뜻. 남편을 잃고 혼자 된 여자를 말함.

미봉 彌縫 | 빈구석이나 잘못된 것을 임시변통으로 순간의 위기를 모면함.

미생지신 尾生之信 | 우직하게 지키는 약속.

미연지전 未然之前 | 아직 그렇게 되기 전.

미인박명 美人薄命 | 미인은 흔히 불행하거나 요절하는 일이 많다는 뜻.

미풍양속 美風良俗 | 아름답고 좋은 풍속.

ㅂ

박물군자 博物君子 | 모든 사물에 능통한 사람.

박이부정 博而不精 | 널리 알기는 하나 자세히 알지는 못함.

박장대소 拍掌大笑 | 손바닥을 치면서 크게 웃음.

박지약행 薄志弱行 | 뜻과 행실이 약하여 어려움을 견디지 못함.

반계곡경 盤溪曲徑 | 정당하고 평탄한 방법으로 하지 아니하고 그릇되고 억지스럽게 함을 이르는 말.

반근착절 盤根錯節 | 엉킨 뿌리와 뒤틀린 마디라는 뜻으로 해결하기 매우 어려운 일을 비유.

반면교사 反面敎師 | 다른 사람이나 사물의 부정적인 측면에서 가르침을 얻음

을 이르는 말.

반면지분 **半面之分** | 얼굴의 반만 아는 사이. 안면만 약간 있는 사이.

반목질시 **反目嫉視** | 서로 눈을 흘기며 미워함.

반식재상 **伴食宰相** | 자리만 차지하고 있는 무능한 재상을 비꼬아 이르는 말.

반의지희 **斑衣之戱** | 지극한 효성.

반포지효 **反哺之孝** | 자식이 자라서 부모를 봉양함.

발본색원 **拔本塞源** | 폐단의 근본을 아주 뽑아버려 다시 고치려는 뜻.

발분망식 **發憤忘食** | 일을 이루려고 끼니조차 잊고 분발 노력함

발췌초록 **拔萃抄錄** | 여럿 중에서 뛰어난 것을 뽑아 간단히 적어둔 것.

방약무인 **傍若無人** | 다른 사람은 아랑곳하지 않은 채 제멋대로 행동함.

배반낭자 **杯盤狼藉** | 술자리가 파할 무렵이나 파한 뒤 술잔과 접시가 어지럽게 흩어져 있는 모양.

배수지진 **背水之陣** | 물을 등지고 친 진지라는 뜻으로, 어떤 일에 대처하는 비장한 각오를 비유.

배은망덕 **背恩忘德** | 은혜를 잊고 도리어 배반함.

배중사영 **杯中蛇影** | 술잔 속에 비친 뱀의 그림자라는 뜻으로, 쓸데없는 일로 의심하여 근심함을 비유.

백가쟁명 **百家爭鳴** | 많은 학자나 논객이 활발히 논쟁하는 일.

백골난망 **白骨難忘** | 죽어도 잊지 못할 큰 은혜를 입음.

백구과극 **白駒過隙** | 흰 말이 획 지나가는 것을 문틈으로 보다. 인생의 덧없음.

백년가약 **百年佳約** | 부부가 되어 한평생을 함께 살자는 아름다운 약속.

백년대계 **百年大計** | 먼 뒷날까지 걸친 큰 계획.

백년하청 **百年河淸** | 백 년을 기다린다 해도 황하黃河의 물은 맑아지지 않는다는

뜻으로 지금은 일어나기 어려운 일.

백년해로 **百年偕老** | 부부가 화합하여 함께 늙도록 살아감.

백락일고 **伯樂一顧** | 남이 자기의 재능을 알아주므로 극진히 대우함.

백마비마 **白馬非馬** | 백마는 말이 아니다. 억지 논리를 비유하여 이르는 말.

백면서생 **白面書生** | 오직 글만 읽고 세상일에 경험이 없는 사람.

백문불여일견 **百聞不如一見** | 백 번 듣는 것이 한 번 보는 것만 못하다. 무엇이든지 경험해야 확실히 알 수 있다.

백미 **白眉** | 여럿 중에서 가장 뛰어난 사람이나 물건.

백발백중 **百發百中** | 총이나 활을 쏘면 어김없이 맞음. 또는 예상한 일이 꼭 들어맞음.

백발삼천장 **白髮三千丈** | 머리가 몹시 세었다는 것을 과장한 말로, 즉 늙은 몸의 서글픔을 표현한 것임.

백아절현 **伯牙絶絃** | 서로 마음이 통하는 친한 친구의 죽음을 슬퍼함.

백안시 **白眼視** | 흰 눈동자로 흘겨봄. 즉 남을 업신여기거나 냉대함을 이름.

백약지장 **百藥之長** | 백 가지 약 중에 으뜸이라는 뜻으로, 술을 좋게 이르는 말.

백의종군 **白衣從軍** | 벼슬을 하지 않고 군대 일에 복무함.

백전노장 **百戰老將** | 여러 차례 큰 싸움을 치른 늙은 장군이라는 뜻이니, 세상일에 경험이 많아 당해내지 못하는 일이 없는 사람을 말함.

백전백승 **百戰百勝** | 백 번 싸워 백 번 이긴다는 뜻으로, 싸울 때마다 반드시 이긴다는 말.

백절불굴 **百折不屈** | 수차 꺾어도 굽히지 않음.

백절불요 **百折不撓** | 백 번 쓰러져도 굽히지 않고 처음 먹은 뜻을 완수하기에 힘씀. 백절불굴.

백주지조 **栢舟之操** | 남편을 일찍 잃은 아내의 굳은 절개.

백중지세 **伯仲之勢** | 우열優劣의 차이가 없이 엇비슷함을 이르는 말.

백척간두 **百尺竿頭** | 위태롭고 어려운 지경에 이름.

백팔번뇌 **百八煩惱** | 불교에서 쓰는 말. 사람의 과거, 현재, 미래에 걸친 108가지 번뇌를 말함.

백화난만 **百花爛漫** | 온갖 꽃이 활짝 펴 흐드러짐.

백화제방 **百花齊放** | 온갖 꽃이 일시에 핀다는 뜻으로, 갖가지 학문이나 예술이 함께 성함의 비유.

번문욕례 **繁文縟禮** | 규칙, 예절 따위가 지나치게 형식적이어서 번거롭고 까다로운 예문을 말함.

벌제위명 **伐齊爲名** | 어떠한 일을 하는 체하면서 사실은 다른 일을 함.

법원권근 **法遠拳近** | 법은 멀고 주먹은 가깝다는 말.

병가상사 **兵家常事** | 전쟁에서 이기고 지는 일은 흔한 일이므로, 지더라도 낙담하지 말라는 말.

병입고황 **病入膏肓** | 불치병. 고대 중국 의학에서는 사람 몸에 고膏와 황肓이라는 장소가 있어 여기에 병이 들어가면 치료가 불가능하다고 생각함.

보거상의 **輔車相依** | 서로 돕고 서로 의지한다는 말.

복수불반분 **覆水不返盆** | 일단 저지른 일은 다시 되돌리기 어렵다.

복수불수 **覆水不收** | 한 번 엎지른 물은 다시 담을 수 없음.

복차지계 **覆車之戒** | 먼저 간 수레가 엎어진 것을 보고 경계를 한다는 말.

본말전도 **本末顚倒** | 일의 주된 것과 지엽적인 것이 서로 바뀜.

본제입납 **本第入納** | 본집으로 들어가는 편지라는 뜻으로, 편지 겉봉에 웃어른의 이름 대신 자기 이름을 쓰고 밑에 붙여 쓰는 말.

부마 駙馬 | 공주의 남편이자 임금의 사위.

부부유별 夫婦有別 | 남편과 아내는 분별이 있어야 한다.

부신입화 負薪入火 | 섶을 지고 불에 뛰어듦. 자기가 짐짓 그릇된 짓을 하여 화를 더 얻음을 뜻함.

부위부강 夫爲婦綱 | 아내는 남편을 섬기는 것이 근본이다.

부위자강 父爲子綱 | 아들은 아버지를 섬기는 것이 근본이다.

부전자전 父傳子傳 | 대대로 아버지가 아들에게 전함.

부중지어 釜中之魚 | 가마솥 안에 든 물고기라는 뜻으로, 목숨이 위급한 처지에 있음을 이르는 말.

부창부수 夫唱婦隨 | 남편이 창을 하면 아내도 따라한다. 남편의 뜻에 아내는 좇는다.

부화뇌동 附和雷同 | 자기주장 없이 남이 하는 대로 따라 함.

북창삼우 北窓三友 | 거문고, 술, 시의 세 가지.

분골쇄신 粉骨碎身 | 힘을 다하고 고생하며 일하는 것.

분기충천 忿氣沖天 | 분한 마음이 하늘을 찌를 듯이 대단함.

분서갱유 焚書坑儒 | 책을 불사르고 선비를 산 채로 구덩이에 파묻어 죽인다는 뜻으로 시황제始皇帝의 가혹한 법과 혹독한 정치.

불가사의 不可思議 | 상식으로는 헤아려 알 수 없음.

불감생심 不敢生心 | 힘에 부쳐 감히 엄두를 내지 못함.

불구대천 不俱戴天 | 같은 하늘 밑에서 살 수 없다는 것. 즉, 어버이의 원수를 말함.

불구대천지수 不俱戴天之讎 | 함께 하늘을 이고 살 수 없는 원수라는 뜻으로, 곧 반드시 죽여야 할 원수를 일컫는 말.

불립문자 不立文字 | 마음에서 마음으로 전함.

불면불휴 不眠不休 | 자지도 않고 쉬지도 않는다는 뜻으로, 조금도 쉬지 않고 내쳐 애써 일함의 뜻.

불문가지 不問可知 | 묻지 않아도 가히 알 수 있음.

불문곡직 不問曲直 | 옳고 그름을 가리지 않고 함부로 일을 처리함.

불벌부덕 不伐不德 | 자기의 공적을 뽐내지 않음.

불수진 拂鬚塵 | 남의 수염에 붙은 티끌을 털어준다는 뜻으로 곧 윗사람이나 권력자에게 아부하거나 비굴한 태도.

불요불굴 不撓不屈 | 한 번 결심한 마음이 흔들거리거나 굽힘이 없이 억셈.

불원천리 不遠千里 | 천 리를 멀다 아니하고 찾아오다.

불입호혈부득호자 不入虎穴不得虎子 | 호랑이 굴에 들어가지 않고는 호랑이 새끼를 못 잡는다는 뜻으로 모험을 하지 않고는 큰일을 할 수 없다.

불철주야 不撤晝夜 | 밤낮을 가리지 않음.

불초지부 不肖之父 | 어리석은 아버지.

불치하문 不恥下問 | 아랫사람에게 묻는 것을 부끄러워하지 않음.

불편부당 不偏不黨 | 어느 쪽에도 붙지 않는 고결한 태도.

불폐풍우 不蔽風雨 | 집이 헐어서 바람과 비를 가리지 못함.

불혹 不惑 | 미혹迷惑하지 아니한다는 뜻으로, 나이 마흔 살을 일컫는 말.

붕당 朋黨 | 뜻이나 주의를 같이한 사람끼리 뭉친 동아리.

붕우유신 朋友有信 | 벗과 벗은 믿음이 있어야 한다.

붕우책선 朋友責善 | 친구는 서로 착한 일을 권한다. 참다운 친구라면 서로 나쁜 짓을 못하도록 좋은 일로 이끌어야 한다는 말.

붕정만리 鵬程萬里 | 앞길이 양양함.

비명횡사 非命橫死 | 뜻밖의 재난이나 사고 따위로 죽음.

비몽사몽간 **非夢似夢間** | 꿈인지 생시인지 알 수 없는 어렴풋함.

비분강개 **悲憤慷慨** | 슬프고 분한 마음이 가득 차 있음.

비비유지 **比比有之** | 드물지 않음.

비육지탄 **髀肉之嘆** | 성공할 기회를 잃고 공연히 허송세월만 보냄을 탄식하는 말. 영웅이 때를 만나지 못하여 싸움에 나가지 못하고 넓적다리에 헛된 살만 쪄 가는 것을 한탄한다는 말에서 나옴.

비일비재 **非一非再** | 한두 번이 아님.

빈자일등 **貧者一燈** | 불전에 바치는 가난한 사람의 정성 어린 한 등이 부자의 만 등보다 낫다는 뜻으로, 물질의 많고 적음보다 정성이 소중함을 비유한 말.

빈천지교 **貧賤之交** | 가난할 때 사귄, 잊지 못할 벗.

빈천지교불가망 **貧賤之交不可忘** | 가난하고 어려운 때 사귄 친구는 언제까지나 잊어서는 안 된다는 말.

빙공영사 **憑公營私** | 관청이나 공공의 일을 이용하여 개인의 이익을 꾀함.

빙탄불상용 **氷炭不相容** | 얼음과 숯불은 서로 어울리지 못함. 둘이 서로 어긋나 용납지 못한다는 뜻.

빙탄지간 **氷炭之間** | 얼음과 숯처럼 둘이 서로 어긋나 맞지 않는 사이.

ㅅ

사가망처 **徙家忘妻** | 이사할 때 자기 아내를 잊어버리고 두고 간다는 뜻으로 건망증이 심함을 비유한 말.

사고무친 **四顧無親** | 의지할 사람이 아주 없음.

사군자 **四君子** | 동양화에서 품성이 군자와 같이 고결하다는 매화, 난초, 국화,

대나무를 일컫는 말.

사농공상 **士農工商** | 선비, 농부, 장인, 상인의 네 가지 신분을 아울러 일컫는 말.

사단취장 **捨短取長** | 단점은 버리고 장점은 취함.

사면초가 **四面楚歌** | 사면에서 들려오는 초나라 노래라는 뜻으로 사방에 적이 많아 이럴 수도 저럴 수도 없는 상태.

사면춘풍 **四面春風** | 항상 좋은 얼굴로 남을 대하여 누구에게나 호감을 산다는 말.

사분오열 **四分五裂** | 여러 쪽으로 찢어짐. 어지럽게 분열됨.

사불급설 **駟不及舌** | 한 번 뱉은 말은 네 마리가 끄는 빠른 마차로도 따라잡지 못한다는 뜻으로 삽시간에 퍼진 소문을 말함.

사불범정 **邪不犯正** | 바르지 못한 것이 바른 것을 범하지 못함.

사불여의 **事不如意** | 일이 뜻대로 안됨.

사상누각 **沙上樓閣** | 모래 위에 세운 누각이라는 뜻으로, 겉모양은 번듯하나 기초가 약하여 오래가지 못하는 것, 또는 실현 불가능한 일 따위를 비유하여 이르는 말.

사생취의 **捨生取義** | 의를 위해서 목숨을 버림.

사석성호 **射石成虎** | 성심을 다하면 아니 될 일도 이룰 수 있다는 것. 돌을 범인 줄 알고 쏘았더니 화살이 꽂혔다는 말.

사이비 **似以非** | 겉은 제법 비슷하나 속은 전혀 다르다.

사이후이 **死而後已** | 죽은 뒤에나 그만둘 결심으로 열심히 함.

사인여천 **事人如天** | 천도교에서 한울님을 공경하듯, 사람도 늘 그와 같이 대하라는 교리.

사자후 **獅子吼** | 사자의 울음소리처럼 울부짖으며 열변을 토하는 연설을 일컬음. 불교에서는 부처님의 위엄 있는 설법에 모든 악마들이 굴복하여 귀의함

을 비유한 말.

사족 **蛇足** | 뱀의 발이라는 뜻으로 하지 않아도 될 일을 하다가 일을 그르치는 행동.

사지 **四知** | 하늘과 땅, 자신과 상대방이 알고 있다는 뜻. 세상에 비밀이 없음.

사직 **社稷** | 사社는 토신土神, 직稷은 곡식의 신으로, 옛날의 군주는 이 두 신을 받들었다. 따라서 국가라는 뜻으로 쓰임.

사통오달 **四通五達** | 길이나 교통망, 통신망 등이 사방으로 막힘없이 통함.

사필귀정 **事必歸正** | 모든 일은 반드시 바른대로 돌아간다.

사회부연 **死灰復燃** | 다 탄 재에 다시 불이 붙음. 잃었던 권력을 다시 잡음.

사후약방문 **死後藥方文** | 죽은 뒤에 약방문을 쓴다는 뜻으로, 이미 때가 지난 후에 대책을 세우거나 후회해도 소용없다는 말. 약방문은 약을 짓기 위해 약의 이름과 분량을 쓴 종이.

산고수장 **山高水長** | 산은 높고 물은 유유히 흐른다는 뜻으로, 군자의 덕이 높고 큼을 이르는 말.

산궁수진 **山窮水盡** | 어려움이 극도에 다다라 아무런 방법이 없음.

산상보훈 **山上寶訓** | 예수가 산꼭대기에서 행한 설교로 예수 사랑의 윤리가 표현되어 있음.

산자수명 **山紫水明** | 산이 푸르고 물이 맑다는 뜻으로, 산천의 경치가 아주 아름답다는 말.

산전수전 **山戰水戰** | 산에서의 전투와 물에서의 전투를 다 겪음. 세상일에 경험이 많음.

산해진미 **山海珍味** | 산과 바다의 산물産物을 다 갖추어 썩 잘 차린 귀한 음식.

살신성인 **殺身成仁** | 목숨을 버려 어진 일을 이룸.

삼강오륜 三綱五倫 | 유교 도덕의 바탕이 되는 세 가지 강령과 다섯 가지의 인륜을 이르는 말. 삼강은 군위신강君爲臣綱, 부위자강父爲子綱, 부위부강夫爲婦綱. 오륜은 부자유친父子有親, 군신유의君臣有義, 부부유별夫婦有別, 장유유서長幼有序, 붕우유신朋友有信.

삼고초려 三顧草廬 | 초가집을 세 번 찾아간다는 뜻으로, 인재를 등용함에 있어 진심으로 예를 다함.

삼년불비불명 三年不飛不鳴 | 3년 동안 날지도 않고 울지도 않는다는 뜻으로 훗날 크게 활동할 기회를 기다리고 있음.

삼라만상 森羅萬象 | 우주 안에 있는 온갖 현상.

삼불거 三不去 | 칠거의 이유가 있는 아내라도 쫓아내지 못하는 세 가지 경우. 곧, 부모의 거상을 마친 경우, 취할 때 빈천하다가 뒤에 부귀하게 된 경우, 보내어도 갈 곳이 없는 경우.

삼불혹 三不惑 | 미혹하여 빠지지 말아야 한다는 세 가지로, 술, 여자, 재물을 이름.

삼삼오오 三三五五 | 서넛 또는 대여섯 명씩 떼지어 있거나 일을 하는 모양.

삼손우 三損友 | 사귀어 손해가 되는 세 가지 유형의 벗. 즉, 편벽한 사람. 말만 앞세우고 성실하지 못한 사람, 착하기만 하고 줏대가 없는 사람.

삼순구식 三旬九食 | 한 달에 아홉 끼를 먹을 정도로 매우 빈궁한 생활.

삼십육계주위상계 三十六計走爲上計 | 서른여섯 가지 계책 중에서 도망가는 것이 제일 좋은 계책이라는 뜻으로, 일의 형편이 불리할 때는 피하는 것이 상책이다.

삼십이립 三十而立 | 공자孔子가 한 말로 나이 삼십에 이르러 비로소 학문상 자립할 수 있게 되었다는 말.

삼익우 **三益友** | 매화, 대나무, 돌.

삼인성호 **三人成虎** | 세 사람이 입을 모으면 호랑이도 만들 수 있다는 뜻으로, 거짓말이라도 여러 사람이 하면 사실처럼 들린다.

삼인행필유아사 **三人行必有我師** | 세 사람이 어떤 일을 같이할 때는 반드시 그 가운데 스승이 될 만한 사람이 있다는 말.

삼일유가 **三日遊街** | 과거에 급제한 사람이 사흘 동안 좌주와 선진자와 친척을 방문하는 일.

삼종지도 **三從之道** | 여자가 지켜야 할 세 가지 도리. 어려서 어버이께 순종하고, 시집가서는 남편에게, 남편이 죽은 후에는 아들에게 순종해야 한다는 도덕관.

삼종지의 **三從之義** | 여자가 지켜야 할 세 가지 도리.

삼척동자 **三尺童子** | 키가 석자에 불과한 자그만 어린아이.

삼천지교 **三遷之敎** | 맹자의 어머니가 아들의 교육을 위하여 세 번 거처를 옮겼다는 고사로, 생활환경이 교육에 있어 큰 구실을 한다.

상가지구 **喪家之狗** | 초상난 집의 개라는 뜻으로, 주인이 죽은 뒤에 먹을 것이 없어서 몸이 파리해진 개와 같음을 뜻함.

상궁지조 **傷弓之鳥** | 활에 상처를 입은 새는 굽은 나무만 보아도 놀란다는 뜻으로, 어떤 일에 봉변을 당한 뒤에는 뒷일을 경계함을 비유하는 말.

상루하습 **上漏下濕** | 비가 새고 습기가 오르는 집. 곧 허술하고 가난한 집.

상수여수 **上壽如水** | 건강하게 오래 살려면, 흐르는 물처럼 도리에 따라서 살아야 한다는 뜻.

상전벽해 **桑田碧海** | 뽕나무 밭이 바다가 된다는 말로, 세상일의 변천이 심하여 사물이 바뀜을 비유하는 말.

상탁하부정 **上濁下不淨** | 웃사람이 바르지 못하면 아랫사람도 행실이 바르지 못하게 된다는 뜻.

상풍고절 **霜風高節** | 어떠한 난관이나 어려움에 처해도 결코 굽히지 않는 높은 절개.

새옹지마 **塞翁之馬** | 세상만사가 변화무쌍하여 인간의 길흉화복을 미리 예측할 수 없다.

색즉시공공즉시색 **色卽是空空卽是色** | 모든 유형有形의 사물은 공허한 것이며, 공허한 것은 유형의 사물과 다르지 않다는 말. 반야심경般若心經의 첫 구절에 나옴.

생구불망 **生口不網** | 산사람의 목구멍에 거미줄 치지 않는다는 말.

생불여사 **生不如死** | 삶이 죽음만 못하다는 뜻으로, 아주 곤란한 처지에 있음을 말함.

생자필멸 **生者必滅** | 생명이 있는 것은 죽을 때가 있음.

서동부언 **胥動浮言** | 거짓말을 퍼뜨려 인심을 선동함.

서시빈목 **西施嚬目** | 서시가 눈살을 찌푸린다는 뜻으로 무조건 남의 흉내를 낸다.

서절구투 **鼠竊狗偸** | 쥐나 개처럼 가만히 물건을 훔침. 좀도둑을 비유함.

서제막급 **噬臍莫及** | 배꼽을 물려고 해도 입이 닿지 않는다는 뜻으로 기회를 잃고 후회해도 아무 소용없다.

선견지명 **先見之明** | 앞일을 미리 내다보는 밝은 슬기.

선공후사 **先公後私** | 공적인 일을 먼저하고 사적인 일을 뒤로 미룸.

선남선녀 **善男善女** | 성품이 착한 남녀. 착하고 어진 사람들을 이르는 말.

선례후학 **先禮後學** | 먼저 예의를 배우고 나중에 학문을 배우라는 뜻. 예의의 중요성을 강조하는 말.

선시선종 **善始善終** | 처음이나 끝이나 한결같이 잘함.

선시어외 **先始於隗** | 가까이 있는 사람부터 시작하라.

선우후락 **先憂後樂** | 근심할 일은 남보다 먼저 걱정하고 즐거워할 일은 남보다 나중에 기뻐함.

선자옥질 **仙姿玉質** | 용모가 아름답고 재질도 뛰어남.

선즉제인 **先則制人** | 선수를 치면 남을 제압할 수 있다.

선풍도골 **仙風道骨** | 뛰어난 풍채와 골격.

설니홍조 **雪泥鴻爪** | 눈 위의 기러기 발톱 자국. 눈이 녹으면 기러기 발톱 자국이 사라지므로 인생의 자취가 흔적 없음을 비유한 말.

설망어검 **舌芒於劍** | 혀는 칼보다 날카로움.

설부화용 **雪膚花容** | 흰 살결에 고운 얼굴로 미인의 얼굴을 뜻함.

설상가상 **雪上加霜** | 불행한 일에 불행을 거듭 당한다는 뜻.

설왕설래 **說往說來** | 서로 변론辯論을 주고받으며 옥신각신함.

섬섬옥수 **纖纖玉手** | 가냘프고 고운 여자의 손.

성동격서 **聲東擊西** | 동쪽을 치는 듯이 하면서 실제로는 서쪽을 친다는 뜻으로 상대를 기만하여 공격함의 비유.

성자필쇠 **盛者必衰** | 한번 성한 자는 반드시 쇠할 때가 있다.

성하지맹 **城下之盟** | 성 밑에서 조약을 체결함. 굴욕적인 맹약盟約.

성혜 **成蹊** | 샛길이 생긴다는 뜻으로 덕德이 높은 사람은 자연히 사람들이 흠모하여 모여든다.

세답족백 **洗踏足白** | 상전의 빨래를 해 주다가 하인의 발뒤꿈치가 희게 되었다는 뜻으로 남을 위해 일을 하면 자신에게도 이롭게 됨을 비유한 말.

세리지교 **勢利之交** | 권세와 이익을 얻기 위한 교제.

세속오계 **世俗五戒** | 신라 진평왕 때 원광법사가 지은 화랑의 다섯 가지 계율.

사군이충事君以忠, 사친이효事親以孝, 교우이신交友以信, 임전무퇴臨戰無退, 살생유택殺生有擇.

세한삼우 **歲寒三友** | 추위에 잘 견디는 소나무, 대나무, 매화나무를 일컫는 말.

소년이로학난성 **少年易老學難成** | 소년은 늙기 쉬우나 학문을 이루기는 어렵다.

소이부답 **笑而不答** | 웃기만 하고 대답을 하지 않음.

소인묵객 **騷人墨客** | 시문과 서화를 일삼는 사람.

소인지용 **小人之勇** | 혈기에서 오는 필부匹夫의 용기.

소탐대실 **小貪大失** | 작은 것을 탐하다가 오히려 큰 것을 잃음.

속수무책 **束手無策** | 어찌할 도리 없이 꼼짝 못함.

송구영신 **送舊迎新** | 묵은 해를 보내고 새해를 맞이함.

송무백열 **松茂栢悅** | 소나무가 무성해지면 잣나무가 기뻐함. 남이 잘되는 것을 기뻐함.

송백지조 **松柏之操** | 소나무와 잣나무의 푸르름처럼 변하지 않는 지조.

송양지인 **宋襄之仁** | 송나라 양공襄公의 인정이라는 뜻으로 쓸데없이 어진 척한다.

수구여병 **守口如甁** | 입을 병마개 막듯이 꼭 봉함. 비밀을 잘 지킴.

수구초심 **首丘初心** | 고향을 그리워하는 마음을 일컫는 말.

수복강녕 **壽福康寧** | 오래 살고, 복되고 평안함.

수불석권 **手不釋卷** | 손에서 책을 놓지 않는다는 말로, 늘 공부하는 사람을 가리킴.

수서양단 **首鼠兩端** | 구멍에서 머리만 내밀고 좌우를 살피는 쥐라는 뜻으로 거취를 정하지 못하고 망설이는 상태.

수석침류 **漱石枕流** | 돌로 양치질하고 흐르는 물로 베개를 삼는다는 뜻으로 자기 말이 맞지 않아도 억지를 부린다.

수수방관 **袖手傍觀** | 팔짱을 끼고 본다. 어떤 일을 옆에서 지켜만 봄.

수신제가 **修身齊家** | 행실을 닦고 집안을 바로잡음.

수심가지인심난지 **水深可知人心難知** | 물의 깊이는 알 수 있으나 사람의 속마음은 헤아리기가 어렵다는 뜻.

수어지교 **水魚之交** | 서로 떨어질 수 없는 친한 사이를 일컫는 말.

수오지심 **羞惡之心** | 자신의 그릇됨을 부끄러워하고 남의 바르지 못함을 미워하는 마음.

수원수구 **誰怨誰咎** | 남을 원망하거나 책망할 것이 없음.

수인사대천명 **修人事待天命** | 사람의 힘으로 할 수 있는 일을 다하고 하늘의 명을 기다림.

수적천석 **水滴穿石** | 물방울이 돌을 뚫는다는 뜻으로 작은 노력이라도 끈기 있게 계속하면 큰일을 이룰 수 있다.

수주대토 **守株待兎** | 어리석게 한 가지만 기다려 융통성이 없음.

수즉다욕 **壽則多辱** | 오래 살면 욕된 일이 많다는 뜻으로 오래 살수록 망신스러운 일을 많이 겪게 된다.

수청무대어 **水清無大魚** | 물이 너무 맑으면 물고기들이 살지 못한다는 뜻으로 사람이 너무 결백하면 남이 가까이하지 않는다.

숙호충비 **宿虎衝鼻** | 자는 범의 코를 찌름. 자기 스스로의 불리를 자초함의 비유.

순결무구 **純潔無垢** | 아주 깨끗하여 조금도 티가 없음.

순망치한 **脣亡齒寒** | 입술을 잃으면 이가 시리다는 뜻으로 가까운 사이의 한쪽이 망하면 다른 한쪽도 온전하기 어렵다.

술이부작 **述而不作** | 참된 창작은 옛것을 토대로 자연스럽게 태어난다.

숭덕광업 **崇德廣業** | 높은 덕과 큰 사업. 또, 덕을 높이고 업을 넓힘.

승승장구 **乘勝長驅** | 싸움에서 이긴 기세를 타고 계속 적을 몰아침.

승천입지 **昇天入地** | 하늘로 올라가고 땅으로 들어간다. 죽음을 가리킴.

시비곡직 **是非曲直** | 옳고 그르고 굽고 곧음. 잘잘못.

시비지심 **是非之心** | 시비를 가릴 줄 아는 마음.

시시비비 **是是非非** | 옳고 그름을 가리어 밝힘.

시야비야 **是也非也** | 옳으니 그르니 하고 시비를 가림.

시오설 **視吾舌** | 내 혀를 보아라. 혀만 있으면 천하도 움직일 수 있다.

시위소찬 **尸位素餐** | 벼슬의 책임을 다하지 못하고 녹만 먹음.

시종여일 **始終如一** | 처음이나 나중이 한결같아서 변함없음.

시종일관 **始終一貫** | 처음과 끝이 똑같음.

식소사번 **食少事煩** | 먹을 것은 적고 일만 복잡함.

식자우환 **識者憂患** | 학식이 있는 것이 도리어 근심을 산다. 아는 것이 탈.

신상필벌 **信賞必罰** | 공이 있는 사람에게는 반드시 상을 주고, 죄가 있는 사람에게는 반드시 벌을 줌.

신언서판 **身言書判** | 사람됨을 판단하는 네 가지 기준을 말한 것으로, 곧 신수身手와 말씨와 문필과 판단력을 일컬음.

신체발부 **身體髮膚** | 머리끝부터 발끝까지의 몸 전부.

신출귀몰 **神出鬼沒** | 자유자재로 출몰하여 그 변화와 소재를 헤아릴 수 없음을 이르는 말.

신토불이 **身土不二** | 몸과 태어난 땅은 하나라는 뜻으로, 제 땅에서 산출된 것이라야 체질에 잘 맞는다는 말.

실사구시 **實事求是** | 사실에 근거하여 진리나 진상을 연구하는 일.

실천궁행 **實踐躬行** | 몸소 실천함.

심기일전 **心機一轉** | 어떤 계기로 그 전까지의 생각을 근본적으로 뒤바꿈.

심사숙고 **深思熟考** | 깊이 생각하고 곧 신중을 기하여 곰곰이 생각함.

심심상인 **心心相印** | 마음에서 마음으로 전함. 이심전심.

심원의마 **心猿意馬** | 마음은 원숭이, 생각은 말. 즉, 차분하지 못한 마음.

십년한창 **十年寒窓** | 10년 동안 사람이 오지 않아 쓸쓸한 창문이나 오랫동안 두문불출杜門不出한 채 머리를 싸매고 열심히 공부한 세월을 비유한 말.

십벌지목 **十伐之木** | 열 번 찍어 안 넘어가는 나무가 없음.

십보방초 **十步芳草** | 열 걸음 안에 아름다운 꽃과 풀이 있다는 뜻으로 도처에 인재가 있다. 즉, 세상에는 훌륭한 사람이 많다는 것을 비유한 말.

십상팔구 **十常八九** | 열이면 여덟이나 아홉은 그러함.

십시일반 **十匙一飯** | 열 숟갈이면 밥 한 그릇이 된다는 말로, 여러 사람이 힘을 합하여 한 사람을 돕는 일을 가리킴.

십인십색 **十人十色** | 열 사람이면 열 사람의 성격이나 사람됨이 각기 다름.

십일지국 **十日之菊** | 국화는 9월 9일이 그 절정이므로, 이미 때가 늦었다는 말.

십중팔구 **十中八九** | 열이면 여덟이나 아홉은 그러함.

ㅇ

아동주졸 **兒童走卒** | 철없는 아이들과 어리석은 사람들.

아비규환 **阿鼻叫喚** | 지옥 같은 고통에 못 견디어 구원을 부르짖는 소리라는 뜻으로 심한 참상을 형용하는 말.

아전인수 **我田引水** | 자기에게 유리하도록 행동한다는 것.

악목도천 **惡木盜泉** | 더워도 나쁜 나무 그늘에서는 쉬지 않으며, 목이 말라도 나쁜 이름이 붙은 샘물은 마시지 않는다는 뜻으로, 아무리 곤란해도 부끄러운

일은 하지 않음의 비유.

악의악식 **惡衣惡食** | 좋지 못한 옷을 입고 맛없는 음식을 먹음. 또는 그런 옷과 음식.

악인악과 **惡因惡果** | 악한 일을 하면 반드시 그 결과가 나쁘게 나타난다.

안거위사 **安居危思** | 평안할 때 위험을 생각하라.

안고수비 **眼高手卑** | 눈은 높고 마음은 크나 재주가 없음.

안분지족 **安分知足** | 자기 분수를 지키며 만족할 줄을 앎.

안불망위 **安不忘危** | 편안할 때도 마음을 놓지 않고 위태로움에 항상 대비함.

안비막개 **眼鼻莫開** | 눈코뜰새없는 것. 몹시 바빠 어쩔 수 없는 것.

안빈낙도 **安貧樂道** | 빈궁한 가운데 편한 마음으로 생활하며 도를 즐김. 안분지족安分知足.

안서 **雁書** | 철따라 이동하는 기러기가 먼 곳의 소식을 전한다는 뜻으로 편지를 말함.

안신입명 **安身立命** | 신념에 안주하여 신명의 안위를 전혀 걱정하지 않다.

안심입명 **安心立命** | 천명天命을 깨닫고 생사生死, 이해를 초월하여 마음의 평안을 얻음.

안중지정 **眼中之釘** | 눈에 박힌 못이라는 뜻으로 눈엣가시 같은 사람.

안하무인 **眼下無人** | 눈 아래에 사람이 없다는 뜻으로, 사람됨이 교만하여 남을 업신여김을 이르는 말.

암중모색 **暗中模索** | 어둠 속에서 손으로 더듬어 찾는다는 뜻으로 어림짐작한다.

암중비약 **暗中飛躍** | 비밀스런 가운데 맹렬하게 활동함.

앙급지어 **殃及池魚** | 성城에 난 불을 끄느라 연못물을 모두 퍼다 썼더니 연못에 살던 물고기들이 모두 죽었다는 고사에서 유래한 말로 하나의 재앙이 또 다

른 재앙을 불러옴을 비유한 말.

앙불괴어천 **仰不愧於天** | 우러러 하늘을 보아도 조금도 부끄럽지 않음.

앙천대소 **仰天大笑** | 하늘을 보며 크게 웃는 웃음.

애국애족 **愛國愛族** | 자기의 나라와 겨레를 사랑함.

애매모호 **曖昧模糊** | 사물의 이치가 희미하고 분명치 않음.

애별리고 **愛別離苦** | 불교에서 말하는 팔고八苦의 하나. 사랑하는 사람과 헤어져야 하는 괴로움.

애이불비 **哀而不悲** | 속으로 슬프면서 겉으로는 아닌 체함.

애인여기 **愛人如己** | 남을 자기 몸같이 사랑함.

애지중지 **愛之重之** | 매우 사랑하고 소중히 여김.

약관 **弱冠** | 남자 나이 20세.

약관 **約款** | 법령, 조약, 계약 등에서 정해진 하나하나의 조항.

약롱중물 **藥籠中物** | 약농 속의 약품이라는 뜻으로 항상 곁에 없어서는 안 될 긴요한 인물. 심복을 이르는말.

약방감초 **藥房甘草** | 무슨 일이나 빠짐없이 끼임. 반드시 끼어야 할 사물.

약육강식 **弱肉强食** | 약한 놈이 강한 놈에게 먹힘.

양금택목 **良禽擇木** | 현명한 새는 좋은 나무를 가려서 둥지를 튼다는 뜻으로 사람을 가려서 섬김을 말함.

양두구육 **羊頭狗肉** | 밖에는 양머리를 걸어놓고 안에서는 개고기를 판다는 뜻으로 좋은 물건을 내걸고 나쁜 물건을 판다.

양상군자 **梁上君子** | 대들보 위의 군자라는 뜻으로 집 안에 들어온 도둑.

양수겸장 **兩手兼將** | 장기에서 두 개의 장기 쪽이 한꺼번에 장을 부름. 하나의 표적을 향해 두 방향으로 공격해 들어감.

양약고구 **良藥苦口** | 좋은 약은 입에 쓰다는 뜻으로 충언忠言은 귀에 거슬린다.

양지양능 **良知良能** | 교육이나 체험에 의하지 아니하고 선천적으로 알고 행할 수 있는 능력.

양지지효 **養志之孝** | 부모의 뜻을 받들어 마음을 기쁘게 해 드리는 효행.

양포지구 **楊布之狗** | 겉모습이 변한 것을 보고 속까지 변한 것으로 착각함.

양호유환 **養虎遺患** | 호랑이를 길러 근심을 남김.

양호후환 **養虎後患** | 범을 길렀다가 그 범에 물린다는 뜻으로, 은혜를 베풀었다가 도리어 해를 당함을 비유하여 이름.

어두육미 **魚頭肉尾** | 생선 종류는 머리 쪽이 맛있고 육류는 꼬리 쪽이 맛이 좋다는 말.

어망홍리 **魚網鴻離** | 물고기를 잡으려고 쳐놓은 그물에 기러기가 걸린다는 뜻으로 원하는 것이 아니고 다른 것을 얻게 됨.

어변성룡 **魚變成龍** | 물고기가 변해 용이 됨. 가난한 자가 부자가 됨.

어부지리 **漁父之利** | 쌍방이 다투는 사이 제삼자가 힘들이지 않고 이득을 챙김.

어불성설 **語不成說** | 말이 이치에 맞지 않음.

어유부중 **魚遊釜中** | 가마솥 안에서 물고기가 논다는 뜻. 살아 있기는 해도 생명이 얼마 남지 않음을 비유한 말.

억조창생 **億兆蒼生** | 수많은 백성.

언감생심 **焉敢生心** | 어찌 감히 그런 마음을 먹을 수 있으랴는 뜻.

언비천리 **言飛千里** | 발 없는 말이 천리를 간다는 뜻으로, 말이 빠르게 멀리 퍼진다는 말.

언어도단 **言語道斷** | 너무 어처구니 없어서 말이 막힘.

언중유골 **言中有骨** | 예사스런 말 속에 단단한 뼈가 들어 있다는 말.

언즉시야 **言則是也** | 말이 사리에 맞음.

언행일치 **言行一致** | 하는 말과 행동이 같음.

엄이도령 **掩耳盜鈴** | 자기 귀를 가리고 방울을 훔친다는 뜻으로 나쁜 짓을 하면서 그 해악을 짐짓 생각하지 않으려함을 비유. 눈 가리고 아웅.

여도지죄 **餘桃之罪** | 먹다 남은 복숭아를 먹인 죄라는 뜻으로 애정과 증오의 변화가 심하다.

여리박빙 **如履薄氷** | 엷은 얼음을 밟는 듯이 매우 위험함.

여민동락 **與民同樂** | 왕이 백성과 더불어 즐거움을 같이 나누다.

여반장 **如反掌** | 쉽기가 손바닥 뒤집는 것과 같음.

여불비례 **餘不備禮** | 나머지 예를 갖추지 못했다는 뜻으로, 편지의 본문 끝에 쓰는 말.

여세추이 **與世推移** | 세상이 변하는 것과 같이 따라서 변함.

여족여수 **如足如手** | 형제는 몸에서 떼어 놓을 수 없는 팔다리와 같다는 말.

여필종부 **女必從夫** | 아내는 남편에게 순종해야 한다는 말.

역린 **逆鱗** | 다른 비늘과 반대로 거슬러서 난 비늘. 즉, 왕의 노여움.

역자교지 **易子敎之** | 부모가 자기 자식을 가르치기는 어렵다.

역자이식 **易子而食** | 자식을 바꾸어 먹는다는 뜻. 송나라가 초나라에게 포위를 당해 다섯 달이나 버티다가 결국에는 먹을 것이 떨어져 자식을 서로 바꾸어 먹고 뼈를 쪼개서 밥을 지었다고 한다.

역지사지 **易地思之** | 처지나 경우를 바꾸어 생각함.

연모지정 **戀慕之情** | 사랑하여 그리워하는 정.

연목구어 **緣木求魚** | 나무에 올라 물고기를 구한다는 뜻으로 도저히 불가능한 일을 하려고 한다.

연작안지홍곡지지 **燕雀安知鴻鵠之志** | 제비나 참새같은 작은 새가 어찌 기러기나 백조 같은 큰 새의 마음을 알 수 있으랴는 뜻으로, 소인은 큰 인물의 원대한 뜻을 잘 알지 못함의 비유.

연전연승 **連戰連勝** | 싸울 때마다 빈번이 이김.

연포지목 **連抱之木** | 아름드리 되는 큰 나무.

염량세태 **炎凉世態** | 권세가 있을 때는 아부하고, 세력이 없어지면 푸대접하는 세상 인심의 태도.

염불위괴 **恬不爲愧** | 옳지 않은 일을 하고도 전혀 부끄러워할 줄 모름.

염화미소 **拈花微笑** | 마음에서 마음으로 전함.

염화시중 **拈花示衆** | 염화미소와 같은 말. 이심전심의 묘처를 말한 것. 석가가 연화를 들어 제자들에게 보였으나, 아무도 그 뜻을 깨닫지 못하고 있을 때, 가섭만이 홀로 미소를 띄웠으므로, 석가가 그에게 불교의 진리를 주었다는 고사에서 나온 말.

영고성쇠 **榮枯盛衰** | 개인이나 사회의 쇠하고 성함이 뒤바뀌는 현상을 일컫는 말.

오거지서 **五車之書** | 다섯 수레에 가득 실을 정도로 장서가 많음.

오리무중 **五里霧中** | 멀리 낀 안개 속에서 길을 찾기가 어려운 것 같이 일의 갈피를 잡기 어려움을 말함.

오매불망 **寤寐不忘** | 밤낮으로 자나 깨나 잊지 못함.

오불관언 **吾不關焉** | 나는 그 일에 대하여 상관하지 않음.

오비삼척 **吾鼻三尺** | 내 코가 석 자라는 뜻으로, 내 사정이 급하여 남을 돌볼 여유가 없다는 말.

오비이락 **烏飛梨落** | 혐의를 받기 쉽다는 말. 까마귀 날자 배 떨어지기.

오비토주 **烏飛兎走** | 세월이 빨리 흘러감을 이르는 말.

오상고절 **傲霜孤節** | 서릿발 날리는 추운 때에도 굴하지 않고 피는 국화.

오손공주 **烏孫公主** | 정략결혼에 희생당한 여인의 슬픈 운명.

오십보백보 **五十步百步** | 오십 보 도망친 사람이 백 보 도망친 사람을 비웃는다는 뜻으로 정도의 차이는 있으나 결국은 똑같다.

오우천월 **吳牛喘月** | 오우가 더위를 두려워 한 나머지 달을 해로 착각하여 헐떡인다는 말로, 조그만 일에도 지레 겁을 먹음.

오월동주 **吳越同舟** | 오나라 사람과 월나라 사람이 같은 배를 타고 있다는 뜻으로 한 가지 목적을 달성하기 위해 원수끼리 손을 잡는다.

오장육부 **五臟六腑** | 다섯 가지 내장(간장, 염통, 허파, 콩팥, 지라)과 소화 계통의 여섯 부분(쓸개, 위, 작은창자, 큰창자, 방광, 삼초).

오풍십우 **五風十雨** | 기후가 매우 순조로운 것 또는 세월이 평화로움.

오합지졸 **烏合之卒** | 규율도 통일도 없이 모인 군중. 어중이떠중이.

오합지중 **烏合之衆** | 까마귀 떼같이 질서 없는 무리.

옥골선풍 **玉骨仙風** | 뛰어난 풍채와 골격.

옥불탁불성기 **玉不琢不成器** | 옥도 쪼지 않으면 그릇이 될 수 없다는 뜻으로, 천성이 뛰어난 사람이라도 학문이나 수양을 쌓지 않으면 훌륭한 인물이 될 수 없음을 비유하여 이르는 말.

옥석구분 **玉石俱焚** | 옥이나 돌이 함께 탄다는 말. 곧 착한 사람이나 악한 사람이나 선악의 구별없이 함께 멸망함.

옥오지애 **屋烏之愛** | 사랑하는 사람이 사는 집 위의 까마귀까지 귀엽다는 뜻으로, 그 사람을 사랑하면 그 주위의 모든 것을 사랑하게 된다는 말.

옥의옥식 **玉衣玉食** | 좋은 옷을 입고 맛있는 음식을 먹음.

옥하 **玉瑕** | 옥의 티. 아무리 훌륭한 것에도 결점은 있음. 혹은 작은 결점은 어

디에나 있으니 굳이 없애려 하지 말라는 뜻.

온고지신 **溫故知新** | 옛 것을 익히고 나아가서 새 것을 아는 것.

와각지쟁 **蝸角之爭** | 달팽이 뿔 위에서의 싸움이라는 뜻으로, 사소한 일로 벌이는 다툼. 또는 인간 세계의 아무리 큰 다툼이라 해도 우주적인 관점에서 보면 보잘것없는 작은 다툼에 불과하다는 것을 비유하여 이르는 말.

와신상담 **臥薪嘗膽** | 섶 위에서 잠을 자고 쓸개를 핥는다는 뜻으로, 목적을 달성하기 위해 온갖 고난을 참고 견디다.

완벽 **完璧** | 흠이 없는 구슬이라는 뜻으로 결점이 없는 훌륭한 상태.

왕후장상 **王侯將相** | 제왕과 제후와 장수와 재상을 함께 이르는 말.

왜자간희 **矮者看戱** | 난쟁이가 덩치 큰 사람들 틈에 끼어 구경을 한다는 뜻으로 아무것도 모르면서 남을 따라하는 것을 가리킨 말.

외강내유 **外剛內柔** | 겉으로는 굳고 안으로는 부드러움.

외유내강 **外柔內剛** | 겉으로 보기에는 부드러우나 속은 꿋꿋하고 강함.

외친내소 **外親內疎** | 겉으로는 친한 척하면서 속으로는 멀리함.

요령부득 **要領不得** | 사물의 중요한 부분을 잡을 수 없다는 뜻으로, 말이나 글의 중요한 부분을 잡을 수 없음.

요산요수 **樂山樂水** | 지혜 있는 자는 사리에 통달하여 물과 같이 막힘이 없으므로 물을 좋아하고, 어진 자는 의리에 밝고 산과 같이 중후하여 변하지 않으므로 산을 좋아한다.

요조숙녀 **窈窕淑女** | 마음씨가 얌전하고 자태가 아름다운 여자.

요지부동 **搖之不動** | 흔들어도 꿈쩍 않음.

욕교반졸 **欲巧反拙** | 기교를 너무 부리면 도리어 못하게 됨.

욕사무지 **欲死無地** | 죽으려 해도 죽을 만한 땅이 없다. 매우 분하고 원통하다.

욕속부달 **欲速不達** | 마음이 급하면 일이 잘 되지 않음.

용두사미 **龍頭蛇尾** | 처음엔 그럴듯하다가 종말이 흐지부지한 것.

용미봉탕 **龍味鳳湯** | 맛이 썩 좋은 음식을 가리키는 말 .

용사비등 **龍蛇飛騰** | 용과 뱀이 나는 것과 같이 글씨가 힘참.

용여득운 **龍如得雲** | 용이 구름을 얻듯이 큰 인물이 활동할 기회를 얻음.

용자불구 **勇者不懼** | 참으로 용감한 사람은 도의道義를 위해서는 목숨을 아끼지 않으므로, 어떠한 경우를 당하여서도 두려워하지 아니한다는 말.

용전여수 **用錢如水** | 돈을 물 쓰듯 함.

용호상박 **龍虎相搏** | 용과 범이 서로 싸운다는 뜻으로 두 강자의 싸움을 비유하여 이르는 말.

우공이산 **憂公移山** | 우공이 산을 옮긴다는 뜻으로 어떤 큰일이라도 끊임없이 노력하면 반드시 이루어진다.

우국지사 **憂國之士** | 나라의 앞일을 근심하고 염려하는 사람.

우도할계 **牛刀割鷄** | 소 잡는 칼로 닭을 잡는다는 뜻으로, 작은 일을 하는데 너무 큰 기구를 사용함을 비유하여 이르는 말.

우로풍상 **雨露風霜** | 모든 경험.

우문현답 **愚問賢答** | 어리석은 질문에 대한 현명한 대답.

우수마발 **牛溲馬勃** | 쇠오줌과 말똥. 즉, 대수롭지 않은 물건.

우여곡절 **迂餘曲折** | 여러 가지로 뒤얽힌 복잡한 사정이나 변화.

우왕좌왕 **右往左往** | 사방으로 왔다 갔다 함.

우유부단 **優柔不斷** | 마음이 유약해서 딱 잘라 끊지 못함.

우이독경 **牛耳讀經** | 쇠귀에 경 읽기.

우자일득 **愚者一得** | 어리석은 사람일지라도 여러 일을 하거나 생각하다 보면

간혹 슬기로운 것도 있다는 뜻.

우자천려 **愚者千慮** | 어리석은 자의 많은 생각.

우전탄금 **牛前彈琴** | 소에게 거문고 소리를 들려준다는 뜻으로, 우둔한 사람에게 도리를 설명해 줘도 이해하지 못하므로 헛된 일이라는 뜻.

우화등선 **羽化登仙** | 신선이 되어 하늘로 올라감. 또는 술에 취해 좋은 기분에 도취됨.

우후죽순 **雨後竹筍** | 비온 뒤에 죽순이 나듯 어떤 일이 한때 많이 일어나다.

운니지차 **雲泥之差** | 사정이 크게 다르다는 경우에 쓰는 말.

운산무산 **雲散霧散** | 구름이 흩어지고 안개가 사라지듯, 근심이나 걱정이 깨끗이 사라짐의 비유.

운상기품 **雲上氣稟** | 속됨을 벗어난 고상한 기질과 성품.

운수소관 **運數所關** | 모든 일이 능력이나 노력에 상관없이 운수에 달려 있다는 생각.

운우지정 **雲雨之情** | 남녀 간의 육체적인 사랑.

운중백학 **雲中白鶴** | 구름 속의 학이라는 뜻으로, 속세를 벗어난 고매한 인물.

운증용변 **雲蒸龍變** | 물이 증발하여 구름이 되고 뱀이 변하여 용이 되어 하늘로 오른다는 뜻으로 영웅호걸이 기회를 얻어 일어남을 비유한 말.

원교근공 **遠交近攻** | 먼 나라와 친하고 가까운 나라를 쳐서 점차로 영토를 넓힘.

원수불구근화 **遠水不救近火** | 먼 데 있는 물로는 가까운 데 불을 끄지 못함.

원입골수 **怨入骨髓** | 원한이 뼈에 사무친다는 뜻으로 원한이 마음속 깊이 맺혀 잊을 수 없다.

원화소복 **遠禍召福** | 불행을 물리치고 복을 불러들임.

월견폐설 **越犬吠雪** | 중국 월越나라에서는 눈이 오는 일이 적었는데 어쩌다가

눈이 오면 개가 이상히 여겨 짖어댔다고 한다. 식견이 좁아서 평범한 것을 보고도 놀라는 것을 조롱하는 말.

월단평 **月旦評** | '매달 첫날의 평'이라는 뜻으로 인물에 대한 비평을 말한다.

월만즉휴 **月滿卽虧** | 달도 차면 이지러진다는 뜻으로, 무슨 일이든 성하면 쇠퇴하게 된다는 말.

월명성희 **月明星稀** | 달이 밝으면 별빛은 희미해진다는 뜻. 한 영웅이 나타나면 다른 군웅群雄의 존재가 희미해짐의 비유.

월백풍청 **月白風淸** | 달은 밝고 바람은 선선함. 달이 밝은 가을밤의 경치를 형용한 말.

월조대포 **越俎代庖** | 신분에 어긋나는 행동을 함.

월태화용 **月態花容** | 달 같은 태도와 꽃 같은 얼굴.

월하빙인 **月下氷人** | 월하로月下老와 빙상인氷上人이 합쳐진 것으로, 결혼 중매인을 일컫는다.

위기일발 **危機一髮** | 베틀에 낀 터럭 하나와 같은 위험한 순간, 즉 조금도 마음을 놓을 수 없는 위급한 순간.

위부불인 **爲富不仁** | 치부致富하려면 자연히 어질지 못한 일을 하게 된다는 말.

위인설관 **爲人設官** | 어떤 사람을 위해 벼슬자리를 새로이 마련함.

위편삼절 **韋編三絶** | 공자가 읽던 책 끈이 세 번이나 끊어졌다는 것에서 유래한 것으로 열심히 공부한다는 뜻.

유구무언 **有口無言** | 입은 있으나 말이 없다는 뜻으로 변명을 못함을 이름.

유구불언 **有口不言** | 입은 있으되 말을 하지 않는다는 뜻으로, 사정이 거북하거나 따분하여 특별히 하고 싶은 말이 있어도 하지 아니 함을 이르는 말.

유능제강 **柔能制剛** | 부드러운 것이 능히 강한 것을 이김.

유덕자필유언 **有德者必有言** | 덕 있는 사람은 반드시 본받을 만한 훌륭한 말을 함.

유도여지 **遊刀餘地** | 어떠한 일에 능통한 사람은 여유가 있다.

유만부동 **類萬不同** | 모든 것이 서로 같지 아니함.

유명무실 **有名無實** | 이름뿐이고 실상은 없음.

유무상통 **有無相通** | 있는 것과 없는 것은 서로 통한다는 뜻.

유방백세 **流芳百世** | 꽃다운 이름을 후세에 길이 전함.

유비무환 **有備無患** | 미리 준비가 있으면 뒷걱정이 없다는 뜻.

유수불부 **流水不腐** | 흐르는 물은 썩지 않음.

유시유종 **有始有終** | 시작할 때부터 끝을 맺을 때까지 변함이 없음.

유아독존 **唯我獨尊** | 오직 나만이 훌륭하다는 것.

유야무야 **有耶無耶** | 있는지 없는지 모르게 희미함.

유언비어 **流言蜚語** | 근거 없는 좋지 못한 말.

유위변전 **有爲變轉** | 세상은 항상 변화무쌍하여 잠시도 머물러 있는 법이 없다는 뜻.

유유상종 **類類相從** | 같은 패거리끼리 왕래하여 사귐.

유유자적 **悠悠自適** | 속세를 떠나 아무 것에도 속박당하지 않고 편안히 살아감.

유일무이 **唯一無二** | 둘이 아니고 오직 하나뿐이라는 뜻으로, 단 하나밖에 없음.

유종지미 **有終之美** | 끝을 잘 맺는 아름다움이라는 뜻으로, 시작한 일을 끝까지 잘하여 결과가 좋음을 이르는 말.

융준용안 **隆準龍眼** | 우뚝한 코와 용의 눈. 남자의 잘생긴 눈.

은감불원 **殷鑑不遠** | 은殷나라 왕이 거울로 삼아야 할 멸망의 선례는 먼 데 있지 않다는 뜻으로, 본받을 만한 본보기는 주변에 많이 있다는 말. 또는 남의 실패를 지신의 거울로 삼으라는 말.

은인자중 **隱忍自重** | 견디고 참음.

을축갑자 **乙丑甲子** | 갑자을축이 바른 차례인데 그 차례가 바뀜과 같이 일이 제대로 안되고 순서가 바뀜.

음담패설 **淫談悖說** | 음탕하고 상스러운 말.

음덕양보 **陰德陽報** | 남모르게 덕을 쌓은 사람은 뒤에 그 보답을 받음.

음지전양지변 **陰地轉陽地變** | 음지도 양지로 될 때가 있음.

음풍농월 **吟風弄月** | 맑은 바람과 밝은 달을 노래함. 풍류를 즐긴다는 뜻. 시를 짓고 흥취를 자아내어 놀다.

읍견군폐 **邑犬群吠** | 동네 개들이 떼지어 짖어댄다는 뜻으로, 여러 소인배들이 남을 비방함의 비유.

읍참마속 **泣斬馬謖** | 울면서 마속을 벤다는 뜻으로 큰 목적을 위해서 자기가 아끼는 사람을 가차 없이 버린다.

의기양양 **意氣揚揚** | 뜻대로 되어 으쓱거리는 기상이 펄펄하다.

의심암귀 **疑心暗鬼** | 의심하는 마음이 있으면 있지도 않은 귀신이 나올 것 같이 느껴진다는 뜻으로 마음속에 의심이 생기면 갖가지 무서운 망상이 잇달아 일어난다.

이관규천 **以管窺天** | 대롱을 통해 하늘을 봄. 우물 안 개구리.

이구동성 **異口同聲** | 입은 다르지만 하는 말은 같다는 뜻으로, 여러 사람의 말이 한결같음을 이르는 말.

이란격석 **以卵擊石** | 계란으로 돌벽을 치듯 약한 것으로 강한 것을 당해내려는 일의 비유.

이란투석 **以卵投石** | 새알로 돌을 친다는 뜻으로 약한 것으로 강한 것을 이기려는 어리석음의 비유.

이목지신 **移木之信** | 위정자가 나무 옮기기로 백성들을 믿게 한다는 뜻으로 약속을 지킴을 말한다.

이소사대 **以小事大** | 작은 나라가 큰 나라를 섬김.

이소성대 **以小成大** | 작은 일에서부터 시작해서 큰일을 이룸.

이실직고 **以實直告** | 사실대로 고함.

이심전심 **以心傳心** | 말을 하지 않더라도 서로 마음이 통하여 앎.

이여반장 **易如反掌** | 쉽기가 손바닥 뒤집는 것과 같음.

이열치열 **以熱治熱** | 열로서 열을 다스림.

이용후생 **利用厚生** | 편리한 기구를 잘 사용하여 일에 부족함이 없게 함.

이율배반 **二律背反** | 서로 모순되는 명제가 동등의 권리를 가지고 주장되는 일.

이이제이 **以夷制夷** | 오랑캐로 오랑캐를 제어한다는 뜻으로 이 나라의 힘을 빌리어 저 나라를 침.

이인동심 **二人同心** | 절친한 친구 사이.

이지측해 **以指測海** | 손가락으로 바다 깊이를 잼.

이하부정관 **李下不整冠** | 오얏나무 아래에서 모자를 고쳐 쓰지 말라는 뜻으로, 남에게 의심받을 일을 하지 않도록 주의하라는 말.

이현령비현령 **耳懸鈴鼻懸鈴** | 귀에 걸면 귀걸이요, 코에 걸면 코걸이라는 말로, 이렇게도 저렇게도 될 수 있음을 비유.

익자삼요 **益者三樂** | 사람이 좋아하여 유익한 세 가지. 예악禮樂을 적당히 좋아하고, 남의 착함을 좋아하고, 착한 벗이 많음을 좋아하는 것.

익자삼우 **益者三友** | 사귀어 이롭고 보탬이 되는 세 벗으로 정직한 사람, 신의 있는 사람, 학식 있는 사람 등을 가리킴.

인과응보 **因果應報** | 좋은 일에는 좋은 결과가, 나쁜 일에는 나쁜 결과가 따름.

인구회자 **人口膾炙** | 사람들의 입맛에 맞는 회와 구운 고기라는 뜻으로, 많은 사람들 입에 자주 오르내림을 이르는 말.

인면수심 **人面獸心** | 얼굴은 사람의 모습을 하였으나 마음은 짐승과 같다는 뜻으로, 남의 은혜를 모름. 또는 마음이 몹시 흉악함을 이르는 말.

인생무상 **人生無常** | 인생의 덧없음.

인생조로 **人生朝露** | 인생은 아침이슬과 같이 덧없다.

인생칠십고래희 **人生七十古來稀** | 사람으로 일흔 살까지 살기가 예로부터 드문 일이라는 뜻.

인순고식 **因循姑息** | 구습을 고치지 아니하고 목전의 편안만 취함.

인인성사 **因人成事** | 남의 힘으로 일을 이룸.

인자무적 **仁者無敵** | 어진 사람에게는 적이 없음.

인자불우 **仁者不憂** | 어진 사람은 도리道理에 따라 행하고 양심에 거리낌이 없으므로 근심을 하지 않음.

인자요산 **仁者樂山** | 인자는 의리에 만족하며 생각이 깊고 행동이 신중함이 산과 같으므로 자연히 산을 좋아함.

인지상정 **人之常情** | 사람이 누구나 가지는 보통의 인정.

인지위덕 **忍之爲德** | 참는 것이 덕이 됨.

일가지언 **一家之言** | 일가를 이룬 자의 말. 작가나 학자들의 독자적인 세계.

일각천금 **一刻千金** | 극히 짧은 시간도 그 소중하고 아깝기가 천금과 같다는 말.

일거양득 **一擧兩得** | 하나의 행동으로 두 가지의 성과를 거두는 것.

일구월심 **日久月深** | 세월이 오래 지났음.

일기당천 **一騎當千** | 하나가 천을 당한다. 혼자 일시에 능히 많은 일을 잘 처리해 나간다는 뜻.

일도양단 **一刀兩斷** | 한칼로 쳐서 두 동강을 냄. 머뭇거리지 않고 일이나 행동을 선뜻 결정함의 비유.

일룡일사 **一龍一蛇** | 때에 따라서 용이 되기도 하고 뱀이 되기도 한다는 뜻으로 시대의 형편에 잘 적응함을 비유한 말.

일망무제 **一望無際** | 멀고 넓어서 끝이 없음.

일망타진 **一網打盡** | 한 번 그물을 쳐서 물고기를 전부 잡는다는 뜻으로 범인들이나 어떤 무리를 한꺼번에 모조리 잡아들인다.

일맥상통 **一脈相通** | 생각, 성질, 처지 등이 어느 면에서 한 가지로 통함.

일면여구 **一面如舊** | 처음 만났으나 옛 벗과 같이 아주 친밀함.

일모도원 **日暮途遠** | 해는 저물고 갈 길은 멂. 나이는 늙고 앞으로 할 일은 많음의 비유.

일목요연 **一目瞭然** | 첫눈에도 똑똑하게 알 수 있음.

일벌백계 **一罰百戒** | 한 가지 죄과 또는 한 사람을 벌함으로써 여러 사람의 경각심을 불러일으킴.

일보불양 **一步不讓** | 남에게 한 걸음도 양보하지 않음.

일사불란 **一絲不亂** | 한 오라기의 실도 흐트러지지 않았다는 뜻으로, 질서나 체계 따위가 잘 잡혀 있어서 조금도 흐트러짐이 없음을 이르는 말.

일사천리 **一瀉千里** | 조금도 거침없이 진행됨을 말함.

일수백확 **一樹百獲** | 하나를 심어 백을 거둠.

일시동인 **一視同仁** | 모두를 평등하게 보아 똑같이 사랑함.

일신우일신 **日新又日新** | 날로 새로워짐.

일어탁수 **一魚濁水** | 한 마리가 큰 물을 흐리게 한다. 한 사람의 악행으로 인하여 여러 사람이 그 해를 받게 됨.

일언이폐지 一言以蔽之 | 한 마디 말로 능히 그 뜻을 다함.

일언지하 一言之下 | 말 한 마디로 끊음. 한 마디로 딱 잘라 말함.

일엽지추 一葉知秋 | 사물의 일단을 앎으로써 대세를 미루어 안다는 말.

일엽편주 一葉片舟 | 한 조각의 작은 배.

일의대수 一衣帶水 | 한 줄기의 띠와 같이 좁은 내나 강.

일이관지 一以貫之 | 하나의 이치로써 모든 일을 꿰뚫음.

일일삼추 一日三秋 | 하루가 3년처럼 길게 느껴짐. 몹시 애태우며 기다림.

일자사 一字師 | 핵심적인 한 글자를 가르쳐 준 스승.

일자천금 一字千金 | 한 글자에 천금의 가치가 있다는 뜻으로, 아주 빼어난 글자나 문장을 이르는 말.

일장춘몽 一場春夢 | 한바탕의 봄꿈처럼 헛된 부귀영화.

일조일석 一朝一夕 | 하루 아침 하루 저녁과 같은 짧은 시일.

일진광풍 一陣狂風 | 한바탕 부는 사나운 바람.

일진일퇴 一進一退 | 막상 막하의 접전. 즉, 전쟁터에서 한 번 진격했다가 한 번 후퇴하는 접전을 반복해서 되풀이하는 상황.

일촉즉발 一觸卽發 | 조금만 닿아도 곧 폭발할 것 같은 모양. 막 일이 일어날 듯하여 위험한 지경.

일촌광음불가경 一寸光陰不可輕 | 아주 짧은 시간이라도 헛되이 보내지 말라는 뜻.

일취월장 日就月將 | 나날이 발전함.

일패도지 一敗塗地 | 여지없이 패배하여 다시 일어날 수가 없음.

일편단심 一片丹心 | 오로지 한곳으로 향한, 한 조각의 붉은 마음.

일필휘지 一筆揮之 | 한숨에 흥취 있고 줄기차게 글씨를 써 내림.

일호지액 一狐之腋 | 한 마리의 여우 겨드랑이에서 뜯어낸 고운 털. 아주 귀한

물건.

일확천금 **一攫千金** | 한꺼번에 많은 돈을 얻는다는 뜻으로 노력함이 없이 벼락부자가 되는 것.

일희일비 **一喜一悲** | 기쁜 일과 슬픈 일이 번갈아 일어남.

임갈굴정 **臨渴掘井** | 목마름을 당하여 우물을 판다는 말로, 미리 준비가 없다가 일을 당하여 서두른다는 뜻.

임기응변 **臨機應變** | 일을 당하여 그때그때 맞도록 처리함.

임농탈경 **臨農奪耕** | 농번기에 경지를 빼앗음. 다 준비된 것을 빼앗음.

임전무퇴 **臨戰無退** | 싸움에 임하여 물러섬이 없음.

임중불매신 **林中不賣薪** | 산중에서는 땔나무를 살 자도 팔 자도 없음. 물건이란 소용이 되는 곳에 있어야 함.

입신양명 **立身揚名** | 출세하여 세상에 이름을 드날림.

ㅈ

자가당착 **自家撞着** | 자기의 언행이 전후 모순되어 들어맞지 않는 것.

자강불식 **自强不息** | 스스로 힘쓰고 쉬지 아니함.

자격지심 **自激之心** | 제가 한 일에 대하여 스스로 미흡한 생각을 가지다.

자과자존 **自誇自尊** | 스스로를 자랑하고 높임.

자괴지심 **自愧之心** | 스스로 부끄럽게 여기는 마음.

자수성가 **自手成家** | 물려받은 재산 없이 스스로 재산을 모아 살림을 이룸.

자승자박 **自繩自縛** | 자기의 줄로 자기를 묶는다는 말. 자기가 자기를 망치게 한다는 뜻.

자아성찰 **自我省察** | 자신의 마음을 반성하여 살펴봄.

자업자득 **自業自得** | 자기가 저지른 일의 업을 자기가 받다.

자연도태 **自然淘汰** | 자연적으로 환경에 맞는 것은 남게 되고, 그렇지 못한 것은 없어짐.

자중지란 **自中之亂** | 한패 속에서 일어나는 싸움질.

자초지종 **自初至終** | 처음부터 끝까지의 사정.

자포자기 **自暴自棄** | 절망상태에 빠져서 자신을 버리고 돌보지 않음.

자행자지 **自行自止** | 제 마음대로 하고 싶으면 하고, 하기 싫으면 아니함.

자화자찬 **自畵自讚** | 자기가 한 일이나 행동을 스스로 칭찬하고 자랑함.

작수성례 **酌水成禮** | 물을 떠 놓고 혼례를 행한다는 뜻. 형세가 가난함.

작심삼일 **作心三日** | 오래 계속하지 못함.

장대뇌상 **杖臺牢上** | 감옥살이로 고생하는 신세.

장삼이사 **張三李四** | 장씨의 셋째 아들과 이씨의 넷째 아들이라는 뜻으로 평범한 보통 사람을 가리킴.

장상지재 **將相之材** | 장수나 재상이 될 만한 인재.

장생불사 **長生不死** | 오랫동안 살아 죽지 아니함.

장야지음 **長夜之飮** | 기나긴 밤을 술로 지샘.

장주지몽 **莊周之夢** | 옛날 중국의 장주莊周가 꿈에 나비가 되었다가 깬 뒤에 장주가 나비가 되었는가, 나비가 장주가 되었는가를 분간 못했다는 고사에서, 나와 외물外物은 원래 하나라는 도리를 이르는 말.

장중보옥 **掌中寶玉** | 손안에 든 보옥과 같이 물건을 소중히 여김.

재승박덕 **才勝薄德** | 재주는 있으나 덕이 없음.

재자가인 **才子佳人** | 재주가 있는 남자와 아름다운 여자.

적구지병 **適口之餠** | 입에 맞는 떡.

적반하장 **賊反荷杖** | 도둑이 도리어 매를 든다는 뜻으로 잘못한 사람이 도리어 잘한 사람을 나무라는 경우에 쓰는 말.

적소성대 **積小成大** | 작은 것을 모아서 큰 것을 이룸. 티끌 모아 태산.

적수공권 **赤手空拳** | 맨손, 아무것도 가진 것이 없음.

적재적소 **適材適所** | 어떤 일에 알맞은 인재를 알맞은 자리에 앉힘.

적진성산 **積塵成山** | 티끌 모아 태산.

전광석화 **電光石火** | 일이 매우 빠름.

전대미문 **前代未聞** | 지금까지 들어본 적이 없음. 매우 놀라운 일이나 새로운 것을 두고 이르는 말.

전도양양 **前途洋洋** | 앞길이 바다와 같음. 장래가 매우 밝음.

전도요원 **前途遙遠** | 목적한 바에 이르기에는 앞으로 갈 길이 아득히 멂.

전무후무 **前無後無** | 전에도 앞으로도 없음.

전전긍긍 **戰戰兢兢** | 두려워서 벌벌 떨며 조심하는 모양.

전전반측 **輾轉反側** | 누워 뒹굴며 잠을 이루지 못함.

전정만리 **前程萬里** | 나이가 젊어 장래가 유망함.

전지전청 **轉之轉請** | 여러 사람을 통하여 간접으로 청함.

전화위복 **轉禍爲福** | 화를 바꾸어 복으로 한다는 뜻이니 궂은일을 당하였을 때 그것을 잘 처리하여서 좋은 일이 되게 하는 것.

절고진락 **折槁振落** | 고목을 자르고 낙엽을 흝어냄. 매운 쉬운 일.

절차탁마 **切磋琢磨** | 돌을 닦아서 빛을 낸다는 뜻으로 학문이나 기예를 힘써 수양한다.

절치부심 **切齒腐心** | 몹시 분하여 이를 갈고 속을 썩임.

절풍목우 **切風沐雨** | 바람으로 머리를 빗고 머리를 감음. 외지에서 온갖 고생을 다하며 큰일을 이루기 위해 노력함.

점입가경 **漸入佳境** | 점점 더 좋은 경지로 들어감.

정구건즐 **井臼巾櫛** | 물 긷고 절구질하고 수건과 빗을 받든다는 뜻으로 아내나 가정주부로서 마땅히 해야 할 일을 가리킴.

정문금추 **頂門金推** | 정수리를 쇠망치로 내려친다는 뜻으로 정신을 바짝 차리도록 깨우침을 이르는 말.

정문일침 **頂門一鍼** | 따끔한 충고.

정신일도하사불성 **精神一到何事不成** | 정신을 집중하여 노력하면 어떤 어려운 일이라도 성취할 수 있다.

정저지와 **井底之蛙** | 우물 안의 개구리, 견문이 좁은 사람의 비유.

정중관천 **井中觀天** | 우물 속에 앉아서 좁은 하늘을 바라본다.

정중지와 **井中之蛙** | 우물 안 개구리.

제하분주 **濟河焚舟** | 강을 건넌 후 배를 불사름. 필사의 각오를 다져먹음.

제행무상 **諸行無常** | 인생의 덧없음.

조강지처 **糟糠之妻** | 술지게미와 겨를 함께 먹으면서 동고동락했던 아내.

조령모개 **朝令暮改** | 아침에 명령하고 저녁에 고침. 법령을 자꾸 고쳐 신뢰할 수 없음.

조명시리 **朝名市利** | 명성은 조정에서, 이익은 시장에서, 즉 적당한 장소에서 행하라는 말.

조반석죽 **朝飯夕粥** | 가난한 생활.

조변석개 **朝變夕改** | 일을 자주 뜯어고침.

조삼모사 **朝三暮四** | 아침에 세 개, 저녁에 네 개라는 뜻으로 간사한 잔꾀로 남

을 속여 희롱하다.

조족지혈 鳥足之血 | 물건이 아주 작은 것을 가리킴. 아주 적어서 비교가 안 됨.

족탈불급 足脫不及 | 맨발로 뛰어도 따라가지 못한다는 뜻으로, 능력이나 재질, 역량 따위가 뚜렷한 차이가 있음을 이르는 말.

종과득과 種瓜得瓜 | 외를 심으면 외를 얻는다는 뜻에서 어떤 원인이 있으면 반드시 거기에 따르는 결과가 있음을 이르는 말.

종두득두 種豆得豆 | 콩 심은데 콩 난다. 원인에 따라 결과가 생긴다는 말.

종심소욕 從心所欲 | 마음에 하고 싶은 대로 함.

좌고우면 左顧右眄 | 목표를 뚜렷이 잡지 못하고 여기저기 들여다 봄.

좌단 左袒 | 웃옷의 왼쪽 어깨를 벗는다는 뜻으로 남에게 편들어 동의함을 이르는 말.

좌불수당 坐不垂堂 | 마루 끝은 위험하니 앉지 않음. 위험에 미리 대처함.

좌불안석 坐不安席 | 침착하지 못하여 한 군데에 오래 앉아 있지 못함.

좌이대사 坐而待死 | 앉아서 죽음을 기다린다는 뜻으로 아무런 대책도 강구할 길이 없어 될 대로 되라는 태도로 기다림을 이르는 말.

좌정관천 坐井觀天 | 우물 안 개구리. 세상 물정을 너무 모름.

좌지우지 左之右之 | 제 마음대로 자유롭게 처리함.

좌충우돌 左衝右突 | 사방으로 치고받고 하는 것.

주객전도 主客顚倒 | 주인은 손님처럼, 손님은 주인처럼 행동을 바꾸어 한다는 것으로, 입장이 뒤바뀐다는 뜻.

주경야독 晝耕夜讀 | 낮에는 일하고 밤에는 글을 읽음.

주마가편 走馬加鞭 | 근면하고 성실한 사람을 더욱 편달한다는 뜻.

주마간산 走馬看山 | 바빠서 자세히 보지 못하고 지나침.

주야장천 **晝夜長川** | 밤낮으로 쉬지 않고 늘 잇달아서.

주지육림 **酒池肉林** | 술로 연못을 이루고 고기로 숲을 이룬다는 뜻으로 대단히 호사스럽고 방탕한 주연을 말한다.

죽마고우 **竹馬故友** | 어릴 때 대나무로 만든 말을 타면서 함께 놀던 친구.

죽장망혜 **竹杖芒鞋** | 대지팡이와 짚신. 가장 간단한 보행이나 여행의 차림.

준조절충 **樽俎折衝** | 술자리에서 부드러운 이야기로 적의 창끝을 막는다는 뜻으로 외교를 비롯하여 그 밖의 교섭에서 유리하게 담판 짓거나 흥정함을 이르는 말.

중과부적 **衆寡不敵** | 적은 수로는 많은 수에 맞서지 못한다.

중구난방 **衆口難防** | 여러 사람의 말을 막기 어려움.

중구삭금 **衆口鑠金** | 뭇사람의 입에 오르면 쇠도 녹인다. 사람 입이 무서움.

중석몰촉 **中石沒鏃** | 쏜 화살이 돌에 깊이 박혔다는 뜻으로, 무슨 일이든지 정신을 집중해서 전력을 다하면 성공할 수 있다.

중언부언 **重言復言** | 한 말을 자꾸 되풀이함.

중원축록 **中原逐鹿** | 중원天下의 사슴帝位을 쫓는다는 뜻으로, 제왕의 지위를 얻고자 다투는 일 또는 서로 경쟁하여 어떤 지위를 얻고자 하는 일.

중인환시 **衆人環視** | 뭇사람이 둘러싸고 봄.

지기지우 **知己之友** | 서로 뜻이 통하는 친한 벗.

지독지정 **舐犢之情** | 어미 소가 송아지를 핥아주는 정. 자식에 대한 부모의 정.

지동지서 **之東之西** | 동으로 갔다 서로 갔다 함. 곧, 어떤 일에 주견이 없이 갈팡질팡함을 이르는 말.

지란지교 **芝蘭之交** | 벗끼리 좋은 감화를 주고받는 난초와 같은 맑고 아름다운 교제.

지록위마 **指鹿爲馬** | 사슴을 가리켜 말馬이라고 한다는 뜻으로, 윗사람을 농락하여 마음대로 휘두르거나 모순된 것을 끝까지 우겨 남을 속이려는 행위.

지리멸렬 **支離滅裂** | 이리저리 흩어져 갈피를 잡을 수 없음.

지명지년 **知命之年** | 천명을 알 수 있는 나이. 나이 쉰 살을 달리 일컫는 말.

지성감천 **至誠感天** | 지극한 정성에 하늘이 감동함.

지어지앙 **池魚之殃** | 연못 속 물고기의 재앙이라는 뜻으로 재난이 엉뚱한 곳으로 미칠 때 쓰는 말이다.

지자불언 **知者不言** | 지자는 지식을 경솔히 드러내거나 함부로 말하지 않음.

지자불혹 **知者不惑** | 지자는 도리를 깊이 알므로 어떠한 경우에도 미혹되지 아니함.

지자요수 **知者樂水** | 지자는 사리에 통달하여 막힘없이 흐르며 자유자재하는 물을 좋아함.

지족불욕 **知足不辱** | 모든 일에 분수를 알고 만족하게 생각하면 모욕을 받지 않는다.

지족안분 **知足安分** | 족한 줄을 알아 자기의 분수에 만족함.

지족지부 **知足知富** | 족한 것을 알고 현재에 만족하는 사람은 부자라는 뜻.

지피지기 **知彼知己** | 상대를 알고 나를 앎.

지행합일 **知行合一** | 참 지식은 반드시 실행이 따라야 한다는 말.

지호지간 **指呼之間** | 부르면 곧 대답할 만한 가까운 거리.

진선진미 **盡善盡美** | 완전무결함.

진수성찬 **珍羞盛饌** | 맛이 좋은 음식으로 많이 잘 차린 것을 뜻함.

진인사대천명 **盡人事待天命** | 노력을 다한 후에 천명을 기다림.

진적위산 **塵積爲山** | 티끌이 모여 태산.

진퇴양난 **進退兩難** | 나아갈 수도 물러설 수도 없는 궁지에 빠짐.

진퇴유곡 **進退維谷** | 앞으로 나아갈 수도 뒤로 물러설 수도 없이 꼼짝할 수 없는 궁지에 빠짐.

진합태산 **塵合泰山** | 티끌 모아 태산.

질곡 **桎梏** | 차꼬와 수갑. 즉 자유를 몹시 속박한다는 뜻.

질축배척 **嫉逐排斥** | 시기하고 미워하여 물리침.

ㅊ

차일피일 **此日彼日** | 일을 핑계로 자꾸 기한을 끌어가는 것.

창씨고씨 **創氏庫氏** | 옛날 중국에서 창씨와 고씨가 세습적으로 곳집을 맡아보았다는 데서 유래한 말로 사물이 오래도록 변하지 않음을 일컫는 말.

창업수성 **創業守成** | 시작하는 것보다 이룬 것을 지키기가 더 어렵다.

창해유주 **滄海遺珠** | 넓고 큰 바다 가운데 버려진 구슬이라는 뜻으로 세상에 알려지지 않은 사람이나 사물을 일컬음.

창해일속 **滄海一粟** | 아주 큰 물건 속에 있는 아주 작은 물건.

책상퇴물 **冊床退物** | 글만 읽고 세상 물정에는 어두운 사람.

처성자옥 **妻城子獄** | 아내라는 성, 자식이라는 감옥. 처자식에 얽매어 자유롭게 활동할 수 없음을 비유한 말.

천고마비 **天高馬肥** | 하늘이 높고 말이 살찐다는 뜻으로 가을철을 일컫는 말.

천려일득 **千慮一得** | 바보도 한 가지쯤은 좋은 생각이 있다라는 뜻.

천려일실 **千慮一失** | 천 가지 생각 가운데 한 가지 실수라는 뜻으로, 지혜로운 사람이라도 많은 생각을 하다 보면 한 번쯤은 실수가 있을 수 있다.

천리안 **千里眼** | 천리 밖까지 꿰뚫어보는 눈.

천방지축 **天方地軸** | 매우 급해서 허둥거리는 모습이나 또는 어리석은 사람이 갈 바를 몰라 두리번거리는 모습.

천변만화 **千變萬化** | 천 가지 만 가지 변화.

천사만려 **千思萬慮** | 여러 가지로 생각하는 것.

천생연분 **天生緣分** | 하늘이 미리 마련하여 준 연분.

천석고황 **泉石膏肓** | 고질병이 되다시피 산수풍경을 좋아하는 것.

천신만고 **千辛萬苦** | 한없이 수고하고 애를 쓰다.

천양지차 **天壤之差** | 하늘과 땅 사이와 같이 큰 차이.

천의무봉 **天衣無縫** | 천사의 옷은 기운 데가 없다는 말이니, 곧 문장이 훌륭하여 손댈 곳이 없을만큼 잘되었음을 가리키는 말.

천인공노 **天人共怒** | 하늘과 땅이 함께 분노한다는 뜻. 도저히 용서 못함을 비유.

천인단애 **千仞斷崖** | 천 길이나 되는 깎아지른 듯한 벼랑.

천인만장 **千仞萬丈** | 천 길 만 길.

천자만홍 **千紫萬紅** | 울긋불긋한 여러 가지 빛깔의 꽃.

천재일우 **千載一遇** | 일생에 다시 얻기 어려운 좋은 기회.

천진난만 **天眞爛漫** | 가식이 없는 말과 행동.

천편일률 **千篇一律** | 여러 시문의 격조가 비슷비슷하다는 뜻으로, 여러 사물이 거의 비슷비슷하여 특색이 없음을 비유하여 이르는 말.

천학비재 **淺學菲才** | 학식이 얕고 재주가 보잘것없다는 뜻으로, 자기의 학식을 겸손하게 이르는 말.

철두철미 **徹頭徹尾** | 머리에서 꼬리까지 투철함, 즉 처음부터 끝까지 투철함.

철면피 **鐵面皮** | 얼굴에 철판을 깐 듯 수치스러움을 모를 정도로 뻔뻔한 사람.

철천지원 **徹天之寃** | 하늘에서 사무치도록 크나큰 원한.

청담 **淸談** | 속되지 않은 청아한 이야기. 또는 남의 이야기를 높여 이르는 말.

청송백사 **靑松白沙** | 푸른 소나무와 흰 모래. 해안의 아름다운 경치를 이르는 말.

청심과욕 **淸心寡欲** | 마음을 깨끗이 하고 욕심을 적게 함.

청운지지 **靑雲之志** | 출세하고자 하는 뜻.

청운추월 **晴雲秋月** | 맑은 하늘에 비치는 가을 달. 깨끗한 마음을 비유하여 이르는 말.

청천백일 **靑天白日** | 맑은 하늘에 밝은 해라는 뜻으로, 환하게 밝은 대낮 또는 죄의 혐의가 풀림을 뜻함.

청천벽력 **靑天霹靂** | 맑게 갠 하늘에서 치는 벼락, 곧 뜻밖에 생긴 변을 일컫는 말.

청출어람 **靑出於藍** | 쪽藍에서 나온 푸른 물감이 쪽빛보다 더 푸르다는 뜻으로 스승보다 더 나은 제자.

청풍명월 **淸風明月** | 맑은 바람과 밝은 달이라는 뜻으로, 결백하고 온건한 성격을 평하여 이르는 말. 풍자와 해학으로 세상사를 논함을 비유하여 이름.

초근목피 **草根木皮** | 풀뿌리와 나무껍질이라는 뜻으로, 곡식이 없어 산나물 따위로 만든 험한 음식이나 한약의 재료가 되는 물건을 이르는 말.

초동급부 **樵童汲婦** | 나무하는 아이와 물 긷는 여자. 보통 사람.

초로인생 **草露人生** | 풀 끝의 이슬 같은 덧없는 인생.

초록동색 **草綠同色** | 같은 부류 사람들은 그 부류끼리만 어울리게 마련임.

초미지급 **焦眉之急** | 눈썹에 불이 붙는 것과 같이 매우 위급함을 말함.

초지일관 **初志一貫** | 처음 품은 뜻을 한결같이 꿰뚫음.

초토전술 **焦土戰術** | 군대가 철수할 때 중요시설을 불 질러 적의 공격력을 저지하고 또 적이 이용하지 못하도록 함.

촉견폐일 **蜀犬吠日** | 중국 촉蜀나라에서는 산이 높고 항상 안개가 짙어서 해가 보이는 날이 적었는데 개가 해를 보면 이상하게 여겨 짖어댔다고 한다. 식견이 좁아서 평범한 것을 보고도 놀라는 것을 조롱한 말.

촉처봉패 **觸處逢敗** | 가는 곳마다 낭패를 당함.

촌철살인 **寸鐵殺人** | 짧은 경구로 사람의 급소를 찌름.

추선 **秋扇** | 가을의 부채는 쓸모가 없다는 말로, 쓸모없어진 물건을 뜻함.

추야장장 **秋夜長長** | 가을밤이 길고도 깊.

추풍낙엽 **秋風落葉** | 가을바람에 떨어지는 잎처럼 이리저리 떨어져 흩어지다.

축록자불견산 **逐鹿者不見山** | 사슴을 쫓는 자는 산을 보지 않는다는 뜻으로, 명예나 욕심에 사로잡힌 사람은 도리를 저버리거나 눈앞의 위험을 돌보지 않음의 비유, 또는 큰일을 이루려는 사람은 작은 일에 사로잡히지 않음을 비유해 이르는 말.

춘추정성 **蕭火鼎成** | 제왕의 나이가 젊음.

춘추필법 **春秋筆法** | 대의명분을 밝혀 세우는 사필의 준엄한 논법.

춘치자명 **春雉自鳴** | 묻지 않는 것을 스스로 말함을 비유함.

출가외인 **出嫁外人** | 출가한 딸은 남이나 마찬가지라는 말.

출몰무쌍 **出沒無雙** | 나가고 들어오는 것이 매우 잦음.

출장입상 **出將入相** | 문무가 다 갖추어진 사람.

충언역이 **忠言逆耳** | 좋은 말은 귀로 듣기에 거슬림.

취사선택 **取捨選擇** | 취할 것은 취하고, 버릴 것은 버려서 골라잡음.

취생몽사 **醉生夢死** | 이룬 일도 없이 한평생을 흐리멍텅하게 살아감.

취적비취어 **取適非取魚** | 낚시질을 하는 참뜻이 고기 잡는 데 있지 않고 세상 생각을 잊고자 하는데 있음. 어떤 행동의 목적이 다른 데 있음.

측은지심 **惻隱之心** | 불쌍히 여기는 마음.

치인설몽 **痴人說夢** | 바보에게 꿈 이야기를 해 준다는 뜻으로 매우 어리석은 행동을 일컫는다.

치지도외 **置之度外** | 내버려두고 상대하지 않음.

칠거지악 **七去之惡** | 아내를 내쫓을 수 있는 일곱 가지 죄악. 시부모에 불순하고, 자식을 못 낳고, 음란하고, 질투하고, 불치병이 있고, 말이 많아 집안의 화목을 깨고, 도둑질을 했을 경우.

칠보단장 **七寶丹粧** | 많은 보물로 단장함.

칠보지재 **七步之才** | 일곱 걸음을 옮기는 사이에 시를 짓는 재주라는 뜻으로 아주 뛰어난 글재주를 말한다.

칠전팔기 **七顚八起** | 여러 번 실패해도 굽히지 않고 분투함을 일컫는 말.

칠전팔도 **七顚八倒** | 어려운 고비를 많이 겪음.

칠종칠금 **七縱七擒** | 제갈공명의 전술로 일곱 번 놓아주고 일곱 번 잡는다는 말로 자유자재로운 전술을 가리킴.

침소봉대 **針小棒大** | 사물을 과장해서 말하는 것.

ㅋ

쾌도난마 **快刀亂麻** | 어지러운 일을 시원스럽게 처리하는 것.

ㅌ

타산지석 **他山之石** | 착하지 못한 사람도 착한 사람의 수양에 도움이 된다는 데

비유하는 말.

타상하설 **他尙何說** | 한 가지 일을 보면 다른 일도 다 알 수 있다는 말.

탁상공론 **卓上空論** | 실현성이 없는 공상론.

탄주지어 **呑舟之漁** | 배를 삼킬 만한 큰 고기. 큰 인물.

탐관오리 **貪官汚吏** | 탐욕이 많고 마음이 깨끗하지 못한 관리.

태강즉절 **太剛則折** | 너무 강하면 부러지기 쉽다는 말.

태산명동서일필 **泰山鳴動鼠一匹** | 태산이 떠나갈 듯 떠들썩했으나 나타난 것은 생쥐 한 마리뿐이었다는 뜻으로, 크게 떠벌린 데 비하여 결과는 보잘것없음을 이르는 말.

태산북두 **泰山北斗** | 태산과 북두칠성을 가리키는 말로, 학문, 예술 분야의 대가나 세상 사람들에게 가장 존경받는 사람.

태연자약 **泰然自若** | 마음에 충동을 받아도 동요하지 않고 천연스러운 것.

태평연월 **太平烟月** | 세상이 평화롭고 안락한 때.

토각귀모 **兎角龜毛** | 토끼의 뿔과 거북의 털이라는 뜻으로, 세상에 있을 수 없는 것의 비유.

토매인우 **土昧人遇** | 미개하고 어리석은 사람으로 대우함.

토사구팽 **兎死狗烹** | 토끼 사냥이 끝나면 사냥개는 삶아 먹힌다. 쓸모가 있을 때는 긴요하게 쓰이지만 쓸모가 없어지면 헌신짝처럼 버려짐.

토사호비 **兎死狐悲** | 토끼의 죽음을 여우가 슬퍼한다는 뜻으로, 같은 무리의 불행을 슬퍼한다는 말.

토영삼굴 **兎營三窟** | 자신의 안전을 위하여 미리 몇 가지 술책을 마련함.

토진간담 **吐盡肝膽** | 솔직한 심정을 속임없이 모두 말함.

퇴고 **推敲** | 밀고 두드린다는 뜻으로, 문장을 다듬는 일을 말한다.

투저의 投杼疑 | 베틀을 던지고 의심함. 옛날 증참曾參의 어머니가 베를 짜고 있는데 어떤 사람이 와서 자기 아들이 사람을 죽였다고 했으나 콧방귀를 뀌며 믿지 않았다. 또 어떤 사람이 찾아와 증참이 사람을 죽였다고 했지만 그때도 믿지 않았는데 세 번째 사람이 와서 같은 말을 하자 어머니는 마침내 베틀을 던지고 뛰어갔다 한다. 같은 말을 반복해서 들으면 믿게 됨.

ㅍ

파경 破鏡 | 깨어진 거울이라는 뜻으로, 부부의 이별을 이르는 말.

파과지년 破瓜之年 | 여자 나이 열여섯을 가리킴.

파란만장 波瀾萬丈 | 일의 진행에 변화가 심함.

파란중첩 波瀾重疊 | 일의 진행에 있어서 온갖 변화나 난관이 많음.

파사현정 破邪顯正 | 그릇된 것을 깨뜨리고 올바르게 바로잡음.

파안대소 破顔大笑 | 즐거운 표정으로 한바탕 크게 웃음.

파죽지세 破竹之勢 | 대나무를 쪼개는 기세라는 뜻으로, 거침없이 물리치고 쳐들어가는 기세를 말한다.

파천황 破天荒 | 전례가 없는 일을 처음으로 이루어놓은 것을 말함.

팔방미인 八方美人 | 어느 모로 보아도 아름다운 미인이라는 뜻으로 여러 방면의 일에 능통한 사람을 가리킴.

패역무도 悖逆無道 | 패악하고 불순하여 사람다운 데가 없음.

팽두이숙 烹頭耳熟 | 머리를 삶으면 귀까지 삶아진다. 중요한 것만 해결하면 나머지는 따라서 해결됨.

폐포파립 弊袍破笠 | 해진 옷과 부서진 갓이라는 뜻이니, 매우 가난한 상태.

포락지형 **炮烙之刑** | 불에 달군 쇠 위를 맨발로 걸어가게 하는 형벌.

포류지질 **蒲柳之質** | 버드나무 가지 같은 체질. 허약한 체질.

포복절도 **抱腹絶倒** | 배를 안고 몸을 가누지 못할 정도로 몹시 웃음.

포식난의 **飽食煖衣** | 먹고 입는 것이 풍족함.

포의지교 **布衣之交** | 구차하고 어려운 시절의 사귐. 또는 신분, 지위, 명리名利를 떠나 순수한 벗으로 사귐을 이르는 말.

포의한사 **布衣寒士** | 벼슬하지 않는 가난한 선비.

포호빙하 **暴虎馮河** | 맨손으로 범에게 덤비고 걸어서 황하를 건넌다는 뜻으로, 무모한 행동이나 무모한 용기.

표리부동 **表裏不同** | 겉과 속이 다름.

풍비박산 **風飛雹散** | 사방으로 날려서 흩어지다.

풍성학려 **風聲鶴唳** | 바람 소리와 학의 울음소리라는 뜻으로 아무것도 아닌 일에도 몹시 놀라는 것을 말한다.

풍수지탄 **風樹之嘆** | 부모에게 효성할 기회를 잃은 것을 한탄함.

풍전등화 **風前燈火** | 바람 앞에 켠 등불처럼 매우 위급한 경우에 놓여 있음을 가리키는 말.

풍찬노숙 **風餐露宿** | 바람과 이슬을 맞으며 한데에서 먹고 잔다는 뜻으로, 큰 뜻을 이루려는 사람이 고초를 겪는 모양.

피골상접 **皮骨相接** | 몸이 몹시 말랐음을 일컫는 말.

피해망상 **被害妄想** | 남이 자기에게 해를 입힌다고 생각하는 일.

필부지용 **匹夫之勇** | 소인이 깊은 생각 없이 혈기만 믿고 대드는 용기.

필부필부 **匹夫匹婦** | 평범한 남자와 평범한 여자. 갑남을녀,

필유곡절 **必有曲折** | 반드시 까닭이 있음.

ㅎ

하로동선 **夏爐冬扇** | 여름의 화로와 겨울의 부채라는 뜻으로, 시기를 놓쳐 필요 없는 사물.

하석상대 **下石上臺** | 아랫돌 빼서 웃돌 괴기. 임시변통으로 이리저리 맞춤.

하선동력 **夏扇冬曆** | 여름철의 부채와 겨울철의 책력. 곧 선사품이 철에 맞음.

하학상달 **下學上達** | 낮고 쉬운 것부터 배워 깊고 어려운 것을 깨달음.

학구소붕 **鷽鳩笑鵬** | 비둘기 같이 작은 새가 큰 붕새를 보고 웃는다. 되지못한 소인이 위인의 업적이나 행위를 보고 비웃음을 비유한 말.

학수고대 **鶴首苦待** | 학의 목처럼 목을 길게 늘여 몹시 기다린다는 뜻.

학여불급 **學如不及** | 학업을 언제나 모자란 듯이 여김.

학철부어 **涸轍鮒魚** | 수레바퀴 자국에 고인 물에 떠 있는 붕어라는 뜻으로, 매우 위급한 상황에 처한 경우를 일컫는다.

한강투석 **漢江投石** | 한강에 돌 던지기. 아무리 도와도 보람이 없는 것.

한단지몽 **邯鄲之夢** | 한단에서 꾼 꿈이라는 뜻으로, 인생의 덧없음과 부귀영화의 헛됨을 비유할 때 쓰는 말이다.

한단지보 **邯鄲之步** | 자기 것을 잃음을 비유.

한우충동 **汗牛充棟** | 책이 많음.

한화휴제 **閑話休題** | 쓸데없는 이야기는 그만둔다는 뜻으로, 한동안 본론에서 벗어났다가 다시 본론으로 돌아감을 이르는 말.

함구무언 **緘口無言** | 입을 다물고 아무런 말이 없음.

함포고복 **含哺鼓腹** | 배불리 먹고 즐겁게 지냄.

함흥차사 **咸興差使** | 심부름 간 사람이 돌아오지 않거나 아무 소식이 없음을 비유하는 말.

항룡유회 **亢龍有悔** | 극도에 이르면 퇴보한다는 말로서, 하늘에 닿은 용이 후회한다는 말에서 비롯됨.

해로동혈 **偕老同穴** | 부부가 사이좋게 함께 늙고 죽어 한곳에 묻힘.

해어지화 **解語之花** | 말을 알아듣는 꽃이라는 뜻으로, 미인을 이르는 말.

행시주육 **行尸走肉** | 살아 있는 송장이요 걸어 다니는 고깃덩어리라는 말로, 배운 것이 없어 아무짝에도 쓸모가 없음을 비유한 말.

행운유수 **行雲流水** | 떠가는 구름과 흐르는 물이라는 뜻으로, 일정한 형태가 없이 늘 변하는 것. 또는 어떤 것에도 구애됨이 없는 자유로운 삶의 비유.

허례허식 **虛禮虛飾** | 예절, 법식 등을 형편과 달리 겉으로만 번듯하게 꾸밈.

허무맹랑 **虛無孟浪** | 터무니없이 허황되고 실상이 없음.

허심탄회 **虛心坦懷** | 마음속에 아무런 사념 없이 품은 생각을 터놓고 말함.

허장성세 **虛張聲勢** | 실력이 없으면서 허세만 떠벌림.

허허실실 **虛虛實實** | 서로 재주와 꾀를 다하여 다툼.

현모양처 **賢母良妻** | 어진 어머니이면서 또한 착한 아내 .

현하지변 **懸河之辯** | 흐르는 물과 같이 거침없이 잘하는 말.

혈혈단신 **孑孑單身** | 의지할 곳 없는 외로운 홀몸.

형설지공 **螢雪之功** | 진나라 차윤車胤이 반딧불로 글을 읽고, 손강孫康은 눈雪 빛으로 글을 읽었다는 고사. 어렵게 공부한 공이 드러남.

호가호위 **狐假虎威** | 여우가 호랑이의 위세를 빌린다는 뜻으로 남의 권세를 빌려 위세를 부린다.

호구지책 **糊口之策** | 그저 먹고 살아가는 계책.

호사다마 **好事多魔** | 좋은 일에는 방해되는 게 많다는 말.

호사수구 **狐死首丘** | 여우도 죽을 때는 자기가 살던 언덕을 향하여 머리를 돌린

다. 곧 근본을 잊지 않음을 뜻함.

호사유피 **虎死留皮** | 범이 죽으면 가죽을 남기는 것과 같이, 사람도 죽은 뒤에 이름을 남겨야 한다는 말.

호사토비 **狐死兔悲** | 사람이 죽으면 관계없는 사람끼리 동정이 간다는 말.

호시탐탐 **虎視眈眈** | 날카로운 눈으로 가만히 기회를 노려보고 있는 모양.

호언장담 **豪言壯談** | 분수에 맞지 않는 말을 큰 소리로 자신 있게 말함.

호연지기 **浩然之氣** | 온 세상에 가득 찬 넓고 큰 원기 도의에 뿌리를 박고 공명정대하여 조금도 부끄러울 바 없는 도덕적 용기나 사물에서 해방되어 자유롭고 즐거운 마음.

호의호식 **好衣好食** | 잘 입고 잘 먹음.

호접지몽 **胡蝶之夢** | 장자가 꿈속에서 나비가 됨. 즉, 물아일체物我一體의 경지에 이름을 말함.

호형호제 **呼兄呼弟** | 서로 형, 아우라 부를 정도로 가까운 친구 사이.

혹세무민 **惑世誣民** | 세상 사람을 속여 마음을 어지럽게 함.

혼비백산 **魂飛魄散** | 혼이 나고 넋이 없어짐. 매우 놀람.

혼연일치 **渾然一致** | 차별 없이 서로 합침.

혼정신성 **昏定晨省** | 부모 모신 사람이 저녁이면 자리를 정해 드리고, 아침이면 주무신 자리를 정성껏 돌봐 살핌.

홀현홀몰 **忽顯忽沒** | 문득 나타났다가 홀연 없어짐.

홍곡 **鴻鵠** | 큰 기러기와 고니. 큰 인물을 비유하여 이르는 말.

홍로점설 **紅爐點雪** | 뜨거운 화로에 눈雪을 넣는 격으로 별 효과가 없음. 사욕이나 의혹이 일시에 꺼져 없어짐을 뜻함.

홍익인간 **弘益人間** | 단군의 건국이념이며 정치 이상으로, 널리 인간사회를 이

롭게 한다는 말.

홍일점 **紅一點** | 여럿 가운데 빼어난 하나, 혹은 많은 남자 틈에 오직 하나뿐인 여자.

화룡점정 **畫龍點睛** | 용을 그리는데 눈동자도 그려넣는다는 뜻으로, 어떤 일을 할 때 가장 중요한 부분을 완성시키는 일을 말한다.

화무십일홍 **花無十日紅** | 열흘 붉은 꽃이 없다.

화복무문 **禍福無門** | 화나 복이 오는 문은 정하여 있지 않다는 뜻으로, 스스로 악한 일을 하면 그것은 화가 들어오는 문이 되고, 착한 일을 하면 그것이 복이 들어오는 문이 된다는 말.

화사첨족 **畫蛇添足** | 쓸데없는 일을 함.

화서지몽 **華胥之夢** | 좋은 꿈이나 낮잠을 뜻하는 말로, 무심코 꾼 꿈에서 삶의 진리를 깨닫게 된다.

화씨지벽 **和氏之璧** | 화씨의 옥이라는 뜻으로, 세상에서 제일 좋은 옥.

화용월태 **花容月態** | 아름다운 여자의 고운 용태容態를 이르는 말.

화이부동 **和而不同** | 남과 사이좋게 지내되 의義를 굽혀 좇지는 아니함. 즉, 남과 화목하게 지내지만 자기의 중심과 원칙을 잃지 않음.

화조월석 **花朝月夕** | 경치가 좋은 시절. 봄과 가을.

회중군자 **花中君子** | 꽃 중의 군자라는 뜻. 연꽃을 달리 일컫는 말.

화중지병 **畫中之餠** | 형체는 있어도 쓸모가 없는 것.

화호유구 **畫虎類狗** | 범을 그리려다 실패하여 개를 그린다. 서투른 솜씨로 어렵고 특수한 일을 하려다가 도리어 잘못됨. 혹은 높은 뜻을 품어도 중도에 흐지부지하여 이루지 못하여 웃음거리가 된다는 말.

환골탈태 **換骨奪胎** | 남의 글을 교묘하게 모방하였으면서도 그 규모를 달리한

것. 모습이 이전보다도 훨씬 더 나아진 것.

환과고독 **鰥寡孤獨** | 늙고 아내 없는 홀아비, 늙고 남편 없는 과부, 어리고 부모 없는 아이, 늙고 자식 없는 사람을 가리키는 말.

환호작약 **歡呼雀躍** | 기뻐서 소리치며 날뜀.

황공무지 **惶恐無地** | 매우 죄송하여 몸 둘 바를 모르다.

황구소아 **黃口小兒** | 어린아이라는 뜻. 참새 새끼의 황색 주둥이에서 연유.

황당무계 **荒唐無稽** | 터무니없고 근거가 없다는 말.

회자인구 **膾炙人口** | 널리 사람들에게 알려져 입에 오르내리고 찬양을 받음.

회자정리 **會者定離** | 만나면 반드시 헤어지게 마련이라는 말.

횡설수설 **橫說竪說** | 조리가 없는 말을 함부로 지껄임.

후생가외 **後生可畏** | 후진들이 젊고 기력이 있어 두렵게 여겨짐.

후안무치 **厚顔無恥** | 뻔뻔스러워 부끄러움을 모름.

흥망성쇠 **興亡盛衰** | 흥하고 망하고 성하고 쇠하는 일.

흥진비래 **興盡悲來** | 즐거운 일이 다하면 슬픔이 옴. 곧 흥망과 성쇠가 엇바뀜을 일컫는 말.

희로애락 **喜怒哀樂** | 기쁨과 노여움과 슬픔과 즐거움. 인간이 갖고 있는 온갖 감정을 이르는 말.

苛斂 가렴 ○ 가검 ×

恪別 각별 ○ 격별 ×

角逐 각축 ○ 각추 ×

姦慝 간특 ○ 간약 ×

間歇 간헐 ○ 간흠 ×

咯血 각혈 ○ 객혈 ×

減殺 감쇄 ○ 감살 ×

甘蔗 감자 ○ 감저 ×

腔血 강혈 ○ 공혈 ×

槪括 개괄 ○ 개활 ×

凱旋 개선 ○ 개시 ×

改悛 개전 ○ 개준 ×

坑木 갱목 ○ 항목 ×

更生 갱생 ○ 경생 ×

醵出 갹출 ○ 거출 ×

車馬 거마 ○ 차마 ×

揭示 게시 ○ 계시 ×

譴責 견책 ○ 유책 ×

更張 경장 ○ 갱장 ×

更迭 경질 ○ 갱질 ×

乖離 괴리 ○ 승리 ×

攪亂 교란 ○ 각란 ×

教唆 교사 ○ 교준 ×

交驩 교환 ○ 교관 ×

口腔 구강 ○ 구항 ×

句讀 구두 ○ 구독 ×

句節 구절 ○ 귀절 ×

救恤 구휼 ○ 구혈 ×

詭辯 궤변 ○ 위변 ×

龜鑑 귀감 ○ 구감 ×

龜裂 균열 ○ 구열 ×

琴瑟 금실 ○ 금슬 ×

旗幟 기치 ○ 기식 ×

喫煙 끽연 ○ 계연 ×

懦弱 나약 ○ 유약 ×

內人 나인 ○ 내인 ×

拿捕 나포 ○ 장포 ×

烙印 낙인 ○ 각인 ×

捺印 날인 ○ 나인 ×

拉致 납치 ○ 입치 ×

驚蟄 경칩 ○ 경첩 ×
膏肓 고황 ○ 고맹 ×
汨沒 골몰 ○ 일몰 ×
刮目 괄목 ○ 활목 ×
賂物 뇌물 ○ 각물 ×
漏泄 누설 ○ 누세 ×
訥言 눌언 ○ 납언 ×
凜凜 늠름 ○ 품품 ×
茶店 다점 ○ 차점 ×
團欒 단란 ○ 단락 ×
簞食 단사 ○ 단식 ×
曇天 담천 ○ 운천 ×
遝至 답지 ○ 환지 ×
撞着 당착 ○ 동착 ×
對峙 대치 ○ 대지 ×
宅內 댁내 ○ 택내 ×
陶冶 도야 ○ 도치 ×
跳躍 도약 ○ 조약 ×
瀆職 독직 ○ 속직 ×
獨擅 독천 ○ 독단 ×
冬眠 동면 ○ 동안 ×
遁走 둔주 ○ 돈주 ×

狼藉 낭자 ○ 낭적 ×
鹿茸 녹용 ○ 녹이 ×
鹿皮 녹비 ○ 녹피 ×
壟斷 농단 ○ 용단 ×
牡丹 모란 ○ 목단 ×
牡牛 모우 ○ 두우 ×
木鐸 목탁 ○ 목택 ×
夢寐 몽매 ○ 몽칭 ×
杳然 묘연 ○ 향연 ×
毋論 무론 ○ 모론 ×
無聊 무료 ○ 무류 ×
拇印 무인 ○ 모인 ×
未洽 미흡 ○ 미합 ×
撲滅 박멸 ○ 복멸 ×
剝奪 박탈 ○ 약탈 ×
反駁 반박 ○ 반교 ×
反哺 반포 ○ 분포 ×
潑剌 발랄 ○ 발자 ×
拔萃 발체 ○ 발취 ×
拔擢 발탁 ○ 발요 ×
幇助 방조 ○ 봉조 ×
拜謁 배알 ○ 배갈 ×

滿腔	만강 ○	만공 ×	反田	번전 ○	반전 ×
罵倒	매도 ○	마도 ×	範疇	범주 ○	범수 ×
邁進	매진 ○	만진 ×	兵站	병참 ○	병점 ×
盟誓	맹세 ○	맹서 ×	菩提	보리 ○	보제 ×
萌芽	맹아 ○	명아 ×	報酬	보수 ○	보주 ×
明晳	명석 ○	명철 ×	布施	보시 ○	포시 ×
明澄	명징 ○	명증 ×	補塡	보전 ○	보진 ×
木瓜	모과 ○	목과 ×	敷衍	부연 ○	부행 ×
復活	부활 ○	복활 ×	騷擾	소요 ○	소우 ×
分泌	분비 ○	분필 ×	蕭條	소조 ○	숙조 ×
不朽	불후 ○	불구 ×	贖罪	속죄 ○	독죄 ×
沸騰	비등 ○	불등 ×	殺到	쇄도 ○	살도 ×
否塞	비색 ○	부색 ×	戍樓	수루 ○	술루 ×
匕首	비수 ○	칠수 ×	睡眠	수면 ○	수민 ×
憑藉	빙자 ○	빙적 ×	數爻	수효 ○	수차 ×
娑婆	사바 ○	사파 ×	示唆	시사 ○	시준 ×
使嗾	사주 ○	시주 ×	十月	시월 ○	십월 ×
社稷	사직 ○	사목 ×	諡號	시호 ○	익호 ×
奢侈	사치 ○	사다 ×	辛辣	신랄 ○	신극 ×
索莫	삭막 ○	색막 ×	迅速	신속 ○	빈속 ×
數數	삭삭 ○	수수 ×	呻吟	신음 ○	신금 ×
索然	삭연 ○	색연 ×	軋轢	알력 ○	알록 ×

撒布 살포 ○ 산포 ×

三昧 삼매 ○ 삼미 ×

相殺 상쇄 ○ 상살 ×

上梓 상재 ○ 상자 ×

省略 생략 ○ 성약 ×

逝去 서거 ○ 절거 ×

棲息 서식 ○ 처식 ×

先塋 선영 ○ 선형 ×

閃光 섬광 ○ 염광 ×

星宿 성수 ○ 성축 ×

洗滌 세척 ○ 세조 ×

遡及 소급 ○ 삭급 ×

誤謬 오류 ○ 오륙 ×

嗚咽 오열 ○ 오인 ×

惡寒 오한 ○ 악한 ×

渦中 와중 ○ 과중 ×

歪曲 왜곡 ○ 부곡 ×

外艱 외간 ○ 외난 ×

邀擊 요격 ○ 격격 ×

擾亂 요란 ○ 우란 ×

要塞 요새 ○ 요색 ×

窯業 요업 ○ 질업 ×

斡旋 알선 ○ 간선 ×

謁見 알현 ○ 알견 ×

隘路 애로 ○ 익로 ×

冶金 야금 ○ 치금 ×

惹起 야기 ○ 약기 ×

掠奪 약탈 ○ 경탈 ×

濾過 여과 ○ 로과 ×

役割 역할 ○ 역활 ×

軟弱 연약 ○ 나약 ×

厭惡 염오 ○ 염악 ×

領袖 영수 ○ 영유 ×

囹圄 영어 ○ 영오 ×

一擲 일척 ○ 일정 ×

一切 일체 ○ 일절 ×

剩餘 잉여 ○ 승여 ×

自矜 자긍 ○ 자금 ×

佐飯 자반 ○ 좌반 ×

綽綽 작작 ○ 탁탁 ×

箴言 잠언 ○ 함언 ×

沮止 저지 ○ 조지 ×

傳播 전파 ○ 전번 ×

正鵠 정곡 ○ 정호 ×

凹凸 요철 ○ 요돌 ×
容喙 용훼 ○ 용탁 ×
誘拐 유괴 ○ 수괴 ×
遊說 유세 ○ 유설 ×
六月 유월 ○ 유월 ×
吟味 음미 ○ 금미 ×
凝結 응결 ○ 의결 ×
義捐 의연 ○ 의손 ×
以降 이강 ○ 이항 ×
罹病 이병 ○ 나병 ×
移徙 이사 ○ 이도 ×
弛緩 이완 ○ 지환 ×
已往 이왕 ○ 기왕 ×
罹患 이환 ○ 나환 ×
溺死 익사 ○ 약사 ×
一括 일괄 ○ 일활 ×
參差 참치 ○ 참차 ×
懺悔 참회 ○ 섬회 ×
暢達 창달 ○ 양달 ×
漲溢 창일 ○ 장익 ×
刺殺 척살 ○ 자살 ×
闡明 천명 ○ 단명 ×

靜謐 정밀 ○ 정일 ×
造詣 조예 ○ 조지 ×
措置 조치 ○ 차치 ×
躊躇 주저 ○ 수저 ×
浚渫 준설 ○ 준첩 ×
櫛比 즐비 ○ 절비 ×
憎惡 증오 ○ 증악 ×
眞摯 진지 ○ 진집 ×
桎梏 질곡 ○ 질고 ×
叱責 질책 ○ 칠책 ×
什物 집물 ○ 십물 ×
執拗 집요 ○ 집유 ×
茶禮 차례 ○ 다례 ×
刹那 찰나 ○ 살나 ×
慙愧 참괴 ○ 참귀 ×
斬新 참신 ○ 점신 ×
彈劾 탄핵 ○ 탄효 ×
耽溺 탐닉 ○ 탐익 ×
慟哭 통곡 ○ 동곡 ×
洞察 통찰 ○ 동찰 ×
堆積 퇴적 ○ 추적 ×
偸安 투안 ○ 유안 ×

鐵槌 철퇴 ○ 철추 ×
尖端 첨단 ○ 열단 ×
貼付 첩부 ○ 첨부 ×
諦念 체념 ○ 제념 ×
忖度 촌탁 ○ 촌도 ×
寵愛 총애 ○ 용애 ×
撮影 촬영 ○ 찰영 ×
推敲 퇴고 ○ 추고 ×
追悼 추도 ○ 추탁 ×
醜態 추태 ○ 귀태 ×
秋毫 추호 ○ 추모 ×
衝動 충동 ○ 형동 ×
衷心 충심 ○ 애심 ×
熾烈 치열 ○ 직열 ×
沈沒 침몰 ○ 심몰 ×
鍼術 침술 ○ 함술 ×
蟄居 칩거 ○ 집거 ×
拓本 탁본 ○ 척본 ×
度支 탁지 ○ 도지 ×
綻露 탄로 ○ 정로 ×
降伏 항복 ○ 강복 ×
降將 항장 ○ 강장 ×

派遣 파견 ○ 피유 ×
破綻 파탄 ○ 파정 ×
跛行 파행 ○ 피행 ×
稗官 패관 ○ 피관 ×
覇權 패권 ○ 파권 ×
敗北 패배 ○ 패북 ×
膨脹 팽창 ○ 팽장 ×
平坦 평탄 ○ 평단 ×
閉塞 폐색 ○ 폐한 ×
褒賞 포상 ○ 보상 ×
暴惡 포악 ○ 폭악 ×
捕捉 포착 ○ 포촉 ×
曝白 포백 ○ 폭백 ×
輻輳 폭주 ○ 복주 ×
縹渺 표묘 ○ 표사 ×
標識 표지 ○ 표식 ×
分錢 푼전 ○ 분전 ×
割引 할인 ○ 활인 ×
行列 항렬 ○ 행렬 ×
肛門 항문 ○ 홍문 ×
偕老 해로 ○ 개로 ×
解弛 해이 ○ 해야 ×

諧謔 해학 ○ 개학 ×

享樂 향락 ○ 형락 ×

絢爛 현란 ○ 순란 ×

孑遺 혈유 ○ 자유 ×

嫌惡 혐오 ○ 겸악 ×

荊棘 형극 ○ 형자 ×

好惡 호오 ○ 호악 ×

忽然 홀연 ○ 총연 ×

花卉 화훼 ○ 화에 ×

恍惚 황홀 ○ 광홀 ×

劃數 획수 ○ 화수 ×

橫暴 횡포 ○ 횡폭 ×

嚆矢 효시 ○ 고시 ×

嗅覺 후각 ○ 취각 ×

麾下 휘하 ○ 마하 ×

恤兵 휼병 ○ 혈병 ×

欣快 흔쾌 ○ 근쾌 ×

恰似 흡사 ○ 합사 ×

洽足 흡족 ○ 합족 ×

詰難 힐난 ○ 길난 ×

누구나 한번쯤
읽어야 할 고사성어

개정1판 1쇄 인쇄 2024년 02월 28일
개정1판 1쇄 발행 2024년 03월 05일

엮은이 | 미리내공방
펴낸이 | 최윤하
펴낸곳 | 정민미디어
주 소 | (151-834) 서울시 관악구 행운동 1666-45, F
전 화 | 02-888-0991
팩 스 | 02-871-0995
이메일 | pceo@daum.net
홈페이지 | www.hyuneum.com
편 집 | 미토스
표지디자인 | 강희연
본문디자인 | 디자인 [연;우]

ISBN 979-11-91669-60-2 (03190)